BUREAU INTERNATIONAL
DU TRAVAIL

Etudes et Documents
Série _ _ _ (es) n° 14

L' Evolution

des

Conditions du Travail

dans la

Russie des Soviets

GENÈVE

1924

Prix : **5** francs suisses
10 francs français

PRÉFACE

En 1922, le Bureau international du Travail a publié, sur
l' « Organisation de l'industrie et les conditions du travail dans la
Russie des Soviets »[1], une brochure dans laquelle il a essayé pour
la première fois de donner, sous une forme systématique, un résumé
de la législation soviétique depuis l'introduction du nouveau
régime économique.

Cette brochure fut distribuée aux sous-commissions de la Conférence internationale qui eut lieu à La Haye en juin-juillet 1922,
et le président ainsi que les rapporteurs de cette conférence vou-
lurent bien remercier publiquement le Bureau du précieux concours
qu'il leur avait ainsi apporté. La presse et le public réservèrent
également à cette brochure un accueil favorable et, pour satisfaire
à de nombreuses demandes, une édition allemande en fut publiée
peu après les éditions française et anglaise. Le succès ainsi rem-
porté par cet ouvrage témoigne du vif intérêt que suscitent les
transformations économiques et sociales qui s'accomplissent dans
la Russie des Soviets. Loin de diminuer, cet intérêt ne fait que
s'accroître, et, à l'heure où la Russie participe davantage à la vie
économique et politique internationale, il semble opportun d'exposer la législation et la politique des Soviets en dégageant l'évolution économique et sociale du pays.

L'étude publiée par le Bureau en juillet 1922 avait été préparée
en avril et en mai; elle ne portait donc que sur une période relativement courte de l'application de la nouvelle politique économique
des Soviets puisque celle-ci, décidée à la fin de mars 1921, n'entra

[1] BUREAU INTERNATIONAL DU TRAVAIL. *L'organisation de l'industrie et les
conditions du travail dans la Russie des Soviets. Etudes et Documents.
Conditions économiques.* N° 11, série B. Genève, juillet 1922. 2 francs
suisses, 3 francs français.

effectivement en vigueur qu'à la fin de 1921. D'ailleurs, la législation soviétique sanctionnant les nouveaux principes économiques
n'était encore à cette époque qu'en voie d'élaboration. Le nouveau
régime reposait uniquement sur les règles générales formulées par
le X° Congrès du parti communiste et par le IX° Congrès des
Soviets, et sur certains actes législatifs qui se bornaient à poser
des directives. Du début de 1921 au milieu de 1922, aucune mesure
de législation ouvrière ne fut prise : les conditions du travail se
modifièrent par suite des transformations économiques et sociales
résultant de la nouvelle politique économique. L'évolution des
dispositions juridiques et de la vie économique de la Russie des
Soviets n'apparaissait d'ailleurs pas encore avec clarté; la législation ne se transformait pas d'une façon systématique, et les
anciennes dispositions continuaient souvent à subsister à côté des
nouvelles.

Ce n'est qu'à la fin de 1922 qu'il fut possible d'établir un premier bilan de la nouvelle politique et de publier des textes législatifs en accord avec le nouveau régime : le code du travail
de 1922, qui remplaça celui de 1919, est du 15 novembre[1]. C'est
aussi vers cette époque que furent publiés pour la première fois
les codes civil, criminel et de procédure criminelle, ainsi que le
code agraire. Dans le domaine de l'industrie et du travail, un
grand pas était fait vers la réalisation de la nouvelle politique
économique.

Au cours de l'année 1923, cette politique s'est encore développée
et affirmée. Il semble donc possible de donner maintenant un
aperçu d'ensemble des résultats obtenus, tant au point de vue de
la législation qu'au point de vue des conditions effectives du travail dans la Russie des Soviets. Toutefois, l'ouvrage que nous
publions aujourd'hui n'est pas simplement une suite chronologique
de notre brochure de 1922. Pour exposer la nouvelle législation
des Soviets, nous avons dû étudier non seulement les mesures
législatives déjà signalées dans notre travail antérieur, mais aussi
la politique en vigueur à l'époque du communisme, c'est-à-dire
avant 1921. En effet, si l'on ignore cette politique, il est impossible de saisir les différences fondamentales entre les conditions
actuelles du travail et celles qui prévalaient avant 1921 et, d'autre
part, de comprendre les hésitations et les tâtonnements qui se
manifestent dans l'application de la nouvelle politique.

---

[1] Ce code a paru en français, en anglais et en allemand dans la *Série
législative* du Bureau international du Travail (1922, Russ., 1).

**
**

Cette politique a du reste très sensiblement évolué durant les trois années de son application ; du début de 1922 à la fin de 1923, on a même enregistré des transformations beaucoup plus profondes que celles survenues de 1920 au début de 1922. Nous n'avons cependant pu étudier cette évolution d'une façon également approfondie dans tous les domaines où elle s'est manifestée depuis 1921 : si certains organismes se sont modifiés suivant un processus qui peut être nettement défini, nous avons dû, pour certaines institutions de création récente, nous borner à esquisser les tendances actuelles. Il ne faut pas oublier que l'évolution de la nouvelle politique ne saurait être considérée comme achevée ; elle se poursuit chaque jour sous l'influence des transformations que subissent, au point de vue social et économique, les conditions générales de la Russie des Soviets.

Il faut donc reconnaître qu'il est malaisé de pénétrer toute la complexité de cette évolution. Si l'on s'en tenait toujours au texte même de la nouvelle législation, on risquerait de donner une idée fausse de la situation réelle, car il arrive souvent que dans le domaine de l'industrie et du travail, l'Etat se trouve en face de faits accomplis et que la législation retarde sur le cours des événements. Il est donc indispensable de se référer également aux comptes rendus des congrès et des conférences, aux rapports des institutions officielles et à la documentation publiée par la presse et la littérature soviétiques.

En outre, comme nous l'indiquions dans notre première brochure, la conception que l'on a de la loi dans la Russie des Soviets diffère essentiellement de celle qui prévaut dans les autres pays : la législation soviétique manque souvent de clarté et de précision. De plus, elle a toujours été incertaine et mouvante ; il est impossible, lorsqu'on étudie la période 1922-1923, de discerner parmi les lois celles qui restent en vigueur et celles qui ont été remplacées par d'autres textes et par de nouveaux codes. Enfin, il arrive fréquemment que certaines conditions de travail soient fixées selon des principes qui n'ont jamais été incorporés dans des textes législatifs, mais qui ont néanmoins inspiré de nombreuses mesures administratives.

Il est donc difficile de préciser l'état actuel de la législation, de déterminer si telle disposition ou tel arrêté est conforme à un acte législatif ou ne constitue qu'une mesure arbitraire, d'établir si telle décision ou telle institution a un caractère permanent ou simplement temporaire. A cet égard, nous nous sommes heurtés aux mêmes difficultés que nous avions déjà rencontrées en élaborant notre étude de 1922.

Il est malaisé aussi, sinon impossible, de discerner exactement les résultats pratiques des différentes mesures législatives. Nous avons dû nous en tenir à la seule littérature qui existe en Russie : la littérature officielle ou, dans les cas les plus favorables, la littérature officieuse.

*
* *

Toutes les informations que nous reproduisons — actes législatifs, arrêtés gouvernementaux, statistiques — sont puisées à des sources soviétiques. Elles se rapportent à la période allant jusqu'au 1er juillet et parfois jusqu'au 1er octobre 1923. Notre exposé couvre ainsi toute l'année 1922 et le premier semestre de 1923. Il s'étend même, pour certaines questions, à l'ensemble de l'exercice budgétaire 1922-1923, c'est-à-dire à la période qui va du 1er octobre au 30 septembre.

L' Evolution

des Conditions du Travail

dans la Russie des Soviets

CHAPITRE PREMIER

La situation et le rôle du Commissariat du travail.

C'est surtout par un examen de la situation et du rôle du Commissariat du travail que l'on peut saisir les modifications profondes survenues dans la politique sociale du gouvernement des Soviets. En fait, exposer l'évolution de la compétence du Commissariat du travail revient à exposer les diverses phases de la politique ouvrière du gouvernement soviétique. Il restera ensuite à étudier cette évolution dans le détail : c'est ce que nous ferons dans les chapitres suivants.

Jusqu'en 1920, le Commissariat du travail était l'organe suprême de l'Etat, qui avait à connaître des questions de politique ouvrière ; mais l'application de cette politique ouvrière, partie intégrante de la politique communiste, incombait en premier lieu aux syndicats professionnels. Ceux-ci, devenus pratiquement des organes de l'Etat en Russie des Soviets, jouaient un rôle toujours plus grand dans l'administration de la vie économique du pays et dans le règlement des questions ouvrières.

A partir de 1920, que l'on peut appeler « l'année du communisme intégral », le rôle du Commissariat changea complètement. L'une des mesures les plus importantes de la politique communiste fut l'introduction du service de travail obligatoire : tout citoyen — à de très rares exceptions près, motivées par l'âge ou l'incapacité physique manifeste — était ainsi à tout moment mobilisable pour un travail d'intérêt général. Ce service obligatoire supprimait naturellement l'embauchage libre et réduisait à néant l'activité du Commissariat du travail dans le domaine de la distribution de la main-d'œuvre; bien plus, la direction même de ce service échappait au Commissariat; un nouvel organe était créé : le Comité principal pour le service de travail obligatoire.

Une seconde mesure transforma l'assurance sociale ouvrière en l'englobant dans une assistance sociale de tous les citoyens, ce qui nécessita le transfert des services d'assurance du Commissariat du travail au Commissariat de la prévoyance sociale.

Une dernière mesure retira enfin au Commissariat du travail la réglementation des tarifs de salaires. Les syndicats professionnels, dirigeant et même dans certains cas possédant en fait les entreprises, se mirent à suivre leur propre politique en matière de salaires et élaborèrent eux-mêmes leurs tarifs. Ils avaient à surveiller la productivité, à vérifier l'attribution des primes à la production et la rémunération du travail en général. Le Conseil central panrusse des syndicats professionnels organisa dans son sein une section des tarifs qui, effectuant un travail parallèle à celui de la section correspondante du Commissariat, refusait strictement à ce dernier toute initiative dè cet ordre.

Ainsi le Commissariat du travail, incompétent dans le domaine du marché du travail, de l'assurance sociale et de la fixation des salaires, ne conservait plus qu'une seule fonction : la protection du travail; encore cette fonction n'était-elle pas véritablement de son ressort exclusif puisque l'inspection du travail se trouvait en rapports étroits avec les syndicats professionnels.

Dans ces conditions, le rôle et l'importance du Commissariat, objets de grandes discussions dans toutes les conférences et tous les congrès, devinrent absolument nuls. Pour beaucoup, c'était un organe inutile : « Le Commissariat du travail a toujours travaillé en contact étroit avec le Conseil central panrusse des syndicats professionnels, en contact si étroit même qu'il était difficile de déterminer où finissaient les compétences de l'un et où commençaient les compétences de l'autre[1]. »

On proposa même, au III⁰ Congrès dès syndicats professionnels, en avril 1920, de supprimer le Commissariat du travail et de répartir ses fonctions entre le Comité principal pour le service obligatoire du travail, le Commissariat de la prévoyance sociale et le Conseil central panrusse des syndicats professionnels[2].

---

[1] *Messager du travail*, organe mensuel du Conseil central des syndicats professionnels, 1922, n° 12, p. 171.

[2] *Questions du travail*, organe mensuel du Commissariat du travail, 1922, n° 5.

La question était encore à l'étude quand se produisit le revirement qui aboutit à l'instauration d'une nouvelle politique économique. Dès lors, il ne fut plus question de supprimer le Commissariat, mais au contraire d'élargir son champ d'action et de lui faire jouer un rôle plus important que jamais. Cela n'alla pas sans hésitations ni tâtonnements : il s'éleva à ce sujet de longues controverses entre partisans et adversaires de la nouvelle politique. Les différentes étapes de cette évolution nouvelle furent les suivantes :

Faisant suite aux résolutions adoptées par le Xe Congrès du Parti communiste, en mars 1921, le décret pris le 24 mars suivant, par le Conseil des commissaires du peuple, abolit le Comité principal du travail obligatoire; le Commissariat était chargé de reprendre, en ce qui concernait le service obligatoire de travail, toutes les fonctions de réglementation du Comité supprimé ainsi que d'assurer la mobilisation et la distribution de la main-d'œuvre[1].

D'autres arrêtés du Conseil des commissaires du peuple vinrent ensuite réduire la compétence du Commissariat du travail en matière d'application du service de travail obligatoire et obligèrent les syndicats professionnels à participer plus largement au recensement et à la répartition de la main-d'œuvre dans le pays. Bien que le contrôle du travail obligatoire et du *troudgouj-nalog*[2] incombât au Commissariat du travail, l'exécution de ces corvées fut en grande partie assurée par les syndicats professionnels.

De plus, dans le domaine de la protection du travail, le rôle du Commissariat fut restreint par l'arrêté du Conseil des commissaires du peuple du 12 mai 1921[3], qui remettait complètement au Conseil central panrusse des syndicats professionnels et aux Conseils départementaux intersyndicaux la direction et l'administration de la protection du travail. Jusqu'à la fin de l'année 1921, il ne fut pas édicté d'autres mesures modifiant le rôle du Commissariat.

Cependant, à mesure que se développaient et s'affirmaient les conséquences économiques et sociales de la nouvelle politique, le Commissariat du travail voyait, par la force des choses, croître son rôle et son importance. Dans sa deuxième session de février 1922, le Conseil central panrusse des syndicats profes-

---

[1] *Izvestia*, 26 mars 1921.

[2] Obligation de nature fiscale, d'après laquelle les paysans doivent effectuer un certain nombre de corvées de roulage pour le compte de l'Etat. *Recueil des lois*, n° 48, 1921.

sionnels (élu au IV⁰ Congrès de mai 1921) n'eut qu'à tirer les conséquences de cet état de choses; tenant compte des conditions nouvelles, il admit qu'il fallait modifier la politique suivie depuis 1920 à l'égard du Commissariat du travail et rétablir celui-ci dans la situation qu'il occupait en 1918, avant l'introduction du communisme.

« Les nouvelles conditions exigent que les questions du travail ayant une importance nationale soient soustraites à la décision des syndicats professionnels et rentrent dans le ressort du Commissariat du travail. A cette catégorie de questions appartient, par exemple, l'établissement des textes législatifs de portée nationale, concernant le travail et la protection du travail. Les arrêtés des syndicats professionnels ne seront obligatoires pour les administrations des entreprises que s'ils ont été approuvés par le Commissariat du travail[1]. »

Conformément à cette résolution, par décret du 13 avril 1922, le Comité central exécutif et le Conseil des commissaires du peuple confièrent à nouveau au Commissariat la protection du travail.

D'après ce décret :

1° Toutes les fonctions gouvernementales touchant à la protection du travail, en particulier l'inspection du travail, l'inspection sanitaire et l'inspection technique sont du ressort du Commissariat du travail et non plus du ressort des syndicats professionnels.

2° Les dépenses nécessitées par l'entretien des services de l'Etat pour la protection du travail incombent au Commissariat du travail.

Il est à noter que ce décret évitait d'opposer l'un à l'autre le Commissariat et le Conseil central panrusse des syndicats ; il déclarait :

3° Toutes les décisions du Conseil central panrusse des syndicats professionnels et de ses organes, concernant la protection du travail, publiées après le 10 mai 1921 (c'est-à-dire après la transmission de la protection du travail au Conseil central panrusse des syndicats professionnels) restent en vigueur dans toutes les entreprises et institutions privées ou de l'Etat.

Par la suite, le Conseil central panrusse des syndicats professionnels et le Commissariat du travail conclurent un accord délimitant en cette matière les fonctions respectives des deux organisations. En tant qu'organe professionnel, le Conseil des syndicats

---

[1] *Résolution de la 2ᵐᵉ assemblée plénière du Conseil central panrusse des syndicats professionnels* (16-19 février 1922). Moscou, 1922.

conservait le contrôle immédiat de l'application des mesures de protection, mais les organes syndicaux ne pouvaient donner d'instructions aux inspecteurs du travail qu'avec l'approbation du Commissariat [1].

Ce dernier se trouvait donc, après accord avec le Conseil central panrusse des syndicats professionnels, rétabli dans le rôle qu'il avait toujours joué jusqu'en 1921 en matière de protection du travail.

Puis, le Conseil central des syndicats, dans sa séance de février 1922, reconnut au Commissariat des compétences bien plus étendues encore. Il ne faisait que suivre ainsi la voie déjà ouverte par le IV⁰ Congrès des syndicats professionnels. Etant donné les nouvelles conditions économiques, avait déclaré celui-ci dans sa résolution du 20 mai 1921, le rôle des organes du Commissariat du travail devra devenir plus important, d'un côté pour l'entremise entre les syndicats professionnels et les entrepreneurs et fermiers privés en vue de la conciliation des conflits, de l'autre en tant qu'organisme de lutte contre le chômage et d'emploi rationnel de la main-d'œuvre libre [2]. » Le Conseil central des syndicats, dans sa séance de février 1922, déclarait qu'il appartenait à l'Etat, en l'occurence aux sections du travail (organes locaux du Commissariat du travail), de résoudre les conflits industriels.

Tous ces faits ont eu pour conséquence d'affermir la situation du Commissariat du travail. La section des conflits créée au Commissariat a dû immédiatement étendre son activité, édicter des lois sur les chambres de conciliation et les tribunaux d'arbitrage, améliorer le fonctionnement des commissions de conflits près les sections du travail, contrôler l'action de tous les organes de conciliation, celle de la Commission centrale des conflits, de la Chambre centrale de conciliation, enfin participer de plus en plus à la conciliation devant les tribunaux d'arbitrage. Le rôle du Commissariat du travail dans la réglementation des conflits est, de la sorte, devenu considérable.

Dans le domaine du marché du travail on constate des faits analogues.

Lorsque furent rétablis le congédiement et l'embauchage libres, le recensement et la répartition de la main-d'œuvre revinrent tout d'abord, et entièrement, aux sections du travail (c'est-à-dire aux organes locaux du Commissariat du travail); mais les anciennes

---

[1] *Bulletin du Conseil central panrusse des syndicats professionnels*, n⁰ 11, 1ᵉʳ juillet 1922.
[2] *Questions du travail*, n⁰ 2, p. 118, Moscou, 1922.

sections du travail se montrant peu aptes à remplir les tâches qui leur étaient imposées par les nouvelles conditions économiques dues au rétablissement du capital privé, le Commissariat se vit obligé de reconstituer les bourses du travail. Les syndicats professionnels prennent, il est vrai, une part active au fonctionnement de ces bourses; pourtant ces dernières n'en sont pas moins des organes de l'Etat, fonctionnant d'après les indications du Commissariat du travail.

En ce qui concerne les salaires, le rôle du Commissariat s'est également développé.

Pendant l'année 1922 il assuma la direction de toute la politique des salaires. Au début de l'année, lors de l'introduction, d'abord du système du ravitaillement collectif, puis du système dit « budgétaire par accord », le rôle prépondérant incombait aux syndicats professionnels; mais par l'intermédiaire du Conseil suprême des tarifs, créé le 1er juin 1922, le Commissariat du travail commença à exercer une influence de plus en plus grande : la fixation des tarifs et des salaires minima, la classification des ouvriers par groupes, d'après les branches de l'économie nationale et les diverses régions, ne furent plus de la compétence exclusive du Conseil central des syndicats; le Commissariat du travail, dont le représentant présidait le Conseil suprême des tarifs, eut également à connaître de toutes ces questions.

Après qu'eut été abolie la Commission centrale du ravitaillement des ouvriers près le Commissariat du ravitaillement, et qu'on eut établi des tarifs de salaires calculés uniquement en espèces, l'importance du Commissariat du travail s'accrut encore; il devint finalement l'autorité exclusive quand fut organisée dans son sein une Chambre suprême des tarifs, organe de l'Etat pour le règlement des salaires.

Indiquons encore que l'enregistrement des contrats collectifs, ainsi que le contrôle de l'application des lois et décrets ayant trait à ces contrats, sont également assurés par le Commissariat du travail, et que, peu à peu, celui-ci a repris la direction des assurances sociales ouvrières qu'il avait dû céder en 1920 au Commissariat de la prévoyance sociale. Il a commencé par s'occuper de l'assurance-chômage, qui se trouvait étroitement liée aux mesures d'ordre administratif pour la lutte contre le chômage, lutte que le Commissariat avait à diriger; puis un décret du 21 décembre 1922 lui a remis l'administration de toutes les branches de l'assurance sociale ouvrière.

Au cours de l'année 1922, le Commissariat du travail s'est non seulement trouvé rétabli dans ses fonctions, mais il a vu ses attributions devenir plus nombreuses et plus importantes encore.

Il est maintenant l'instance suprême d'Etat qui règle les questions du travail et dirige la politique ouvrière; tous les organes qui s'occupent de législation sociale dépendent de lui, ainsi que les organes et institutions chargés de contrôler l'application des textes réglementant le marché du travail, de diriger les rapports entre employeurs et employés, d'administrer l'assistance sociale, etc., etc.

Le nouveau code du travail (éd. 1922) réserve dans ses dispositions une large place au Commissariat, organe unique du pouvoir en matière de législation sociale.

Cette évolution survenue dans le fonctionnement du Commissariat du travail montre bien comment, dans ce domaine, l'activité du pouvoir gouvernemental et celle des syndicats professionnels se sont peu à peu différenciées. Les syndicats s'occupent de plus en plus d'organiser la classe ouvrière et de protéger ses intérêts devant l'Etat et les entrepreneurs privés. Le Commissariat du travail a cessé d'être un simple organe du Conseil central panrusse des syndicats professionnels pour devenir un organe du pouvoir exécutif; de ce fait, il se place peu à peu au-dessus des organisations de classe et s'affirme de plus en plus, en fait et en droit, vis-à-vis des groupements professionnels de salariés.

CHAPITRE II

La politique des salaires[1].

Législation.

1. Code du travail, édition 1922, chapitres VIII et IX.

2. Décret du Conseil des commissaires du peuple (1er juin 1922) sur l'organisation du Conseil suprême des tarifs.

3. Arrêté du Conseil des commissaires du peuple (1er août 1922) sur la réglementation des salaires.

4. Arrêté du Conseil du travail et de la défense (25 août 1922) sur les réserves des fonds de salaires.

5. Arrêtés du Conseil du travail et de la défense (8 et 15 septembre 1922) sur le ravitaillement des ouvriers.

6. Circulaire du président de la Commission centrale pour le ravitaillement des ouvriers (22 septembre 1922) au sujet du ravitaillement des ouvriers.

7. Décret du Conseil des commissaires du peuple (29 septembre 1922) sur la liquidation de la Commission centrale pour le ravitaillement des ouvriers près le Commissariat du ravitaillement.

8. Arrêté du Conseil suprême des tarifs (1er octobre 1922) sur l'utilisation des fonds de vivres pour le paiement des salaires.

9. Arrêté du Conseil des commissaires du peuple (19 octobre 1922) sur le droit exclusif du Conseil suprême des tarifs d'établir les salaires minima.

10. Décret du Conseil des commissaires du peuple (24 octobre 1922) sur la liquidation du Conseil suprême des tarifs.

11. Circulaire du Conseil suprême de l'économie nationale (31 octobre 1922) sur l'établissement des salaires dans les différentes branches de l'industrie.

Voir Annexe II : « Les statistiques des salaires ».

12. Décret du Conseil des commissaires du peuple (28 novembre 1922)
sur l'organisation de la Chambre des tarifs auprès du
Commissariat du travail.

13. Arrêté du Conseil des commissaires du peuple (6 février 1923) sur
les fonds de salaires.

14. Circulaire du Conseil central panrusse des syndicats professionnels et du Conseil suprême de l'économie nationale
(24 février 1923) sur les méthodes d'établissement des
salaires au moyen de contrats collectifs.

15. Arrêté du Conseil des commissaires du peuple (6 mars 1923) sur
la répartition des fonds de salaires.

16. Circulaire du Conseil suprême de l'économie nationale (24 mars 1923)
sur l'augmentation des salaires.

17. Arrêté du Commissariat du travail (28 avril 1923) sur les commissions d'évaluation du coût du budget minimum.

18. Arrrêtés du Commissariat du travail et du Conseil suprême de l'économie nationale (15 mai 1923) sur les mêmes commissions.

19. Règlement (21 mai 1923) sur la création des commissions des salai·
res au Conseil suprême de l'économie nationale.

20. Instruction du Conseil suprême de l'économie nationale (14 août
1923) sur l'égalisation des salaires des travailleurs d'une
même localité.

21. Ordonnance du Conseil suprême de l'économie nationale (15 septembre 1923) sur le paiement des appointements en
« tchervonetz ».

22. Décrets sur les salaires minima publiés mensuellement depuis
août 1922 et décrets sur les salaires maxima publiés mensuellement depuis novembre 1922.

§ I. — ÉVOLUTION DE LA POLITIQUE DES SALAIRES
AVANT LA NOUVELLE POLITIQUE ÉCONOMIQUE ·

Pendant la deuxième moitié de 1922, la politique des salaires
a subi des modifications profondes qui ont affecté, d'une part les
méthodes appliquées pour le calcul des salaires ainsi que les organes
chargés de leur réglementation, d'autre part les taux mêmes de
salaires.

Ces changements sont si sensibles, et les principes de la politique pratiquée actuellement en cette matière diffèrent tellement des principes sur lesquels reposait la précédente législation soviétique, que nous estimons nécessaire d'exposer brièvement cette évolution.

Nous rappellerons d'abord ce qui s'est passé de 1917 à 1921.

Après la révolution du 12 mars (27 février) 1917, les contrats collectifs conclus entre l'employeur et le syndicat ouvrier correspondant devinrent le système le plus répandu pour la fixation des salaires.

Pendant toute cette même année, la politique des syndicats professionnels tendit à améliorer les conditions du travail en les fixant par des contrats collectifs. Après la révolution du 7 novembre, ces méthodes prirent au début une extension plus grande encore, mais le caractère des contrats subit deux modifications importantes : la première, c'est que ces accords, de plus en plus nombreux, englobèrent souvent plusieurs entreprises, parfois même toute une branche d'industrie; la seconde, c'est que « les syndicats professionnels, à cette époque, commencèrent à se servir du pouvoir de l'Etat pour contraindre les patrons qui ne voulaient pas céder de plein gré[1]. »

Du coup, les contrats collectifs perdaient complètement leur caractère de libre accord. En outre, l'Etat s'efforça de plus en plus de réglementer les salaires au moyen de « tarifs obligatoires établis par décret ».

Lorsque l'industrie, le commerce et les transports furent nationalisés, que l'Etat eut recours au prélèvement forcé des vivres chez les paysans pour ravitailler la population, lorsque enfin le travail fut rendu obligatoire, il devint inutile de fixer les salaires au moyen d'un accord entre deux parties dont l'une se trouvait toujours être l'Etat. Les contrats collectifs disparurent donc et furent remplacés par des « tarifs » publiés par voie de décret et ayant un caractère obligatoire. Le premier en date fut établi en juin 1918 pour la ville de Moscou; il fut d'ailleurs adopté dans un grand nombre d'autres localités. En septembre 1918, le gouvernement des Soviets publia un décret qui établissait un tarif de salaires applicable au pays tout entier; en février 1919, un nouveau tarif panrusse fut élaboré et dès lors les tarifs locaux cessèrent d'exister. Ainsi le pouvoir central, après avoir centralisé l'administration

[1] J. REZNIKOV. « Les résultats de la politique des tarifs des syndicats professionnels », *Economitcheskaïa Jizn*, 2 juill. 1922.

économique de toute la Russie, centralisait aussi le système des salaires. Jusqu'au milieu de 1919, les salaires furent déterminés. par le Commissariat du travail. Mais peu à peu, par suite de l'influence toujours croissante des syndicats dans la direction de l'industrie et de leur transformation en organes exécutifs du gouvernement soviétique, la fixation des salaires devint une prérogative de ces syndicats et surtout des organisations intersyndicales, dirigées par le Conseil central panrusse des syndicats professionnels. Cette « dictature du Conseil central panrusse des syndicats. professionnels en matière de salaires[1] » fut confirmée juridiquement par le décret du 8 juin 1920.

Les principes en vigueur à cette époque peuvent être résumés de la façon suivante[2] :

La politique des salaires était fixée par le pouvoir exécutif, qui chargeait le Conseil central panrusse des syndicats professionnels d'établir des tarifs de rémunération.

Ces tarifs étaient déterminés en partant du principe égalitaire qui était, à cette époque, à la base de la politique de ravitaillement pratiquée par le gouvernement des Soviets.

Les salaires étaient fixés indépendamment de la qualification individuelle de chaque ouvrier, de sa productivité et des conditions particulières à chaque entreprise.

Toute la politique soviétique tendant alors à supprimer l'argent et à détruire tout le système économique fondé sur l'argent, à établir le budget d'Etat *en nature*, il était logique que les salaires devinssent une partie du ravitaillement assuré par l'Etat; à la rémunération en argent vint se substituer exclusivement le ravitaillement en nature.

Les syndicats ne devaient pas seulement fixer les salaires; il leur incombait également de les répartir, ce qui faisait d'eux, en cette matière, de simples organes exécutifs de la politique du ravitaillement; ils avaient à répartir des objets de première nécessité aussi bien que des vivres.

Tous les travailleurs étaient ravitaillés par l'Etat, sans considération du travail réellement fourni, de l'activité de l'entreprise,

---

[1] *Economitcheskaia Jizn*, du 2 juillet 1922.

[2] Voir le rapport du Commissaire du travail, SCHMIDT, à la séance plénière du Conseil central panrusse des syndicats (février 1922). *Bulletin de la 2me assemblée plénière du Conseil central panrusse des syndicats professionnels.* Voir aussi S. ROBINSON : « La question des tarifs et les décisions de l'assemblée plénière de février », *Messager du travail* (nos 3-4, 1922), et F. REVZINE : *L'évolution du système des salaires dans la Russie des Soviets* (Moscou, 1923).

de la durée du temps passé par l'ouvrier dans l'entreprise ou l'institution.

En tant que rémunération du travail, le salaire n'existait pas : en fait, l'ouvrier recevait une ration journalière, que le jour fût ouvrable ou férié.

Au début de 1920, on observa un certain recul dans cette voie d'égalisation à outrance.

A partir de janvier vinrent s'ajouter aux rations normales les rations garanties, dites « blindées », comportant une livre de pain et une demi-livre de légumes pour une journée de huit heures : c'était une première tentative, d'une part pour relever la productivité du travail, d'autre part pour mettre dans une situation avantagée les ouvriers des entreprises les plus importantes. Ce premier essai ne donna rien, car ces rations, qui étaient au nombre de 750.357 en janvier 1920, atteignirent le total de 2.738.686 en décembre de la même année ; en sorte qu'on était revenu en pratique à l'égalité.

Un nouvel essai eut lieu à la fin de 1920 ; on créa des rations spéciales dites « d'attaque » qui contenaient une quantité plus grande de vivres (40 livres de pain, une demi-livre de sel, 3 1/2 livres de viande ; un quart de livre de graisse, un quart de livre de café, 20 livres de légumes, 3 1/4 livres de gruau par mois) ; elles étaient destinées aux travailleurs de certaines entreprises importantes (grande industrie métallurgique, bassin du Donetz, chemins de fer). Dans le courant de la même année furent introduites des primes spéciales en nature et en argent (en sus de la ration normale) pour les ouvriers dont le travail avait été le plus productif[1].

Vers le milieu de 1921 les défauts de tout ce système apparurent de plus en plus clairement. Les syndicats professionnels émirent des critiques plus violentes, dont voici les principales :

La politique du rationnement centralisé entre les mains de l'Etat n'avait jamais tenu compte, ni de la production individuelle de chaque ouvrier, ni des conditions de travail de chaque entreprise, ni enfin de la situation économique du pays.

Cette politique tendait, bien plus qu'à établir des salaires normaux, à ne pas laisser la classe ouvrière se disperser pendant une certaine période de la guerre civile.

Aucun ouvrier, aucun représentant du syndicat ne savaient jamais au juste quels seraient les salaires, les conditions du tra-

---

[1] Voir WUNDERLICH : « Les principes de la politique des salaires du Commissariat du travail », dans *Questions du travail*, n° 3, 1923.

vail, etc. Ils l'apprenaient par voie administrative, sous forme d'un tarif élaboré, d'une circulaire et d'un arrêté.

Le système égalitaire appliqué aux salaires avait provoqué une forte diminution du rendement de chaque ouvrier, et contribué à diminuer la production de la plupart des entreprises.

Les syndicats, participant à la gestion de celles-ci, avaient été obligés, par la force des choses, de tenir compte des conditions spéciales de chaque entreprise et des particularités individuelles des travailleurs; il en était nécessairement résulté que les tarifs, fixés par le pouvoir central, avaient dû être modifiés suivant les localités; le gouvernement ne pouvait donc pas se rendre un compte exact de la situation de chaque entreprise et le ravitaillement s'en ressentait. De plus, ce système qui obligeait à contrôler tous les faits et gestes de chaque ouvrier afin de calculer le plus équitablement possible son salaire supplémentaire, était devenu très compliqué : en effet il arrivait souvent qu'à côté des tarifs fixés par décret et établissant les limites inférieures et supérieures des salaires, une rémunération spéciale était établie pour encourager les ouvriers à travailler : salaires aux pièces pour travaux exceptionnels, etc.

Enfin, le lien étroit qui existait entre la politique des tarifs de salaires et la politique du ravitaillement par l'Etat subordonnait encore le payement des salaires aux opérations mêmes du ravitaillement; il en résultait que le payement était toujours très irrégulier et que le salaire lui-même était insuffisant[1].

§ 2. — LA POLITIQUE DES SALAIRES APRÈS L'INTRODUCTION DE LA NOUVELLE POLITIQUE ÉCONOMIQUE

A partir de la fin de mars 1921, date à laquelle fut inaugurée la « nouvelle politique économique », les caractères négatifs du système que nous venons d'exposer se manifestèrent de plus en plus. Lorsque le prélèvement forcé des vivres fut remplacé par l'impôt en nature, le ravitaillement par l'Etat diminua d'importance; le commerce, et en premier lieu celui des vivres, étant redevenu libre, les entreprises pouvaient se procurer sur le marché les objets nécessaires au ravitaillement de leurs ouvriers.

D'autre part, le retour à l'emploi de la monnaie comme moyen d'échange rendait impossible le payement de salaires uniquement

---

[1] Voir les rapports de SCHMIDT, Commissaire du travail, à la session plénière du Conseil central panrusse des syndicats (février 1922).

en nature. La réorganisation des entreprises de l'Etat sur la base du « rendement commercial » donnait aux entreprises une certaine liberté pour le ravitaillement de leurs ouvriers, qu'elles pouvaient assurer au moyen d'opérations commerciales sur le marché libre. Enfin, les syndicats professionnels, ne participant plus à l'administration des entreprises, n'avaient plus aucune responsabilité vis-à-vis des ouvriers au point de vue des salaires ; cette question était du ressort de l'administration et des organes économiques de l'Etat [1].

Il devenait donc nécessaire de reviser complètement la politique des salaires alors en vigueur.

Le IV° Congrès panrusse des syndicats, en mai 1921, déclara qu'il considérait les contrats collectifs comme le meilleur moyen de fixer les salaires ; néanmoins, il estima nécessaire de maintenir les principes fondamentaux de l'ancien système pour des raisons politiques et économiques, car les conditions créées par la « nouvelle politique » n'étaient pas clairement définies.

En tenant compte de ces observations, la politique des salaires fut, après le IV° Congrès des syndicats, modifiée par de nombreuses dispositions sanctionnées ultérieurement par le pouvoir central.

Toutes ces modifications tendaient à augmenter la production en proportionnant les salaires au rendement de chaque ouvrier.

Ce sont ces dernières tendances que nous allons décrire.

Les salaires aux pièces et les primes en nature.

Le décret du Conseil des commissaires du peuple du 7 avril 1921 « sur la réglementation des salaires » avait déjà confirmé la transition du système des tarifs fixes augmentés de certaines primes, au système des salaires aux pièces [2].

Ce décret abolissait, à partir du 1er mai 1921, toutes les limitations qui empêchaient l'ouvrier d'augmenter son salaire au moyen de travaux spéciaux, d'heures supplémentaires, etc. ; il permettait à « tous les ouvriers, au moyen d'une productivité supérieure et d'une exécution soignée de leur travail, d'augmenter leurs gains, sans fixer la proportion de leur salaire effectif par rapport aux tarifs des salaires de base » (art. 1).

---

[1] Voir HOLTZMAN : « La politique des tarifs dans des conditions de libre échange », *Messager du travail*, n° 44, 1921.

[2] Voir *Recueil des lois*, n° 27, 1921.

Ce décret autorisait les organes locaux préposés à la direction de l'industrie à introduire le système individuel des salaires aux pièces, ou bien à faire exécuter un certain travail par un certain groupe d'ouvriers, suivant des accords spéciaux (art. 4).

Enfin, comme il était clair que « le ravitaillement en vivres et le système du rationnement au moyen de cartes d'alimentation ne contribuaient guère à relever la productivité du travail chez les ouvriers », une autre mesure fut adoptée : « Afin de permettre aux ouvriers d'augmenter leurs ressources, et de participer activement à l'échange des marchandises sur le marché libre », on posa en principe que « les entreprises attribueraient à leurs ouvriers un certain pourcentage de la production ».

Un autre décret du 7 avril, concernant « la distribution de primes en nature aux ouvriers »[1], ajoutait qu'en outre de primes en espèces les ouvriers recevraient également des primes en nature ; pour cela, les diverses entreprises devaient affecter une certaine partie de leur production à la constitution d'un fonds spécial permettant d'attribuer de pareilles primes à leurs ouvriers : l'importance de ce fonds serait fixée pour chaque entreprise proportionnellement à sa productivité et à la quantité de produits qu'elle livrerait à l'Etat (art. 1). Ce décret allait même plus loin et disposait que dans les entreprises dont les produits ne pouvaient être échangés sur le marché, les ouvriers auraient, dans certains ateliers, la liberté de fabriquer des objets de première nécessité, en dehors des heures normales de travail (art. 4).

Les entreprises n'étaient autorisées à distraire une partie de leur production pour distribuer des primes en nature que si elles réalisaient au moins 60 pour cent du programme de production.

Les prélèvements effectués en vue de verser des primes à la production ne devaient pas être inférieurs à 5 pour cent de la production globale, et devaient être proportionnés au coût de cette production, au caractère de l'entreprise, à son importance, etc. (art. 2).

Les marchandises ainsi prélevées pour le fonds des primes en nature étaient remises à la coopérative de l'entreprise, laquelle était chargée de les distribuer aux ouvriers en tenant compte du rendement individuel (art. 5 et 6).

Cette mesure fut appliquée à titre d'essai, du 15 mai au 30 août 1921, dans de nombreuses branches de l'industrie (manu-

---

[1] *Recueil des lois*, n° 45, 1921.

factures de tabacs, d'allumettes, de porcelaines, de chaussures et d'habillement, fabriques de savon, de confiserie et d'amidon, entreprises textiles et métallurgiques, salines et bassins pétroliers)[1].

Ravitaillement collectif.

En même temps que l'on faisait l'essai de ces systèmes, on adoptait une autre méthode pour la fixation des salaires.

L'un des principaux défauts de l'ancien système consistait en ce que les salaires étaient payés par différentes institutions : l'argent était payé par l'entreprise, les produits en nature étaient distribués par le Commissariat du ravitaillement; le logement, le chauffage, etc., étaient fournis par les administrations communales, etc.

Il en résultait que la valeur des salaires, bien que fixée d'avance, ne représentait rien de précis à un moment donné; chaque entreprise, ne possédant qu'un stock limité de produits ou d'argent, comprimait le montant des distributions régulières suivant ses disponibilités; bien entendu, les stocks étant toujours insuffisants il n'était tenu compte ni de la productivité individuelle, ni de la production totale de l'entreprise.

Afin d'éviter que la distribution des salaires eût un caractère aussi disparate, et pour établir un lien plus étroit entre les salaires et la productivité des entreprises, le décret du 18 juillet 1921 [2] institua un système de salaires par « ravitaillement collectif » (en argent et en nature) pour les ouvriers et employés.

Les principes essentiels du ravitaillement collectif étaient les suivants[3] :

Pour les ouvriers de la grande industrie, il était créé par l'Etat un fonds spécial de salaires, alimenté par des sommes prélevées sur l'impôt en nature perçu par l'Etat, et par des marchandises échangeables fournies par les entreprises fonctionnant sous ce régime, chacune d'elles (ou chaque institution) recevant d'avance, pour chaque mois, le fonds de salaires à elle affecté (en nature et en espèces) (art. 2).

Ce fonds était établi sur la base de la ration moyenne individuelle, obtenue en divisant par le nombre moyen des ouvriers de la branche d'industrie considérée les fonds de salaires dont dispo-

---

[1] Décret du 17 mai 1921 concernant la constitution des fonds pour les primes en nature.

[2] *Recueil des lois*, n° 55, 1921.

[3] A. HOLTZMAN. *Ravitaillement collectif*. Moscou, 1921.

sait l'Etat. L'entreprise recevait alors un nombre de rations individuelles égal au nombre de ses ouvriers et employés au 15 juin 1921 (art. 5).

Plusieurs mesures étaient destinées à relever la productivité.

Comme première condition de sa participation à ce système, l'entreprise devait réduire son personnel d'au moins 50 pour cent (art. 4). De plus, il était entendu que si l'entreprise arrivait ultérieurement, sans réduire sa production, à diminuer encore le nombre de ses ouvriers, elle recevrait toujours le même fonds de salaires (art. 2).

Toutes les primes à la production, salaires aux pièces et majorations pour heures supplémentaires, devaient être prélevés sur le fonds de salaires général (art. 7).

Le système du « ravitaillement collectif » fut d'abord appliqué à Moscou et Petrograd à titre d'essai. En même temps on mettait en œuvre les autres mesures dont il a été parlé plus haut, et qui étaient prévues par les décrets du 7 avril. Il en résulta que pour les diverses branches de l'industrie, les diverses localités et même les diverses catégories d'ouvriers et d'employés, les systèmes de paiement n'étaient pas identiques, de sorte que la réglementation des salaires par l'Etat comportait, en fait, des inégalités sensibles.

Il faut néanmoins souligner que le système du « ravitaillement collectif » établit, en matière de salaires, des principes qui, malgré la quasi-impossibilité de les appliquer à l'époque, étaient entièrement différents des principes précédents ; en résumé :

Toutes les ressources affectées au payement des salaires des ouvriers et des employés devaient être centralisées dans les caisses d'un seul organe.

Le salaire de chaque ouvrier devait être établi proportionnellement à son rendement individuel.

Un fonds spécial de salaires, déterminé d'avance et proportionnel aux ressources dont disposait l'Etat, était garanti aux entreprises pour une période déterminée, ce qui permettait de fixer d'avance les salaires d'après les disponibilités réelles de l'Etat.

D'après ce système, donc, le ravitaillement d'un ouvrier fut de nouveau considéré comme la rémunération du travail qu'il avait effectué ; le principe même du salaire était rétabli ; tout ce que l'ouvrier recevait (vivres, argent, objets de nécessité courante) constituait son salaire, en plus duquel il ne devait rien obtenir.

Enfin, la nécessité pour l'Etat de constituer d'avance le fonds prévu contribua à donner une direction nouvelle à la politique des

salaires ; elle trouva son expression dans le système dit « budgétaire par accord ».

Le système budgétaire par accord.

Le système budgétaire par accord et l'organisation des commissions centrales et locales des fonds de salaires furent réglés par
les décrets du 10 novembre 1921, du 23 janvier, du 15 février et
du 15 mars 1922.

Les principes fondamentaux adoptés étaient les suivants[1] :

1° Le gouvernement établit par décret des tarifs de salaires
pour tout le territoire de l'Etat.

2° Ces tarifs sont fixés par régions et constituent les normes
moyennes *minima* des salaires.

3° L'Etat garantit ces salaires, en constituant à l'avance des
fonds de salaires (central et locaux).

4° Le fonds de salaires est composé de trois parties : *a)* objets
manufacturés, *b)* vivres, *c)* argent. La première est calculée en
estimant la production probable de l'industrie nationalisée, gérée
par le Conseil suprême de l'Economie nationale ; la seconde est
constituée par les ressources dont dispose le Commissariat du ravitaillement, après la rentrée de l'impôt en nature ; la troisième,
enfin, est composée d'espèces fournies par les émissions du Commissariat des finances.

5° Après avoir établi d'après ces ressources la proportion des
trois parties des fonds de salaires, l'Etat en transmet l'administration à la Commission centrale et aux commissions locales des
fonds, lesquelles prennent pour base de répartition les tarifs fixés
d'avance.

Ce système budgétaire par accord, reposant sur la création de
fonds spéciaux destinés aux salaires, offrait incontestablement de
grands avantages ; mais il présentait aussi, dans la pratique, certains inconvénients que signalent la littérature assez abondante
parue à ce sujet ainsi que les résolutions prises par le Conseil
central des syndicats et les Congrès des différents syndicats.

Les fonds de salaires étant composés de trois parties différentes,
comme nous venons de l'indiquer, la rétribution du travail dépen-
dait entièrement de la proportion de ces différentes ressources : si
l'industrie nationalisée accusait un rendement inférieur aux prévi-

---

[1] Pour plus de détails voir : *L'organisation de l'industrie et les conditions
du travail dans la Russie des Soviets,* publié par le Bureau international
du Travail (Genève 1922).

′sions du programme de production, ou si l'impôt en nature ne donnait pas ce qu'on en attendait, il devenait très difficile de maintenir les tarifs moyens de rémunération.

D'après une déclaration faite par le commissaire du travail Schmidt à l'assemblée plénière du Conseil central des syndicats, en février 1922, les réserves de blé destinées aux fonds de salaires accusaient un déficit de 60 millions de pouds, déficit qu'il fut impossible de combler pendant toute l'année; de même, le programme de production du Conseil suprême de l'Economie nationale ne put être entièrement exécuté, le rendement de l'industrie nationalisée ayant été inférieur aux prévisions[1]. Aussi la tentative faite pour répartir les salaires à chaque entreprise au moyen de fonds centralisés aboutit-elle à ce résultat qu'en décembre 1921 il ne fut possible de répartir que 60 pour cent du montant minimum prévu, en janvier 1922, 48 pour cent, et en février 33 pour cent seulement[2].

Toutes les entreprises et institutions essayaient par tous les moyens d'être classées parmi les entreprises appliquant les salaires moyens minima[3] et il en résulta un certain nivellement.

Les salaires moyens étant fixés par le pouvoir central, il y avait — au dire du commissaire du travail — très peu d'entreprises qui tenaient compte, pour la répartition de ces salaires, de la productivité ou de toute autre disposition prévue par les décrets. De ce fait, le nombre des ouvriers et employés ravitaillés par l'Etat s'accrut fortement; il passa, de la fin de l'année 1921 au commencement de l'année 1922, de trois millions et demi à quatre millions et demi, ce qui entraîna simultanément la diminution de la ration individuelle[4].

Les salaires moyens minima étant établis pour tout le territoire russe sans tenir compte de la qualification de chaque ouvrier ou employé, de la productivité de son travail, de la proportion des travaux supplémentaires ou aux pièces, les tarifs fixés ne correspondaient aucunement à une rémunération effective et équitable du travail effectué dans chaque entreprise ou institution.

---

[1] *Economitcheskaia Jizn*, 6 sept. 1922. RABINOVITCH : « Six mois de réglementation des salaires par l'Etat. »

[2] *Economitcheskaia Jizn*, 16 sept. 1922 : « Les perspectives de la politique des salaires », et *Economitcheskaia Jizn*, 9 juillet 1922 : « Les salaires en juillet. »

[3] « La réglementation des salaires par l'Etat », rapport du Commissariat du travail à la séance plénière du Conseil du travail et de la défense, et des Conférences économiques. *Economitcheskaia Jizn*, 19 août 1922.

[4] Voir Annexe II.

Toutes ces critiques furent reprises à la session du Conseil central des syndicats en février 1922, qui proposa certaines modifications à la politique des salaires.

Une commission du « Gosplan » (Commission des plans et projets de l'Etat) devait fixer chaque mois les tarifs minima des salaires, lesquels, dûment approuvés par le Conseil des commissaires, devaient être publiés dans la presse.

Les organes économiques dirigeant les entreprises ravitaillées par l'Etat et les syndicats devaient conclure des contrats collectifs déterminant les salaires d'après les tarifs minima fixés par voie législative[1].

En même temps, désireux de simplifier la réglementation administrative des salaires, le Conseil central des syndicats estimait nécessaire de supprimer de nombreux organismes (commissions centrale et locales dépendant du Commissariat du travail) et de confier toute cette administration à un organe unique : le Conseil suprême des tarifs.

Il fut tenu compte de cette observation, et une commission spéciale, instituée pour contrôler l'activité de la Commission centrale des fonds de salaires, prit la décision de transformer celle-ci en Conseil suprême des tarifs ; un décret du Conseil des commissaires, en date du 1er juin 1922, légalisa cette décision.

§ 3. — CONSEIL SUPRÊME DES TARIFS

Le Conseil suprême des tarifs était créé près le Conseil du travail et de la défense. Y étaient représentés, chacun par un membre, les commissariats du travail, du ravitaillement, des finances, des voies de communication, et le Conseil suprême de l'Economie nationale ; le Conseil central des syndicats avait deux délégués ; tous ces représentants devaient être validés par le Conseil du travail et de la défense. Le Conseil était présidé par le représentant du Commissariat du travail (art. 1er du décret du 1er juin 1922)[2].

Ses attributions étaient les suivantes :

a) il fixait un tarif minimum de salaires, obligatoire pour toutes les entreprises (ou institutions) privées ou d'Etat, et constituant la limite inférieure extrême des salaires ;

b) il établissait les zones de tarifs pour tout le territoire de

---

[1] *Bulletin du Conseil central des syndicats*, 1922.
[2] *Recueil des lois*, n° 39, 1922.

l'Etat russe et modifiait les taux minima de salaires, selon les zones, les divers groupes de travailleurs et les branches de l'industrie ;

c) il déterminait l'importance du fonds de salaires à attribuer à chaque entreprise et, dans ce fonds, l'importance respective des trois parties constitutives (vivres, objets manufacturés, espèces) ;

d) il contrôlait dans les entreprises et institutions de l'Etat l'emploi des sommes destinées au payement des salaires ; il avait le droit de poursuivre pour abus de pouvoir devant le tribunal révolutionnaire toute personne qui affectait à d'autres buts les sommes destinées au payement des salaires, ou qui effectuait leur payement en retard ou de manière incomplète (art. 2).

Toutes les administrations et organes économiques étaient obligés de rendre compte au Conseil suprême des tarifs, sur la demande de ce dernier, de l'emploi fait des sommes destinées au payement des salaires.

Du Conseil suprême dépendaient des conseils régionaux remplaçant les commissions locales des fonds de salaires ; il pouvait, en cas de nécessité et par décision spéciale, instituer des conseils départementaux des tarifs ; les commissions départementales étaient supprimées (art. 3).

Ces dispositions furent complétées par un décret du 4 juillet sur la procédure d'appel contre les décisions du Conseil suprême des tarifs[1] ; un droit de recours était ouvert devant le Conseil des commissaires ou le Conseil du travail et de la défense. Les commissariats et les administrations principales pouvaient faire appel de toutes les décisions du Conseil suprême des tarifs concernant la fixation et la modification des salaires minima, la date et le mode de payement dans les entreprises et institutions d'Etat.

Ces appels devaient être accompagnés de données statistiques précises pouvant permettre au Conseil des commissaires, ainsi qu'au Conseil du travail et de la défense, de juger quels étaient les crédits supplémentaires à ouvrir au Conseil suprême des tarifs en plus des fonds à lui déjà attribués, afin de subvenir aux dépenses des commissariats ou des administrations principales dont les réclamations étaient tenues comme justifiées. Le Conseil suprême des tarifs devait faire parvenir dans les huit jours ses conclusions relatives à ces appels.

Pratiquement, comment fonctionnait le Conseil suprême des tarifs ?

---

[1] *Recueil des lois*, n° 43, 1922.

Comme on l'a vu plus haut, les fonds de salaires étaient fixés par lui, d'accord avec les commissariats des finances et du ravitaillement, représentés dans le Conseil.

A cet effet, le Conseil fixait, d'après l'indice du coût de la vie (ration normale) le coefficient du cours du rouble; il déterminait ensuite le contingent des ouvriers; d'après ces données il établissait les salaires minima selon les zones et les diverses catégories de travailleurs. Le nombre des salariés, ainsi que le montant global des salaires (en nature et en espèces), étaient établis séparément pour chaque commissariat et chaque administration principale; le montant ainsi calculé constituait le budget mensuel au delà duquel il était interdit aux commissariats des finances et du ravitaillement de fournir aux entreprises des fonds de roulement pour le payement des salaires.

Le Conseil communiquait télégraphiquement en province les salaires minima et le coût de la ration normale pour chaque région[1].

Le Commissariat des finances se fondait sur le budget ainsi établi pour ouvrir des crédits correspondant à la partie des salaires à payer en espèces; ces crédits étaient versés aux entreprises et institutions par les sections départementales des finances (sauf en Crimée, en Ukraine, en Russie Blanche, au Turkestan, en Bachkirie, en Kirghizie, en Tartarie-Kazan, à Moscou et à Petrograd, où les crédits étaient versés par les soviets régionaux).

Il était interdit d'opérer des retenues sur la partie en espèces des salaires, qui était payée sur place par les organes économiques et les commissariats correspondants.

En somme, le Conseil suprême des tarifs avait pour tâches principales de calculer les fonds de salaires et de fixer les divers tarifs et les salaires minima; nous allons examiner en détail ces fonctions.

Fixation du fonds de salaires et des salaires minima.

Le fonds de salaires était fixé par le Conseil suprême d'après les principes suivis par l'ancienne commission centrale.

Jusqu'en mai 1922, ce fonds était toujours composé de trois parties différentes et déterminé pour chaque mois. A partir de mai 1922, la deuxième partie (objets manufacturés) fut supprimée.

Le fonds de salaires était établi proportionnellement au nombre

---

[1] *Economitcheskaia Jizn*, 16 juin 1922.

des ouvriers ravitaillés par l'Etat et d'après le tarif moyen des salaires.

Le contingent des travailleurs salariés par l'Etat comprenait : *a*) les employés des commissariats émargeant au budget de l'Etat; *b*) les travailleurs de l'industrie et des transports compris dans le plan de ravitaillement de l'Etat; ce contingent, qui se montait à quatre millions en novembre 1921, avait été ramené à trois millions en mars et 2.900.000 en août 1922. Les sommes nominales allouées en roubles soviétiques sont au contraire allées toujours croissant : en avril 1922, elles étaient sept fois plus fortes qu'en février, en mai neuf fois, en juin dix fois, en juillet douze fois, et en août seize fois[1]. Néanmoins, par suite de la dépréciation du rouble, les fonds de salaires établis pour chaque mois ne correspondaient pas aux besoins des entreprises de l'industrie et des transports, car le tarif moyen fixé par le Conseil suprême des tarifs ne tenait compte ni de la qualification individuelle de chaque ouvrier, ni des versements pour les travaux supplémentaires ou aux pièces, etc., modes de payement prévus par les contrats collectifs conclus entre les organes économiques et leurs ouvriers[2].

En outre, le Conseil fixait les tarifs de salaires en roubles-papiers en totalisant les sommes à fournir en espèces et la valeur des vivres à distribuer; les contrats collectifs au contraire n'envisageaient pour le calcul des salaires que des valeurs réelles : objets manufacturés et vivres; les calculs du Conseil comportaient donc un élément instable : la proportion des différents fonds attribués par le pouvoir central au payement des salaires[3].

Enfin, il y avait une autre source de différences entre les tarifs fixés par le Conseil et les salaires réellement accordés : tandis que le Conseil arrêtait chaque mois des tarifs minima, les entreprises payaient les salaires d'après les contrats collectifs qui fixaient des taux sensiblement supérieurs à ceux officiellement établis. Il n'y avait là rien d'illégal car les organes économiques, les entreprises et les institutions d'Etat jouissaient de la faculté d'écouler une partie de leur production sur le marché; toutefois, ils ne pouvaient le faire dans des proportions suffisantes pour réaliser les bénéfices escomptés; aussi étaient-ils obligés de recourir au Conseil suprême pour obtenir des crédits supplémentaires.

. Une enquête effectuée par le Conseil dans les entreprises ravi-

---

[1] *Economitcheskaia Jizn*, 19 août 1922 (Voir aussi Annexe II.)
[2] *Economitcheskaia Jizn*, 22 août 1922 (Voir aussi Annexe II.)
[3] *Ibid.*

taillées par l'Etat et gérées sur la base du « rendement commercial » permit de constater que, lors de la conclusion de contrats collectifs, les organes économiques assumaient l'obligation de payer les salaires à des taux supérieurs à ceux garantis par le Conseil lui-même, et souvent ne possédaient pas les ressources nécessaires pour couvrir le surcroît de dépenses ainsi engagé[1].

Pour toutes ces raisons, les sommes allouées par le pouvoir central aux entreprises étaient insuffisantes ; celui-là était constamment endetté vis-à-vis de celles-ci et obligé de leur accorder périodiquement les crédits complémentaires pour éteindre ces dettes ; en fin de compte pourtant, ces sommes s'accumulaient de nouveau et ne cessaient de s'accroître.

Comme la valeur du rouble-papier allait toujours diminuant, les retards apportés au payement des salaires avaient pour résultat une forte réduction de leur valeur réelle et les rendaient inférieurs aux salaires fixés par les conventions collectives et même aux tarifs déterminés par le gouvernement central.

Pour remédier à ces irrégularités, le Conseil suprême des tarifs prit plusieurs mesures.

Par décret du 15 août 1922, en plus des crédits calculés d'après les tarifs minima fixés, le Conseil attribuait à l'industrie et aux transports les sommes nécessaires à la rétribution des travaux supplémentaires ; il fixait le fonds affecté à ce service à 20 pour cent du fonds général des salaires et indiquait les organes chargés de le répartir (art. 7). Le décret prévoyait ensuite que « les entreprises et institutions de l'Etat ne pouvaient accorder dans les contrats collectifs des salaires supérieurs aux tarifs minima que si elles pouvaient garantir le payement de cette différence par leurs propres ressources, ou moyennant une réduction du personnel, etc. » Les responsabilités encourues en raison du payement des salaires contractuels incombaient aux organes économiques signataires du contrat ; aucun subside n'était accordé aux entreprises ou institutions ayant assumé des obligations supérieures à celles prévues par les tarifs du Conseil.

Un autre arrêté pris le 1er septembre posait comme condition préalable au relèvement des tarifs minima, non seulement l'existence d'un contrat collectif et de ressources supplémentaires possédées par l'institution ou l'entreprise, mais aussi la diminution du nombre des travailleurs[2].

---

[1] *Economitcheskaia Jizn*, 29 juillet 1923.

[2] Arrêté du Conseil suprême des tarifs sur le minimum des salaires septembre 1922. *Economitcheskaia Jizn*, 3 septembre 1922.

Enfin, l'arrêté du 1er octobre exigeait durant ce mois la réduction du personnel de toutes les administrations au chiffre fixé par le budget et interdisait toute dépense en dehors des fonds alloués par celui-ci[1].

Les tarifs et l'unification des salaires.

Pour la fixation des tarifs, il était tenu compte de trois facteurs : *a*) catégories d'ouvriers, *b*) zones territoriales, *c*) branches économiques.

a) *Division par catégories.* — Chaque tarif de salaires comprenait dix-sept échelons correspondant à autant de catégories différentes dans la qualification des travailleurs[2].

b) *Division par zones territoriales.* — Il était tenu compte pour cette division des conditions économiques de chaque région ; tout le territoire de la République était divisé en zones comprenant les districts qui présentaient une certaine unité au point de vue géographique et économique. Jusqu'en février 1922 cette division s'effectuait en tenant compte des conditions de la récolte, c'est-à-dire du prix du blé ; à l'heure actuelle, on prend pour base de calcul le coût du budget minimum dans les diverses régions. En février 1922 il existait six zones de tarifs ; à mesure que les échanges commerciaux, en prenant de l'extension, assuraient l'égalisation des prix et des conditions économiques générales, le nombre des zones diminua : c'est ainsi qu'au mois d'août suivant il n'y en avait plus que trois, et deux en septembre ; en octobre, il fut procédé à une nouvelle division des Républiques soviétiques en trois zones[3] :

c) *Division suivant les branches économiques.* — Cette division reposait sur : 1° les conditions dans lesquelles se trouvaient les ouvriers et employés des diverses branches de l'économie nationale à un moment donné ; 2° l'importance relative, suivant l'époque, des diverses branches de l'économie (celles qui avaient momentanément la plus grande importance étaient dénommées branches « d'attaque »).

---

[1] Arrêté du Conseil suprême des tarifs sur les salaires minima pour octobre 1922. *Economitcheskaia Jizn*, 5 octobre 1922.

[2] Voir Annexe II.

[3] *Première zone :* Moscou, Petrograd, Mourmane, Irkoutsk (à partir de janvier 1923), Arkhangel (à partir de mars 1923).

Deuxième : Ukraine, Oural, Crimée, Russie Blanche, Turkestan, Kirghizie, Région Tchouvache, départements de Briansk, Ivanovo-Voznessensk, Vladimir, Riazan, Novgorod, Kostroma, Nijni-Novgorod, Rybinsk.

Troisième : Tout le reste du territoire de l'Union des Républiques soviétiques.

En février 1922, il y en avait cinq; depuis le mois d'août, il n'y en avait plus que trois[1]. En janvier 1923, les groupes se réduisaient à deux : a) industrie; b) administration. En mars 1923, cette division fut abolie.

Une fois effectuée la répartition par zones et par groupes économiques il fallait, pour établir les tarifs des dix-sept échelons correspondant aux diverses qualifications, adopter une base de tarif moyen minimum; cette base correspondait, jusqu'en août 1922, à ce que l'on considérait comme catégorie moyenne des qualifications, soit l'échelon n° 6 de l'échelle allant de 1 (qualification inférieure) à 17.

Au bout d'un certain temps, il apparut que l'échelon n° 6 ne correspondait plus suffisamment à une moyenne de qualification et, au mois d'août, on adopta pour base le tarif minimum correspondant à la première catégorie[2].

A partir de cette époque, il fut entendu que « le salaire de chaque travailleur serait calculé proportionnellement à sa qualification »[3]; en même temps, par suite de la diminution du nombre des zones et des groupes, les salaires arrivaient à avoir une base unique et à se répartir d'une manière analogue. On chercha ensuite les moyens de rapprocher les tarifs moyens ainsi établis de ceux réellement appliqués.

Jusqu'en octobre 1922 les salaires se composaient d'une partie en espèces et d'une partie en nature. Cependant, il arrivait déjà que les ouvriers ne recevaient plus qu'un salaire en espèces. En tout cas, la rémunération totale de l'ouvrier était évaluée en espèces et, au moment de la paie, l'entreprise retenait sur la somme payée à chacun la contre-valeur de la ration en nature.

Le Conseil suprême des tarifs pouvait user de deux moyens pour accroître la valeur réelle des salaires (exprimés en argent) : ou les augmenter par rapport aux tarifs existants, ou diminuer la partie du salaire à défalquer en contre-valeur de la ration normale en nature. Il avait généralement recours à la deuxième méthode et indiquait pour prix de la ration un prix inférieur de 45 pour cent à la valeur réelle sur le marché.

Les décrets sur les tarifs des mois d'août et septembre 1922

---

[1] *Premier groupe :* Toute l'industrie, les transports, l'administration des postes et télégraphes, les services de la santé publique.
Deuxième : L'administration politique centrale (sûreté) et la police.
Troisième : Les services de tous les commissariats du peuple.
[2] Voir, pour plus de détails, Annexe II.
[3] *Nouvelles du Commissariat du travail* (7/16, 1922).

contenaient des articles envisageant le cas où des compensations en espèces seraient attribuées aux ouvriers pour insuffisance dans la fourniture des rations en nature. C'est ainsi que, d'après le décret de septembre, il y avait lieu de dédommager les travailleurs dans les cas suivants : *a*) si le Commissariat du ravitaillement ne distribuait pas les rations en entier, d'après les normes prévues pour septembre ; *b*) si le coût réel des vivres distribués était inférieur au prix fixé pour la ration par le Conseil suprême des tarifs.

De cette manière, le Conseil diminuait constamment la partie du salaire correspondant à la ration de vivres, ce qui revenait à augmenter les paiements en espèces.

L'introduction des salaires exclusivement en espèces.

Les transactions en espèces se développant grâce à la « nouvelle politique économique », les entreprises de l'Etat ayant — depuis qu'elles étaient gérées de façon à atteindre un « rendement commercial » — des rapports de plus en plus fréquents avec le marché libre et payant les salaires presque uniquement en espèces, le Conseil suprême des tarifs se vit enfin obligé de recourir lui-même à ce système.

Divers congrès et conférences des syndicats professionnels estimaient qu'il était nécessaire d'appliquer le « système unique des salaires en espèces, sans que la ration en nature fût obligatoire »[1]. Le V⁰ Congrès panrusse des syndicats professionnels (1922) avait notamment adopté une résolution en faveur du système des salaires en espèces, dans laquelle il était dit[2] :

« Etant donné que les salaires combinés (en espèces et en nature) ne correspondent pas aux conditions économiques actuelles, pour qu'il n'y ait pas de confusion lors du paiement des salaires, et afin d'éviter, dans le calcul de la valeur réelle des salaires, les difficultés provenant des fluctuations du pouvoir d'achat du rouble, le Congrès estime que la politique des tarifs doit s'orienter vers le système des salaires payés exclusivement en espèces. »

Cette résolution préconisait donc une modification complète du système de ravitaillement par l'Etat. Tenant compte de ces opinions et du fait que ce système était appliqué dans diverses régions par certains syndicats ouvriers, le Conseil du travail et de la défense demanda aux administrations compétentes d'élaborer un

---

[1] *Economitcheskaia Jizn*, 19 sept. 1922.
[2] *Ibid*, 17 sept. 1922.

programme pour le passage progressif au régime des salaires en espèces [1].

Le nouvelle méthode de ravitaillement, telle qu'elle ressortait des arrêtés du Conseil du travail et de la défense en date des 8 et 15 septembre 1922, et d'un certain nombre d'arrêtés ultérieurs, peut se résumer comme suit [2] :

1° le ravitaillement au moyen du « paiok » (ration normale) était supprimé dans les transports, l'industrie et les autres branches de l'économie nationale ;

2° il ne devait plus être distribué de vivres, à partir du 1er octobre 1922, aux personnes non prévues dans le plan de ravitaillement établi pour 1922-1923 ;

3° la Commission centrale près le Commissariat du ravitaillement, qui réglementait le ravitaillement des ouvriers par l'Etat, était supprimée à partir du 1er octobre 1922 [3] ;

4° il était créé un fonds spécial de vivres pour les branches les plus importantes de l'industrie et des transports, afin de garantir le paiement des salaires en cas de nécessité ;

5° ce fonds de vivres était distribué d'après un plan spécial élaboré par le Conseil suprême des tarifs, le Commissariat du ravitaillement, le Commissariat des finances et les organes économiques intéressés ; sa répartition était faite à la même date que celle des fonds de roulement, lorsque les programmes de production étaient approuvés, en tenant compte du nombre des ouvriers ou de la production probable ;

6° les normes obligatoires du ravitaillement étaient supprimées ;

7° le fonds de vivres était destiné exclusivement au Conseil suprême de l'Economie nationale, aux Commissariats des voies de communications et des postes et télégraphes ;

8° à partir du mois d'octobre 1922, les salaires minima étaient fixés exclusivement en espèces ; la subdivision des tarifs en deux parties (nature et espèces) était supprimée (art. 1 de l'arrêté du

---

[1] Réglementation des salaires par l'Etat. Rapport présenté à une séance du Conseil du travail et de la défense, avec les représentants des conférences économiques. *Economitcheskaia Jizn,* 19 août 1922.

[2] Circulaire du président de la Commission centrale pour le ravitaillement des ouvriers à tous les commissariats, comités centraux des syndicats ouvriers, conférences économiques régionales et départementales. *Economitcheskaia Jizn,* 22 et 23 septembre 1922. (Voir aussi plusieurs articles dans le *Troud.* n° 205, 1922.) Voir aussi Annexe II.

[3] Arrêté du Conseil des commissaires du peuple du 29 septembre 1922. *Izvestia,* 5 octobre 1922.

Conseil suprême des tarifs concernant les salaires minima en octobre 1922) ;

9° les trois organes mentionnés (Conseil suprême de l'Economie nationale et Commissariats des voies de communications et des postes et télégraphes) devaient recevoir sur le fonds de vivres ainsi constitué des quantités de pain et de farine à distribuer à titre de salaires, de manière à permettre aux ouvriers de l'industrie financée par l'Etat de se procurer ces produits à des prix inférieurs à ceux du marché (art. 2) ;

10° le pain ainsi fourni aux travailleurs ne devait pas être taxé à plus de 80 pour cent des prix du marché (art. 3) ;

11° en principe, la livraison des vivres à titre de salaires était facultative[1] ;

12° les vivres étaient vendus au comptant, à titre d'avances sur les salaires à percevoir ultérieurement ;

13° si le contrat collectif prévoyait une distribution obligatoire de vivres, ceux-ci étaient distribués comme partie du salaire ;

14° si les ouvriers refusaient d'accepter les vivres, les organes économiques pouvaient les vendre ou les restituer au Commissariat du ravitaillement ;

15° toutes les questions relatives au paiement des salaires au moyen des fonds de vivres étaient du ressort du Conseil suprême des tarifs.

Enfin, en ce qui concerne le caractère même des tarifs arrêtés par le Conseil suprême, les décisions de ce dernier et du Conseil des commissaires spécifiaient que le salaire minimum était obligatoire pour toutes les entreprises et institutions, privées et d'Etat; aucune entreprise n'avait le droit de payer des salaires inférieurs[2].

D'un autre côté, l'Etat déclinait toute responsabilité pour le cas où les salaires seraient supérieurs aux minimas fixés par lui; les différences pouvant exister ne devaient en aucun cas être couvertes par lui, mais par les ressources spéciales dont l'entreprise ou l'administration de l'Etat pouvaient disposer, et à la condition que ces ressources disponibles ne fussent pas dues à l'Etat d'après les lois en vigueur.

Avant d'augmenter les tarifs, il était indispensable de vérifier si ces ressources existaient car l'augmentation ne pouvait être accordée que si l'on disposait de fonds suffisants. Lorsque des contrats

---

[1] Arrêté du Conseil suprême des tarifs. *Economitcheskaia Jizn* (20 octobre 1922).

[2] Arrêtés du Conseil suprême des tarifs des 1er septembre et 1er octobre 1922. *Economitcheskaia Jizn* (3 septembre et 6 octobre 1922).

collectifs étaient en vigueur, toute la responsabilité incombait aux organes et aux administrations signataires. Le Conseil suprême rappelait également qu'il était seul compétent pour la fixation des salaires minima ; tous ceux qui pourraient être fixés par des organes autres que lui-même et le Conseil des commissaires seraient considérés comme illégaux ; toute augmentation des tarifs décidée sans considération des règles sus-indiquées était interdite[1].

§ 4. — LA CHAMBRE DES TARIFS DU COMMISSARIAT DU TRAVAIL.

Tout ce qui précède montre qu'il n'y avait pas en réalité de différence fondamentale entre le Conseil suprême des tarifs et la Commission des fonds de salaires qu'il avait remplacée ; comme cette dernière, le Conseil était essentiellement chargé de déterminer les sommes à verser par l'Etat pour le paiement des salaires et d'en fixer la répartition. L'établissement du salaire minimum prenait une importance tout à fait secondaire ; en effet, les différences entre ce salaire qui servait de base au Conseil suprême et les salaires réels fixés par les contrats collectifs, s'accentuaient de plus en plus, de sorte que le minimum n'avait plus qu'une signification très limitée : c'était plutôt une unité de calcul pour la détermination des sommes attribuées aux diverses branches de l'industrie sur le fonds central des salaires[2].

Le salaire minimum obligatoire était calculé en tablant exclusivement sur les fonds alloués par l'Etat, et non pas sur les possibilités matérielles et économiques en général.

Du fait que l'Etat renonçait presque complètement au ravitaillement des ouvriers, que dans presque toute l'industrie, par suite du régime à « base commerciale », les dépenses pour les salaires étaient couvertes par les fonds de roulement, le Conseil suprême des tarifs n'avait plus qu'à veiller à l'observation du principe des salaires minima fixés par lui.

Pour que ceux-ci eussent une valeur tangible, il fallait les adapter aux salaires réellement appliqués et, pour cela, être complètement et exactement renseigné sur les contrats collectifs. Un organe mieux adapté à cette tâche était nécessaire.

---

[1] Arrêté du Conseil des commissaires du peuple, 19 octobre 1922. *Isvestia* (21 octobre 1922).

[2] La réorganisation du Conseil suprême des tarifs. *Economitcheskaia Jisn* (9 novembre 1922).

Le Commissariat du travail venait d'être chargé à nouveau de la protection du travail; il parut bon de lui confier aussi la réglementation des salaires. Par un décret du 24 octobre 1922, le Conseil des commissaires du peuple supprima donc le Conseil suprême des tarifs[1].

Actuellement, les questions relatives aux normes de salaires sont du ressort du Commissariat du travail, qui soumet à l'approbation du Conseil des commissaires du peuple les projets de loi s'y rapportant, avec les conclusions respectives du Commissariat des finances et du « Gosplan » (Commission pour les plans et projets de l'Etat).

En vue d'étudier au préalable les questions de salaires, le Conseil des commissaires du peuple institua près du Commisariat du travail, par décret du 28 novembre 1922, une Chambre des tarifs dont les fonctions sont les suivantes[2]:

1° délimitation des zones de tarifs sur tout le territoire de la R. S. F. S. R. et des républiques alliées ;

2° fixation d'un salaire minimum, obligatoire sur tout le territoire de l'Etat russe ;

3° établissement de catégories de qualification pour les ouvriers et les employés des divers commissariats, de l'industrie et du transport ;

4° fixation des dates-limites pour le paiement des salaires.

La Chambre des tarifs est composée, d'après le principe paritaire, de représentants des syndicats professionnels d'une part, et de représentants des organes économiques de l'Etat et de l'industrie, de l'autre.

En font partie des représentants du Conseil suprême de l'Economie nationale, de l'administration principale de l'industrie métallurgique, de l'administration principale des charbonnages, de l'industrie textile, du Commissariat des voies de communications, du Commissariat du travail, du Conseil central panrusse des syndicats professionnels, du Comité central du syndicat professionnel des métallurgistes, du Comité central du syndicat des mineurs, du Comité central du syndicat des ouvriers du textile, du Comité central du syndicat des ouvriers du transport, du Comité central du syndicat des employés soviétiques. En outre, le Commissariat des finances, celui du ravitaillement et l'Inspec-

---

[1] *Izvestia* (29 octobre 1922). Décret du Conseil des Commissaires du peuple du 24 octobre 1922, sur la réglementation des salaires.

[2] « De la chambre des tarifs près le Commissariat du travail. » *Troud* (3 décembre 1922). *Economitcheskaia Jizn* (2 décembre 1922).

tion ouvrière et paysanne envoient des représentants qui ont voix consultative (art. 4 du décret du 28 novembre 1922).

La Chambre des tarifs est présidée par le représentant du Commissariat du travail ou son remplaçant. C'est un organe consultatif ; toutes les décisions relatives à des questions de son ressort doivent être approuvées par voie législative (art. 2 du décret) ; toutes sont soumises à l'approbation du Conseil des commissaires du peuple par le Commissariat du travail ; si celui-ci n'est pas d'accord avec la Chambre, il renvoie le projet établi par celle-ci au Conseil des commissaires du peuple avec l'exposé motivé de son opinion particulière (art. 3 du décret). Les décisions soumises au Conseil des commissaires du peuple sont en outre accompagnées des conclusions du « Gosplan » et du Commissariat des finances.

Le contrôle général du payement des salaires est assuré par le Commissariat du travail ; tous les contrevenants aux actes législatifs sur la matière sont poursuivis par l'Inspection ouvrière et paysanne et le Commissariat de la justice (art. 3, remarque).

§ 5. — LES PRINCIPES DE LA POLITIQUE ACTUELLE.

La politique suivie par le Conseil suprême des tarifs avait eu deux résultats : la disparition du ravitaillement d'Etat et la suppression des salaires en nature, derniers vestiges du communisme.

Au début de 1923, il était donc possible de revenir à une politique normale des salaires ; l'activité de la Chambre des tarifs fut alors limitée à la fixation des salaires minima, le salaire lui-même faisant l'objet d'un accord libre entre l'employeur et l'employé.

Nous exposons ci-dessous les traits généraux du régime actuel :

1° l'Etat décrète les tarifs minima de salaires, obligatoires pour les entreprises privées et pour les siennes[1] ;

2° ces tarifs peuvent être dépassés dans les entreprises privées par des accords intervenus, lors de la conclusion de contrats collectifs ou de contrats de travail individuels[2] ;

3° les entreprises de l'Etat peuvent modifier les tarifs dans des cas exceptionnels, à la condition que cette modification soit établie par des contrats collectifs ; dans les entreprises de l'Etat, où ces

---

[1] Voir Annexe II.
[2] *Ibid.*

contrats n'existent pas, les tarifs de salaires sont considérés également comme salaires maxima ; ils ne peuvent être dépassés que dans des cas spéciaux et dans des conditions particulières ;

4° les salaires ne doivent plus être payés en nature ; le système des salaires en espèces est seul applicable ;

5° le ravitaillement des ouvriers et employés par l'Etat est aboli ;

6° la Chambre des tarifs doit limiter son activité à la fixation des tarifs par zones ; elle ne peut s'occuper ni de l'établissement, ni de la répartition des fonds de salaires.

En fait, le payement des salaires établis par contrat collectif s'opère de la même manière dans l'industrie nationalisée que dans l'industrie privée ; pour celle-ci, il s'effectue au moyen de fonds de roulement obtenus par la vente de la production sur le marché ; pour l'industrie nationalisée, c'est l'Etat qui fournit les fonds de roulement, soit directement, en faisant ouvrir des crédits par la Banque d'Etat, soit en passant des commandes, qu'il est maintenant tenu de payer aux entreprises.

Ces nouvelles méthodes déterminèrent une augmentation rapide des salaires. Grâce à une campagne active menée par les syndicats, les contrats collectifs commencèrent à se multiplier dès la seconde moitié de 1922. Par leur moyen, ou par voie de contrats de travail individuels, les ouvriers réussirent à obtenir des salaires sensiblement supérieurs aux tarifs minima fixés par l'Etat. L'augmentation eut lieu d'abord dans les entreprises privées ou affermées par des particuliers, ensuite dans toutes les entreprises, nationalisées ou non, de l'industrie légère[1] qui, étant en rapports plus étroits avec le marché, pouvaient plus facilement écouler leurs produits et augmenter leurs fonds de roulement, ce qui leur permettait de payer des salaires plus élevés[2].

Au contraire, les entreprises de la grande industrie nationalisée ne recevaient de commandes et par conséquent d'avances que de l'Etat ; comme elles étaient très peu en rapport avec le marché libre, elles ne disposaient que de fonds de roulement plus restreints et il leur était difficile d'augmenter les salaires.

Il en résultait que des ouvriers, appartenant à la même catégorie, recevaient des salaires différents dans les diverses branches et même les différentes entreprises de la même industrie.

Le gouvernement des Soviets se trouva par suite dans une situa-

---

[1] C'est-à-dire fournissant des objets de consommation courante.
[2] Voir Annexe II.

tion difficile. Si les salaires des ouvriers devenaient trop défavorables dans l'industrie nationalisée, il fallait craindre un véritable exode des ouvriers vers l'industrie privée ou affermée. D'autre part, les entreprises nationalisées ne subsistant que grâce à l'appui financier de l'Etat, un relèvement des salaires payés par elles aurait entraîné une charge trop lourde pour l'Etat et provoqué une nouvelle inflation fiduciaire.

Le pouvoir central, et en particulier le Conseil suprême de l'Economie nationale s'employèrent alors à arrêter l'augmentation, mais la plupart des nombreuses mesures prises à cet effet n'atteignirent pas le but que l'on se proposait.

Une tentative fut d'abord faite pour distribuer les sommes allouées par l'Etat, de manière à favoriser la grande industrie; dans ce but, une décision du Conseil suprême de l'Economie nationale (31 octobre 1922) chargea les bureaux industriels et les conseils départementaux de l'Economie nationale de contrôler les contrats collectifs et les accords de tarifs conclus par les organes économiques :

« Une des tâches principales de l'Etat, dit cette décision, est de mettre à la disposition de son industrie des sommes plus considérables. Mais il serait impossible d'augmenter les ressources de la grosse industrie déficitaire si les entreprises de l'industrie légère, qui réalisent des bénéfices, employaient tous leurs fonds de roulement à l'augmentation des salaires de leurs ouvriers. Tout en s'opposant à la réduction pure et simple des salaires, le Conseil suprême de l'Economie nationale estime qu'il est indispensable, au moment de procéder à une augmentation quelconque des salaires, de tenir un compte exact de l'importance nationale de l'entreprise ou de l'industrie intéressée[1]. »

Mais c'était soulever la question générale du financement de l'industrie, et comme cette dernière recourait de plus en plus au crédit bancaire, cette politique n'avait plus de sens.

Une nouvelle tendance se manifesta au sein du gouvernement soviétique : soumettre les contrats collectifs à l'approbation préalable du Conseil suprême de l'Economie nationale. Cette méthode inaugurée en novembre 1922, se heurta à l'opposition des syndicats, qui estimaient que si l'Etat lui-même se mettait à répartir les ressources provenant de l'industrie et disponibles pour les salaires on reviendrait à l'ancien système du fonds d'Etat. En approuvant un contrat collectif, l'Etat s'engagerait à garantir le payement

---

[1] *Economitcheskaia Jizn*, 3 novembre 1922.

des salaires fixés par ce contrat, obligation à laquelle il ne pourrait satisfaire étant donné la situation financière générale[1].

Par une délibération en date du 14 novembre 1922, le Conseil central panrusse des syndicats déclara que l'approbation préalable des contrats collectifs par le Conseil de l'Économie nationale était inadmissible, et un décret du 14 décembre entérina cette décision[2].

Néanmoins, désireux de mettre fin à l'augmentation des salaires, le Conseil des commissaires du peuple établit, par décret du 9 novembre 1922, les salaires maxima dans les entreprises et les institutions de l'Etat ; dans ces maxima sont compris les payements correspondants à tous les travaux supplémentaires et aux pièces ; aucune entreprise d'Etat ne peut accorder de salaire supérieur[3]. Tous les contrevenants à cette disposition tombent sous le coup des art. 128 et 188 du Code pénal[4].

A l'heure actuelle, ces tarifs maxima sont revisés chaque mois et établis par le Conseil du travail et de la défense, mais cette mesure n'a pas réussi non plus à enrayer l'augmentation des salaires, d'abord parce que la hausse du coût de la vie la rendait inévitable, ensuite parce que les maxima fixés par l'Etat sont inférieurs aux salaires que les ouvriers réussissent à obtenir dans l'industrie privée[5]. Le Conseil suprême de l'Économie nationale insiste de plus en plus auprès des syndicats et des organes économiques sur l'impossibilité de procéder à de nouveaux relèvements.

L'une des nombreuses circulaires publiées à cet effet attire l'attention des organes économiques sur le fait qu' « en examinant les possibilités d'accéder aux demandes des syndicats professionnels, lors de la conclusion des contrats collectifs, ils ne doi-

---

[1] *Troud* (31 octobre et 9 novembre), et *Economitcheskaia Jizn* (23 novembre 1922).

[2] Circulaire du Conseil central des syndicats, du 16 décembre 1922.

[3] Voir Annexe II.

[4] Voir *Troud* (10 novembre 1922). Ces articles du Code pénal sont les suivants et s'appliquent, le premier aux administrateurs, le second aux ouvriers :

« *128*. — Les directeurs d'entreprises d'Etat qui, par leur mauvaise ges-
« tion, auront provoqué une diminution quantitative ou qualificative de la
« production, ou qui auront dilapidé les ressources de l'entreprise, seront
« passibles d'un emprisonnement ou des travaux forcés pour une durée d'un
« an au moins. »

« *188*. — Tout acte frauduleux occasionnant une perte à l'Etat ou à un
« service public est puni d'un emprisonnement d'un an au moins. »

[5] Voir Annexe II.

vent nullement espérer des crédits supplémentaires. Les organes économiques ne peuvent compter que sur leurs fonds de roulement ou sur les sommes qui leur sont allouées conformément aux prévisions budgétaires. Pendant les mois prochains, il sera indispensable, en raison de la situation économique du pays, de restreindre dans la mesure du possible le coût de production pour augmenter l'écoulement des produits et s'assurer des débouchés. Les salaires devront être maintenus à leur niveau actuel dans la plupart des industries, spécialement dans la petite ; une augmentation ne pourra être accordée que dans les branches industrielles et les entreprises où les salaires sont considérablement au-dessous de la moyenne générale... La ligne de conduite à suivre par les organes économiques au cours des mois prochains consistera à ne pas augmenter les salaires, sauf dans certains cas particuliers[1].

Afin d'obliger les organes économiques à s'en tenir à une politique uniforme des salaires, le Conseil suprême de l'Economie nationale, par un décret du 21 mai 1923, a institué un bureau spécial chargé entre autres de coordonner leur activité en vue de la conclusion ou du renouvellement des contrats collectifs[2].

A côté des représentants des diverses sections du Conseil suprême de l'Economie nationale, font également partie du bureau les représentants du Conseil des congrès de l'industrie, du transport et du commerce, et du Conseil des syndicats commerciaux des diverses branches de la production.

Les décisions du bureau, confirmées par le Conseil suprême de l'Economie nationale, revêtent le caractère d'arrêtés obligatoires.

De leur côté, les représentants des organes économiques, réunis au Congrès des bureaux industriels, ont pris en juin 1923 la décision d'arrêter la hausse des salaires, de n'admettre une augmentation nouvelle qu'au cas où la productivité du travail augmenterait ; enfin, de ramener à un strict minimum toutes les dépenses supplémentaires (versements des entreprises pour les œuvres sociales, etc.)[3].

En fait, il y a actuellement lutte entre les syndicats professionnels et les organes économiques de l'Etat soviétique à ce sujet.

L'Etat, qui avait d'abord donné aux parties contractantes le

---

[1] Circulaire du Conseil suprême de l'économie nationale, du 21 avril 1923. *Gazette du Commerce et de l'Industrie*, 24 avril 1923.

[2] *Gazette du Commerce et de l'Industrie*, 30 mai 1923.

[3] *Troud*, 27 juin 1923.

droit de fixer librement les salaires, tend actuellement à limiter cette liberté et à s'opposer à tout relèvement. Ce retour à l'ingérence du pouvoir central s'est accentué récemment, et les cas ne sont pas rares où, à en juger par la presse syndicale, les organes locaux du gouvernement modifient, dans les contrats collectifs signés par leurs représentants, la partie qui a trait aux salaires, ils établissent eux-mêmes les tarifs et parfois même interdisent simplement aux organes économiques de conclure de pareils contrats.

Cette politique tend à devenir générale; dans trente départements « elle a donné lieu à des conflits fréquents et très malencontreux; elle affaiblit la position des syndicats qui, de partie contractante, se transforment ainsi en simples « énonceurs d'arrêtés »[1].

Dans ces conditions, les taux de salaires minima établis par l'Etat ont perdu leur importance et n'existent que sur le papier; les salaires réellement payés d'après les contrats collectifs ou d'après les contrats individuels, augmentent beaucoup plus vite que ne sont relevés les tarifs minima fixés par le gouvernement central.

Un mouvement assez fort commence à se dessiner. On songe à établir des salaires minima particuliers à chaque localité; si cette tendance aboutit, elle entraînera en fait l'abolition des minima établis par l'Etat et obligatoires pour toutes les entreprises. Il reste bien à vaincre jusqu'à présent l'opposition des autorités et des syndicats professionnels; mais l'opinion générale est que l'Etat aura de la peine à maintenir sa position, d'une part à cause de la situation financière et économique critique de ses institutions, d'autre part en raison de l'extension considérable du contrat libre de travail et surtout des contrats collectifs[2]. Les milieux intéressés se rendent compte aujourd'hui que l'ingérence de l'Etat dans l'établissement des salaires est purement théorique au point de vue de l'Etat même; pratiquement, ce n'est qu'un obstacle à la politique des syndicats professionnels.

---

[1] *Troud*, 3 mai et 10 juin 1923.

[2] A. RABINOVITCH : « Les salaires et leur réglementation par l'Etat. » *Messager du commerce, de l'industrie et des transports*, mai-juin 1923.

GOUREVITCH : « La politique de la réglementation des salaires. » *Messager du travail*, mai 1923.

CHAPITRE III

Contrats collectifs[1]

Législation.

1. Code du travail, édition 1922, chap. IV, art. 15-26.

2. Décret du Conseil des commissaires du peuple du 23 août 1922 sur les contrats collectifs.

3. Instruction du Commissariat du travail du 4 septembre 1922 sur le système d'enregistrement des contrats collectifs.

4. Arrêté du Conseil suprême de l'Économie nationale du 22 septembre 1922, sur la liberté de conclure des contrats collectifs.

5. Ordre spécial du Conseil suprême de l'Économie nationale du 29 septembre 1922, sur l'obligation pour les organes économiques de l'Etat d'exécuter les stipulations des contrats collectifs.

6. Circulaire du Commissariat du travail du 7 octobre 1922 sur l'enregistrement des contrats collectifs.

7. Arrêté du Commissariat du travail du 9 octobre 1922 sur la responsabilité des parties contractantes pour violation des clauses du contrat collectif.

8. Résolution de la Commission centrale des conflits du 9 décembre 1922, sur la validité des contrats.

9. Arrêté du Conseil suprême de l'Économie nationale du 16 décembre 1922, sur la conclusion des contrats collectifs.

10. Arrêté du Commissariat du travail du 2 février et du 25 avril 1923 sur l'enregistrement des contrats collectifs.

11. Circulaire du Commissariat du travail du 7 et du 8 juin 1923 sur l'enregistrement des contrats collectifs.

---

[1] Voir Annexe III : « Le développement des contrats collectifs. »

§ 1er. — LA NOUVELLE POLITIQUE ET LES CONTRATS COLLECTIFS.

Les changements survenus dans la politique des salaires ont entraîné de sérieuses modifications, tant de forme que de fond, dans la conclusion des contrats d'embauchage.

Comme nous l'avons vu dans le précédent chapitre, l'Etat ayant cessé de fixer les salaires, ces derniers ont été par la suite établis au moyen de contrats collectifs et de contrats de tarifs. Les premiers sont, en général, devenus l'une des formes légales du contrat d'embauchage et couvrent toutes les conditions du travail.

Il n'en pouvait être autrement car les syndicats professionnels, au lieu de décréter comme auparavant, par voie d'arrêté, les tarifs obligatoires de salaires (droit qui leur était conféré en tant qu'organes de l'Etat) sont devenus partie à la détermination de ces salaires, non seulement dans l'industrie privée, mais aussi dans l'industrie d'Etat.

En septembre 1922, le Ve Congrès des syndicats déclara que le développement de l'industrie privée à côté de l'industrie d'Etat, et la gestion des entreprises nationalisées « à base commerciale » ne laissaient qu'un seul moyen de déterminer les conditions du travail, moyen dont le code du travail ne fait pas mention : la conclusion de contrats libres d'embauchage. Le contrat collectif est la forme d'accord qui s'adapte le mieux aux conditions particulières des diverses branches de l'industrie et des différentes entreprises [1].

Grâce à la campagne menée par les syndicats, ces contrats collectifs qu'on avait commencé à conclure dès le mois d'avril 1922, ont trouvé une application rapidement généralisée. Le gouvernement des Soviets a dû prendre plusieurs arrêtés obligatoires, réglementant leur conclusion et leur application, mais la législation concernant les contrats collectifs est encore très peu développée; plusieurs questions d'ordre juridique, liées à leur pratique, n'ont pas reçu de solution.

Cela s'explique par le fait que ni le concept de contrat collectif, ni la portée juridique de ce contrat n'ont un caractère défini pour le gouvernement ou pour les syndicats; aussi la législation, quoique récente, est-elle sujette à de perpétuelles modifications.

---

[1] Compte rendu sténographique du Ve Congrès panrusse des syndicats professionnels, 17-22 septembre 1922. Moscou 1922, p. 516.

Naturellement, nous nous bornerons à exposer les traits essentiels de la politique soviétique en matière de contrats collectifs.

§ 2. — CONCLUSION DES CONTRATS COLLECTIFS

Du fait de l'extension progressive des contrats collectifs, il se posait aux syndicats professionnels une question capitale : la conclusion de tels contrats doit-elle être obligatoire ou facultative ?

Et cette question en soulevait aussitôt une autre : quelles doivent être les limites apportées à la réglementation des salaires par l'Etat ?

Rendre obligatoire l'usage des contrats collectifs eût été revenir à l'ancienne politique de réglementation par l'Etat, rendue impraticable par les multiples causes, d'ordre principalement économique, qui ont été exposées dans le chapitre précédent.

Tout d'abord, le point de vue des syndicats n'était pas fixé ; toutefois leurs dirigeants se montraient tout à fait opposés à l'idée d'obligation.

« Les normes juridiques sont prévues chez nous par le code des lois du travail, disait le rapporteur au Ve Congrès des syndicats. Si nous nous mettons à décréter les tarifs, nous reviendrons à la réglementation des salaires par l'Etat. Nous ne pouvons non plus décréter la durée d'application du contrat à cause des fluctuations incessantes du rouble. Rendre obligatoire la conclusion d'un contrat pour toute une branche de l'industrie serait réintroduire l'ancien système de la réglementation par l'Etat. D'un autre côté, exiger que l'usage des contrats collectifs soit obligatoire pour les capitalistes privés serait un manque de foi en nos propres forces, et cela à un moment où nous n'avons même pas de vrais capitalistes, mais uniquement des boutiquiers[1]. »

Le Ve Congrès des syndicats professionnels estima qu'il n'était pas souhaitable de rendre obligatoire l'usage des contrats collectifs :

« Tout en estimant que seuls les contrats collectifs sont pratiques et utiles pour la réglementation des salaires, le Congrès croit que la conclusion n'en doit pas être rendue obligatoire. Les syndicats étant reconnus par la législation soviétique comme représentants légaux des ouvriers, il est inutile de rendre obli-

---

[1] Voir rapport de M. TOMSKY au Ve Congrès des syndicats. Compte rendu du Ve Congrès. Moscou, 1923, pp. 111-113.

gatoires les contrats collectifs, car il est impossible de régler par décret le contenu de ces contrats, si l'on ne veut pas en revenir à la réglementation des salaires par l'Etat[1]. »

Certains syndicats avaient cependant adopté au début un autre point de vue et plusieurs conférences votèrent des résolutions favorables à l'obligation[2], qui ne visaient pas seulement les entreprises privées, mais aussi les entreprises nationalisées et les divers organes économiques de l'Etat, lesquels, du reste, se montraient hostiles au système des contrats collectifs.

Comme il a été dit dans le chapitre précédent, ces organes économiques devaient, lors de la conclusion des contrats collectifs, consentir des salaires de beaucoup supérieurs à ceux fixés par les tarifs minima de l'Etat, d'où une augmentation des dépenses qui mettait l'industrie dans une situation très difficile. Dès que les entreprises furent réorganisées sur une « base commerciale », et durent payer elles-mêmes les salaires autrefois alloués par l'Etat, elles se montrèrent beaucoup plus circonspectes qu'auparavant lorsqu'il s'agit d'accorder des augmentations.

Au début, le Conseil des commissaires et le Conseil suprême de l'Economie nationale considéraient également que les contrats collectifs devaient être obligatoires; un contrat type fut même élaboré. C'est sur les instances du Conseil central des syndicats que le gouvernement abandonna le principe d'obligation.

Sur cette question pourtant, l'antagonisme reste vif entre les syndicats et les organes économiques de l'Etat. Ceux-ci ne se bornent pas en effet à considérer les contrats comme facultatifs; dans la pratique il leur arrive souvent, nous l'avons vu plus haut, de ne pas tenir compte des contrats déjà passés.

§ 3. — CARACTÈRE JURIDIQUE DES CONTRATS COLLECTIFS.

Le caractère juridique des contrats collectifs est déterminé par les articles 1 et 2 de l'arrêté du Conseil des commissaires du peuple du 23 août 1922 et les articles 15, 16, 19 et 20 du code du travail mis en vigueur le 15 novembre de la même année[3].

---

[1] Voir rapport de M. TOMSKY au Ve Congrès des syndicats. Compte rendu du Ve Congrès. Moscou, 1923, pp. 111-113.

[2] Voir *Izvestia*, 17 sept. 1922 ; *Troud*, 24 sept. 1922 ; *Economitcheskaia Jizn*, 24 sept. et 4 oct. 1922.

[3] *Informations du Commissariat du travail*, n°s 7-16, du 23 sept. 1922.

Le contrat collectif n'est pas un contrat d'embauchage; ce n'est qu'un « libre accord passé entre les syndicats et les employeurs, qui détermine les dispositions des contrats individuels d'embauchage à intervenir ultérieurement » (art. 1 de l'arrêté).

Le contrat collectif n'établit donc que les conditions générales du travail qui devront être déterminées plus exactement dans chaque contrat individuel (art. 15 du code du travail). L'arrêté du 23 août 1922 et l'article 15 du nouveau code du travail prévoient, comme parties contractantes, l'employeur (individuel ou collectif), et les ouvriers et employés représentés par le syndicat professionnel. Ce dernier seul a le droit de conclure des contrats collectifs, d'où il résulte une disposition très importante : les commissions paritaires existant dans chaque entreprise (pour la fixation des salaires et la conciliation des conflits), tout en prenant une part active à la discussion et à l'élaboration de ces contrats, ne peuvent être appelées à les signer en tant que partie contractante.

L'arrêté du 23 août 1922 et le nouveau code du travail font ressortir la portée juridique des contrats collectifs en précisant que leurs dispositions « s'appliquent à toutes les personnes employées dans l'entreprise, qu'elles soient membres du syndicat ou non » (art. 2 de l'arrêté et art. 16 du code). Ainsi, le contrat collectif est obligatoire, non seulement pour les personnes qui l'ont signé ou ont accepté son entrée en vigueur, mais aussi pour des tiers n'ayant pas participé à son élaboration. Les conditions du travail ainsi déterminées sont obligatoires pour tout contrat individuel conclu dans l'entreprise en cause[1].

En même temps, les stipulations des contrats collectifs établissant des conditions de travail inférieures aux conditions déterminées par les lois existantes, sont considérées comme inopérantes (art. 19 du code et art. 6 de l'arrêté).

En outre, les organes économiques (c'est-à-dire les directions des entreprises et institutions d'Etat et de leurs groupements) ne doivent pas se borner à reproduire dans les contrats collectifs les

---

[1] Cette disposition rend la loi soviétique du 23 août 1922 différente de la loi allemande du 23 décembre 1918 et de la loi française du 25 mars 1919.

Voir prof. G. PIROU : « Le problème du contrat collectif de travail en France. » *Revue internationale du Travail*, vol. V, n° 1, janv. 1922, pp. 48-49. — Dr SITZLER : « La législation sur les contrats collectifs en Allemagne. »

Ibid, vol. VI, n° 4, oct. 1922, pp. 541-542. — Voir aussi VOITINSKY: « Les contrats collectifs d'après le code du travail. » *Questions du travail*, n°s 5-6, 1923.

normes et les conditions de travail établies par voie législative ;
ils doivent, en tenant compte de la possibilité réelle d'exécution des
charges par eux assumées, fixer en détail les mesures de protection
du travail qui doivent être appliquées, ainsi que le délai d'exécution [1].

§ 4. — LES DIVERSES CATÉGORIES DE CONTRATS ET LEUR CONCLUSION.

Les contrats collectifs se subdivisent en contrats généraux et
contrats locaux.

Un contrat collectif est appelé général lorsqu'il s'étend à tout
le territoire russe.

Un contrat local s'applique à une entreprise particulière, à un
district (*ouiesd*), à un ou plusieurs départements ou à toute une
région ; l'existence d'un contrat général n'exclut pas la possibilité
de contrats collectifs locaux, si le contrat collectif général contient
une clause conforme (art. 17 du code et art. 3 de l'arrêté).

Les modalités de la conclusion d'un contrat général et d'un contrat local présentent certaines différences. Un contrat général est
conclu entre le Comité central d'un syndicat professionnel et
l'Administration centrale de l'union d'entreprises (trust, syndicat)
ou une institution centrale de l'Etat ; un contrat local est conclu
entre la section locale du syndicat professionnel et la direction de
l'organe économique ou l'administration de l'entreprise.

Un contrat collectif est signé, pour le syndicat, par le bureau
(*presidium*) de celui-ci ; pour l'employeur, soit par le président et
le secrétaire du groupement économique (si le contractant est un
groupement d'entreprises : trust, etc.), soit par le chef responsable
de l'entreprise, s'il s'agit d'une seule entreprise particulière (art. 4
de l'arrêté).

§ 5. — DURÉE ET VALIDITÉ DES CONTRATS.

La durée maxima d'un contrat collectif est fixée pour les diverses
branches de l'industrie par le Commissariat du travail, d'accord
avec le Conseil central panrusse des syndicats professionnels
(art. 18 du code du travail).

Pour être vadides, ces contrats doivent être signés par les par-

---

[1] Ordre du Conseil suprême de l'Economie nationale, n° 427, du 29 septembre 1922.

ties et enregistrés, dans les trois jours qui suivent leur conclusion [1], par les organes du Commissariat du travail (art. 21 du code et art. 8 de l'arrêté). Conformément à une circulaire du Commissariat, l'enregistrement des contrats collectifs n'entraîne pas *ipso facto* leur ratification.

Néanmoins, certains juristes soviétiques estiment qu'en rendant obligatoire l'enregistrement des contrats, les auteurs du code ont voulu donner aux organes du Commissariat du travail les moyens de *contrôler* les stipulations des contrats collectifs au point de vue de leur légalité; ces juristes se réfèrent aux articles 22 et 25 du code, qui exigent l'enregistrement des contrats comme condition indispensable de leur validité.

Quoi qu'il en soit, jusqu'à présent la question n'a pas été complètement résolue ni par la législation, ni par la pratique; d'après la rédaction des *Questions du Travail* (organe officiel du Commissariat du travail), il y a une certaine contradiction entre l'article 21 du code, qui fait dépendre la validité du contrat de son enregistrement, et l'article 19 qui donne aux organes enregistrant le contrat le droit de ne procéder à cet enregistrement que pour les parties conformes aux lois en vigueur.

Les contrats contenant des clauses en contradiction avec les articles du code relatifs aux conditions du travail ne peuvent être enregistrés; dans ce cas, la Section du travail est tenue de prendre dans les quarante-huit heures une décision de refus motivée, indiquant quelles modifications doivent être apportées au contrat pour qu'il puisse être procédé à son enregistrement. Les parties contractantes reçoivent copie de cette décision; si, dans les trois jours qui suivent cette notification, les parties ne formulent aucune objection, les modifications proposées par la Section du travail sont considérées comme acceptées.

Lorsque les parties sont d'accord sur ce point, elles apportent au texte du contrat les modifications exigées et le soumettent à nouveau pour enregistrement à la Section du travail. A leur demande, la Section peut n'enregistrer que la partie du contrat conforme à la législation du travail [2].

---

[1] Arrêté du Commissariat du travail du 2 février 1923.

[2] Le contrat doit être présenté à l'enregistrement accompagné de deux copies et d'une formule d'enregistrement dûment remplie. Les contrats sont enregistrés sur un livre spécial dénommé « livre des contrats collectifs », qui doit contenir les indications suivantes : *a*) numéro d'ordre ; *b*) date d'enregistrement ; *c*) date de la signature du contrat ; *d*) parties ayant con-

Les contrats enregistrés restent en vigueur pendant toute la durée de leur validité. Un changement dans l'administration de l'entreprise (personne juridique ayant conclu le contrat), une réorganisation de cette entreprise ou son transfert à un autre propriétaire ne peuvent déterminer une résiliation du contrat collectif (art. 19 de l'arrêté).

L'enregistrement est également obligatoire pour tous les contrats renouvelés, même sans aucune modification, et pour toutes les modifications apportées à un contrat (art. 23 du code et art. 11 de l'arrêté).

Le contrat collectif enregistré entre en vigueur le jour de la signature par les parties contractantes, ou bien à la date fixée dans le contrat même (art. 22 du code du travail).

§ 6. — RESPONSABILITÉ POUR INFRACTION AUX CONTRATS.

Le nouveau code du travail prévoit dans son article 20 que les syndicats professionnels ne sont pas pécuniairement responsables des infractions aux contrats qui sont imputables aux ouvriers.

D'après un règlement du Commissariat du travail sur la responsabilité en cas d'infraction aux contrats collectifs, l'entreprise ou institution contrevenant aux clauses du contrat répond de ces infractions devant les tribunaux civils dans la limite de tout son actif ; si les contrevenants sont des ouvriers, l'administration de l'entreprise ou de l'institution peut les congédier sans dédommagement. Quand un conflit (grève totale ou partielle) est provoqué par la violation du contrat, l'organisme chargé d'instruire la cause du conflit décide s'il y a lieu de payer les salaires afférents à la période de grève[1].

---

clu le contrat ; e) durée du contrat ; f) signature des personnes ayant reçu des copies du contrat ; g) nombre d'ouvriers englobés par le contrat.

Lorsque le contrat est enregistré, la mention suivante est portée sur le texte original : « Enregistré à telle date, dans le « livre des contrats collectifs », par telle Section du travail, sous tel numéro, » Le texte original est conservé à la Section du travail ; les parties reçoivent des copies légalisées qui font mention de l'enregistrement.

[1] *Troud*, 10 octobre 1922.

CHAPITRE IV

Méthodes de conciliation des conflits[1].

Législation.

1. Code du travail (édit. 1922), ch. XVI : « Des organes de conflits
   et de l'instruction des cas d'infraction aux lois du travail »,
   art. 168-174.

2. Code pénal (édit. 1922), art. 132 et 133.

3. Code de procédure criminelle (édit. 1922), art. 403-405.

4. Règlement du 18 janvier 1922 sur les organes de conflits.

5. Circulaire de la Commission centrale des conflits du 4 mai 1922
   sur la compétence des commissions de conflits près les organes locaux du Commissariat du travail.

6. Décret du Conseil des commissaires du peuple du 18 juillet 1922 :
   Règlement sur les chambres de conciliation et les tribunaux
   d'arbitrage.

7. Circulaire du Commissariat du travail sur la compétence des
   commissions de conflits [sans date].

8. Circulaire du Conseil central panrusse des syndicats du 21 août 1922
   sur les commissions paritaires.

9. Instruction du Commissariat du travail du 29 août 1922 sur
   l'application du règlement du 18 juillet 1922.

10. Ordre spécial du Conseil suprême de l'Économie nationale du
    2 septembre 1922 sur les méthodes de conciliation des
    conflits.

11. Arrêté du Commissariat du travail du 7 septembre 1922 sur les
    tribunaux d'arbitrage.

---

[1] Voir Annexe IV : « Les conflits industriels. »

12. Circulaire du Commissariat du travail du 13 septembre 1922 sur les tribunaux d'arbitrage.

13. Circulaire du Commissariat du travail du 20 septembre 1922 sur l'organisation d'organes de conflits en dehors des organes locaux du Commissariat du travail.

14. Circulaire du Commissariat du travail du 28 septembre 1922 sur les méthodes de conciliation des conflits.

15. Arrêté du Conseil des commissaires du peuple du 4 octobre 1922 sur les organes de conflits dans les transports.

16. Arrêté du Commissariat du travail du 13 octobre 1922 sur les commissions paritaires.

17. Arrêté du Commissariat du travail du 14 octobre 1922 sur la procédure à suivre pour résoudre les conflits.

18. Arrêté du Commissariat du travail du 3 novembre 1922 : règlement sur les commissions paritaires.

19. Arrêté du Commissariat du travail et du Commissariat de la justice du 23 novembre 1922 sur les commissions de conflits près le Commissariat du travail.

20. Arrêté du Commissariat du travail du 21 janvier 1923 sur l'instruction des affaires concernant les infractions au Code du travail.

21. Arrêté du Commissariat du travail du 11 février 1923 sur la compétence des commissions de conflits en matière criminelle.

22. Circulaire du Commissariat du travail du 21 mars 1923 sur les recours contre les décisions des chambres de conciliation et du tribunal d'arbitrage.

23. Décret du Conseil des commissaires du peuple du 23 mars 1923 sur les chambres de conciliation et les tribunaux d'arbitrage.

24. Arrêté du Commissariat du peuple du 31 mars 1923 sur la liquidation des commissions de conflits.

25. Circulaire du Commissariat du travail et du Commissariat de la justice du 15 mai 1923 sur l'organisation des audiences spéciales des tribunaux du peuple pour les questions du travail.

26. Décret du Conseil des commissaires du peuple du 21 août 1923 sur les conflits dans les transports.

27. Instruction du Commissariat du travail du 5 septembre 1923 sur les chambres de conciliation et les tribunaux d'arbitrage.

28. Instruction du Commissariat du travail du 28 septembre 1923 sur l'organisation des chambres de conciliation et des tribunaux d'arbitrage dans les transports.

§ I. — LES MÉTHODES DE CONCILIATION DES CONFLITS A L'ÉPOQUE DU COMMUNISME.

Jusqu'à l'introduction de la nouvelle politique économique, la notion de conflit industriel en Russie des Soviets était inexistante car, théoriquement, un tel conflit était une impossibilité sous le régime communiste. En effet, le travail obligatoire avait aboli l'embauchage libre, reposant sur une convention mutuelle des parties ; les salaires étant fixés par l'Etat, il ne pouvait être question d'une libre entente à ce sujet ; l'Etat, ravitaillant les ouvriers, était seul responsable du paiement des salaires ; cette responsabilité n'était, du reste, ni formelle ni juridique, mais exclusivement matérielle.

Etant donné la nationalisation de l'industrie et l'administration de celle-ci, l'Etat était l'unique entrepreneur et la seule instance qui pût fixer les conditions du travail dans ses propres entreprises. Une infraction à ces conditions était considérée non comme une infraction à un contrat librement conclu, mais comme une infraction aux lois sur le travail, laquelle ne pouvait provoquer un conflit entre les parties ; elle déclanchait uniquement des poursuites par voie administrative.

Lorsque les syndicats professionnels prenaient part à la direction des entreprises en tant qu'organes du gouvernement, toute infraction aux lois établies par l'autorité centrale était simplement considérée comme une faute contre la discipline, et, comme telle, punie par voie disciplinaire[1].

A mesure que progressait l'étatisation de la vie économique, les syndicats devaient envisager la question des relations entre l'organisation ouvrière et le pouvoir soviétique. En effet, ce dernier était devenu propriétaire de presque toutes les entreprises, et y employait des ouvriers syndiqués, dont les intérêts devaient être défendus par les syndicats.

La question fut tranchée dans le sens suivant : du moment que

---

[1] Voir MAISELS : « Les conflits à Moscou au commencement de 1922. » *Messager du travail*, mai 1922.

le gouvernement poursuivait une politique communiste, et que les entreprises d'Etat ne travaillaient plus selon des principes capitalistes, il ne pouvait y avoir ni conflit ni malentendu entre le pouvoir exécutif et les ouvriers : il était donc inutile de procéder à une codification dans ce domaine[1]. Les ouvriers qui violaient les dispositions concernant les conditions du travail établies par le code du travail étaient frappés d'une sanction disciplinaire.

Ainsi, en 1919 déjà, les syndicats professionnels avaient constitué des tribunaux pour le jugement de toutes ces infractions. En 1920 fut rédigé un code spécial des pénalités pour manquements à cette discipline; la création du Comité principal pour le travail obligatoire rendit plus considérable encore la participation des syndicats professionnels aux différents organes qui avaient à combattre toutes les formes d'infraction à la discipline du travail; et par là on entendait non seulement le refus de travail (désertion), mais encore les absences illicites, l'insuffisance du travail, etc.[2]

L'expérience infirma cependant la théorie alors soutenue par les syndicats, que dans l'industrie nationalisée il ne pouvait y avoir conflit entre l'Etat ouvrier, propriétaire et administrateur des entreprises, et les travailleurs.

Les conditions du travail étant très diverses, l'application de la politique communiste créait des malentendus et occasionnait des heurts fréquents. Pour résoudre les questions qui intéressaient à la fois les ouvriers et l'administration des entreprises, les syndicats professionnels organisèrent des commissions de conciliation, qui furent constituées indépendamment de tout acte législatif; elles fonctionnaient déjà en 1918 et jouèrent par la suite un rôle assez considérable.

En fait, avant la nouvelle politique économique, seuls les syndicats, par le moyen de leurs commissions de conciliation, avaient à connaître des litiges survenus entre l'administration et les ouvriers. Ces commissions fondaient leur action sur le principe qu'il ne pouvait y avoir, dans une entreprise, de divergence d'intérêts entre les travailleurs représentant l'administration, et ceux représentant le travail, car les uns et les autres appartenaient uniquement à la classe ouvrière, dont le syndicat défendait les intérêts. En tranchant un litige, le syndicat ne se trouvait donc pas en

---

[1] LIFSCHITZ : « L'ancienne législation sur le travail et le nouveau code du travail. » *Messager du travail*, nov.-déc. 1922.

[2] Compte rendu du Conseil central des syndicats, mars 1920 - avril 1921. Moscou, 1921.

face d'un conflit entre employeurs et ouvriers ; il n'avait simple-ment qu'à se prononcer sur l'application d'une disposition législative.

L'activité des commissions de conciliation avait par suite un caractère exclusivement unilatéral ; composées de délégués des ouvriers syndiqués, elles expliquaient ou interprétaient telle ou telle disposition législative, après avoir entendu les exposés respectifs de l'administration et des travailleurs. Mais l'interprétation qu'elles donnaient était loin de toujours contenter les deux parties ; lorsqu'il n'était pas possible d'obtenir une entente entre les employeurs et les ouvriers, le syndicat demandait une interprétation à la Section locale du travail, organe du Commissariat du travail, et cette décision était tenue pour définitive et irrévocable.

Comme ces demandes se multipliaient, les Sections du travail en arrivèrent à organiser dans leur sein des commissions de conflits, qui jouaient le rôle d'instance supérieure pour la solution des conflits entre l'administration et les ouvriers.

§ 2. —- L'ÉVOLUTION SOUS LE RÉGIME DE LA NOUVELLE POLITIQUE

Après l'introduction de la nouvelle politique économique et le rétablissement de l'embauchage libre, reposant sur le contrat de travail, il fallut définir l'attitude de l'Etat à l'égard des infractions éventuelles aux contrats.

Du moment que la conclusion d'un accord (individuel ou collectif) entre employeurs et employés se faisait librement et par consentement mutuel, il n'était plus question d'assurer uniquement à l'une ou à l'autre des parties l'exercice des droits découlant pour elle de la législation sur le travail ; il y avait aussi à sanctionner les droits établis par les clauses du contrat. Dans ces nouvelles conditions, cette protection des droits et des intérêts des parties ne pouvait être assumée ni par les organes de contrôle de l'Etat (inspection du travail), ni par les commissions de conciliation, créées par les syndicats professionnels et dont nous avons parlé plus haut, ni enfin par les comités d'entreprise.

Les dirigeants de syndicats estimaient que, du moment que les entreprises de l'Etat adoptaient les méthodes capitalistes d'exploitation, des conflits devaient se produire et qu'il était donc indispensable d'en envisager la solution. « Il serait vain de la part des syndicats de nier actuellement la possibilité de conflits du travail. Auparavant, c'étaient les syndicats eux-mêmes qui réglaient les conditions du travail (le pouvoir exécutif se bornant à confirmer ces règlements, mesure purement formelle); aujourd'hui, les conditions du travail sont réglées, aussi bien dans les entreprises nationalisées que dans les entreprises privées, par un accord des parties, et, là où il y a accord, il peut y avoir également désaccord, c'est-à-dire conflit[1]. »

La possibilité de différends entre l'administration et les ouvriers d'une entreprise était devenue si évidente que chacun sentait le besoin d'organes spéciaux créés en vue de la conciliation des conflits à venir. Mais avant de créer ces organes, il fallait d'abord résoudre une question de principe :

Les instances destinées à la conciliation des conflits provoqués par l'interprétation des contrats d'embauchage librement conclus devaient-elles être constituées librement, par convention mutuelle, ou le rôle de conciliation incombe-t-il comme auparavant aux syndicats et à l'Etat ?

Avant que fût admise la première thèse, la politique du gouvernement des Soviets eut à subir une évolution considérable; les méthodes de conciliation tout d'abord employées trouvèrent encore une si large application pendant toute l'année 1922 qu'il est indispensable de les exposer en détail.

Après l'introduction de la nouvelle politique économique, un certain nombre des dirigeants syndicaux estimèrent que le système unilatéral de conciliation des conflits pratiqué avant 1921 ne pourrait être accepté par les employeurs, le syndicat (ou une organisation intersyndicale) devant être à la fois juge et partie lorsqu'il s'agirait d'interpréter ou d'appliquer les clauses d'un contrat collectif. Les défenseurs de cette thèse estimaient que les syndicats devant abandonner, dans l'industrie privée, le droit exclusif de réglementer les conditions du travail et des salaires, droit qui leur appartenait alors dans l'industrie nationalisée, ils ne pouvaient pas non plus se charger de la conciliation des conflits.

Cette manière de voir avait des adversaires qui présentaient les objections suivantes :

L'existence légale du capitalisme dans l'Etat soviétique n'est qu'une concession temporaire; mais il est évident que cette concession économique fondamentale en entraînerait beaucoup d'autres qui fourniraient au capital privé les garanties sans lesquelles l'initiative particulière ne saurait que difficilement se développer ;

---

[1] *Messager du travail*, nov.-déc. 1922. Voir l'article cité plus haut.

néanmoins, le pouvoir soviétique se doit de ne point favoriser le développement et le renforcement du capital privé et des organisations patronales; si les syndicats n'avaient plus à réglementer les salaires et les conditions du travail, leur situation s'affaiblirait vis-à-vis des employeurs. Or la décision mettant fin à un conflit fait partie intégrante de la politique de réglementation du travail; les syndicats ne doivent donc pas être privés du droit de prendre cette décision. Appliquer le système paritaire au règlement de toutes les questions soulevées par les contrats du travail, et en attribuer la sanction juridique au Commissariat du travail « serait, tout d'abord, une concession prématurée à la bourgeoisie renaissante et, en outre, une concession précipitée que ne justifient pas les circonstances; cette mesure créerait une atmosphère favorable pour une organisation des entrepreneurs privés »[1].

Les partisans de cette seconde thèse concluaient que le système paritaire ne devait être introduit que dans les organes de conflits fonctionnant dans l'entreprise; les litiges qui ne pourraient être résolus à l'amiable dans l'entreprise même seraient tranchés par le syndicat.

C'est cette thèse qui l'emporta au début. En janvier 1922 fut édicté l'arrêté sur les « commissions pour la conciliation des conflits et la fixation des salaires », connues dans la pratique sous le nom de « commissions paritaires » à cause de leur composition même. Cet arrêté, daté du 18 janvier 1922, ne fut jamais, étant donné sa rédaction défectueuse, publié dans un organe gouvernemental officiel, mais il a servi de base à la création des commissions paritaires qui jouèrent en 1922 et jouent aujourd'hui encore un rôle considérable.

Les commissions de conciliation instituées par les syndicats et celles organisées au sein des Sections du travail subsistèrent à côté des commissions paritaires créées dans les entreprises pendant l'année 1921. Rien n'était fixé quant à la procédure d'examen des conflits par ces diverses institutions; il en était de même de la structure interne de ces organes. En somme, si la première instance de conciliation des conflits fonctionnait d'après le principe paritaire, les autres avaient par contre conservé leur caractère unilatéral.

Cependant, à mesure que se répandait l'usage du contrat collectif, il devenait impossible aux commissions paritaires de répon-

---

[1] J. RIEZNIKOV : « La nouvelle tendance et la politique ouvrière. » *Messager du travail*, juillet-août 1921.

dre à toutes les plaintes et le besoin d'autres organismes à base paritaire devenait de plus en plus pressant : le règlement du 18 juillet 1922, concernant les chambres de conciliation et les tribunaux d'arbitrage répondit à ce besoin; toutefois, la création de ces nouveaux organes ne fit qu'embrouiller davantage la situation.

Il fallait encore fixer l'ordre dans lequel les conflits devaient être présentés aux diverses instances. Pratiquement, la procédure était très disparate : dans certains cas, un conflit qui n'avait pu être résolu par accord devant la commmission paritaire était renvoyé devant la chambre de conciliation; dans la plupart des cas, néanmoins, le conflit était d'abord soumis à l'examen de la commission syndicale de conciliation, laquelle décidait s'il y avait lieu de le soumettre à la commission de la Section du travail ou à la chambre de conciliation.

Conformément au nouveau décret, le Conseil central des syndicats publia une instruction sur la procédure de conciliation devant les instances successives. Il concluait que les commissions syndicales n'avaient plus de raison d'être et que les conflits n'ayant pas donné lieu à un accord devant la commission paritaire devaient être directement soumis à la chambre de conciliation.

Cette opinion du Conseil central des syndicats provoqua des discussions violentes; il s'agissait de savoir si les commissions syndicales de conciliation devaient être maintenues ou non dans les conditions créées par la nouvelle politique. Les partisans de leur maintien soutenaient : 1° que pratiquement la procédure de conciliation était beaucoup plus rapide dans ces commissions; 2° que l'activité des commissions augmentait le prestige des syndicats, et 3° que si la conciliation de tous les conflits devait passer aux commissions de conflits du Commissariat du travail ou aux chambres de conciliation, les syndicats en général s'en trouveraient affaiblis, la procédure serait compliquée et ralentie et les ouvriers se verraient encouragés à faire grève pour accélérer la solution du conflit[1].

De nombreuses conférences syndicales demandèrent le maintien des commissions syndicales de conciliation, au deuxième échelon des instances obligatoires. Certains contrats collectifs conclus par les syndicats contenaient même des clauses stipulant que le conflit devait être renvoyé à la commission syndicale de conciliation,

---

[1] MELNITCHANSKY : « La conciliation des conflits. » *Troud*, 9 août 1922. — SAFONOF : « Est-il nécessaire de créer des commissions de conflits auprès des syndicats ? » *Ibid*, 12 août 1922.

avant d'être soumis à la chambre de conciliation ou aux commissions de conflits du Commissariat du travail[1].

Ce débat qui causait une forte agitation dans certains milieux syndicalistes fut porté devant le V⁰ Congrès panrusse des syndicats professionnels (17 au 22 septembre 1922). Finalement, les adversaires du maintien des commissions syndicales de conciliation eurent la majorité au Congrès[2], qui, sur leur demande, adopta une résolution approuvant la politique du Conseil central panrusse des syndicats professionnels en matière de conciliation, et « condamnant énergiquement une tactique qui tendait à charger les syndicats seuls de la conciliation des conflits et qui se trouvait en contradiction avec les relations découlant du contrat de travail ».

Cette résolution indiquait également l'ordre des instances :

« Les conflits futurs devront d'abord être portés devant les commissions paritaires; si devant ces commissions l'accord n'est pas réalisé ils devront être portés devant les organes officiels de conflits (chambres de conciliation et tribunaux d'arbitrage). Un conflit ne doit en général être renvoyé à une instance supérieure que si le syndicat a épuisé tous les autres moyens d'accord direct avec les organes économiques locaux.

« Il est inadmissible que la conciliation des conflits soit du ressort exclusif des syndicats; il n'en résulte que des procédés bureaucratiques. Afin de resserrer les liens qui unissent les masses laborieuses aux syndicats et de relever l'autorité des décisions du syndicat aux yeux des ouvriers, il est indispensable de procéder à un premier examen du conflit dans l'entreprise même. »

A côté de ces difficultés concernant la hiérarchie des instances, la création des chambres de conciliation et des tribunaux d'arbitrage amena les organes économiques supérieurs à craindre que les syndicats ne perdissent leur autorité du fait qu'ils ne seraient plus seuls à résoudre les conflits.

Un ordre spécial du Conseil suprême de l'Économie nationale du 2 septembre 1922 essaya même de parer à cette éventualité :

« Les différends survenus entre l'administration d'une entreprise et le comité d'entreprise au sujet de l'application du contrat collectif ou de l'observation des conditions du travail, qui n'ont pas abouti à un accord devant les commissions paritaires, et qui risquent d'occasionner un conflit sérieux, doivent être examinés par

---

[1] *Troud*, 10 et 18 août 1922.
[2] Compte rendu sténographique du V⁰ Congrès panrusse des syndicats professionnels. Moscou, 1922, pp. 371-403.

l'administration et le comité d'entreprise, en présence d'un mandataire du syndicat intéressé. Si l'on n'aboutit à aucun accord, la question doit être soumise à un organe économique supérieur et à la direction départementale du syndicat intéressé. Si là encore l'entente ne peut être obtenue, le litige devra être déféré aux institutions du Commissariat du travail, dans l'ordre fixé par les lois[1]. »

Cet ordre, qui rétablissait au fond l'ancienne méthode unilatérale de règlement des conflits, était tellement contraire aux tendances de la nouvelle législation que le Commissariat du travail se sentit obligé de publier une instruction complémentaire sur la méthode de conciliation des conflits :

« La section des conflits du Commissariat du travail déclare que le système de conciliation des conflits indiqué dans l'ordre du Conseil suprême de l'Economie nationale du 2 septembre 1922 n'a pas force de loi ; ce n'est qu'une indication donnée par le Conseil aux organes économiques sur la tactique qu'ils doivent adopter en cas de conflit avec les syndicats. Tous les procédés de conciliation indiqués dans l'ordre du Conseil ont le caractère de pourparlers préliminaires en vue de solutions amiables ; il n'y faut pas voir une nouvelle procédure en matière de conflits. La partie adverse a le droit d'interrompre ces pourparlers, si bon lui semble, en faisant appel aux institutions prévues par la loi pour la conciliation des conflits[2]. »

Se conformant à la dernière résolution du Ve Congrès des syndicats et à la politique adoptée par le Commissariat du travail, le nouveau code du travail, entré en vigueur le 15 novembre 1922, ne mentionnait plus comme organes de conciliation que les commissions paritaires, les chambres de conciliation et les tribunaux d'arbitrage.

Le 3 novembre suivant paraissait un nouvel arrêté destiné à remplacer le texte défectueux de janvier 1922 et à compléter les décisions du Congrès et les articles correspondants du code du travail ; il consacrait, définitivement cette fois, les commissions paritaires dans la hiérarchie générale des organes de conciliation.

Un point demeurait encore obscur et provoquait quelque incertitude : que devenaient les commissions de conflit du Commissariat du travail et de ses Sections locales ?

Ainsi qu'on l'a vu plus haut, elles s'étaient constituées peu à peu comme organes de deuxième instance, auxquels les syndicats

---

[1] *Economitcheskaia Jizn*, 5 septembre 1922.
[2] *Informations du Commissariat du travail*, n°s 8-17, 1er oct. 1922.

déféraient de leur propre initiative tous les conflits qui n'avaient pas été tranchés devant leurs propres commissions de conciliation. Avec la création des chambres de conciliation et des tribunaux d'arbitrage, le rôle de ces commissions devenait tout à fait indéterminé. En pratique, les syndicats avaient assez souvent recours aux commissions du Commissariat du travail. Comme les conflits provenant de contrats collectifs étaient d'habitude déférés aux chambres de conciliation, c'étaient principalement ceux provoqués par les contrats individuels qui étaient soumis aux commissions des conflits. Mais le code du travail créait, pour l'examen des conflits soulevés par l'interprétation ou l'application des contrats individuels, des organes spéciaux qui étaient les tribunaux du travail.

Quel devait donc être le rôle des commissions des conflits ?

Les syndicats et le Commissariat du travail estimaient nécessaire de les maintenir pour contrôler l'exécution des lois du travail ; il semblait qu'elles dussent avoir l'énergie nécessaire pour mener à bien la politique gouvernementale à l'égard des entrepreneurs privés.

D'un autre côté, dans l'opinion de certains syndicats, les litiges non résolus par les commissions paritaires ne devaient pas être immédiatement soumis à la décision des commissions de conflits dépendant du Commissariat du travail[1], tandis que, d'après Roudzoutak, secrétaire général du Conseil central des syndicats professionnels, la commission des conflits, près la Section du travail, devait être la première instance après les commissions paritaires, les conflits qui n'y seraient pas immédiatement résolus devant alors être renvoyés devant les chambres de conciliation et les tribunaux d'arbitrage[2].

Nous avons déjà vu que le nouveau code du travail passait sous silence les commissions dépendant du Commissariat du travail ; d'ailleurs, elles n'avaient même pas été mentionnées dans le statut des chambres de conciliation et des tribunaux d'arbitrage publié le 18 juillet 1922. Il en résulta une incertitude qui souleva bien des récriminations de la part des syndicats ; une polémique de presse suivit : pour y mettre un terme, les Commissariats du travail et de la justice publièrent un arrêté spécial, le 23 novembre 1922. « Jusqu'à nouvel ordre, y lit-on, la commission des conflits du Commissariat du travail et les organes locaux correspondants con-

---

[1] *Izvestia*, 26 juin 1922.
[2] *Economitcheskaia Jizn*, 23 et 29 sept. 1922.

tinueront à fonctionner conformément au décret du 18 janvier 1922
et aux décisions postérieures du Commissariat du travail[1]. »

L'existence des commissions de conflits était ainsi maintenue ;
quant à leur compétence, elle avait déjà été réduite.

La circulaire du Commissariat du travail du 14 octobre 1922
sur la procédure de conciliation, qui fut adressée aux Sections
départementales du travail, exposait le rôle et les fonctions de ces
commissions ; de même, dans une note du 30 août 1922, le Commissariat du travail décidait que les litiges n'ayant pas abouti à
un accord devant les commissions paritaires seraient renvoyés
devant les chambres de conciliation et les tribunaux d'arbitrage.
Cette décision complétait et confirmait une note du même Commissariat, en date du 15 août 1922, d'après laquelle les « commissions de conflits examinent les conflits soulevés par l'application
et l'interprétation des règles de la législation prolétarienne dans
le domaine du droit privé, ainsi que les litiges individuels entre
employeurs et employés provenant de l'application du contrat de
travail ou du contrat collectif [2] ».

En pratique, ces commissions s'occupaient des litiges survenant
dans des entreprises où il n'y avait pas de contrat collectif, ainsi
que dans les institutions et les entreprises de l'Etat. Ainsi, 91,9
pour cent de tous les conflits examinés par elles étaient des différends surgis dans les entreprises n'ayant point de contrats collectifs ; 60,9 pour cent, des conflits renvoyés par les commissions paritaires, et 53,4 pour cent, des conflits survenus dans des entreprises
et des institutions d'Etat[3].

Elles n'étaient d'ailleurs maintenues que provisoirement, jusqu'à l'institution des tribunaux du travail prévus par le code du
travail de 1922. Le 22 mars 1923 le Comité central exécutif décida
de les abolir toutes et de transmettre leurs fonctions et les affaires
en cours aux tribunaux du peuple ; toutefois, cette suppression devait se faire progressivement, à mesure que s'organiseraient
des sessions spéciales des tribunaux du peuple, destinées à juger
les conflits du travail. Actuellement, cette organisation n'en est
encore qu'à ses débuts, et les commissions de conflits continuent à
fonctionner et à jouer un rôle considérable.

A côté de toutes ces questions organiques il restait toujours à
décider si l'intervention des instances de conciliation devait être

---

[1] *Troud*, 25 novembre 1922.
[2] *Ibid*, 16 août 1922.
[3] *Ibid*, 24 octobre 1922.

obligatoire ou facultative, c'est-à-dire fondée sur un accord préalable entre les parties. A ce sujet encore les opinions étaient partagées. Au début, de nombreux dirigeants de syndicats réclamaient l'arbitrage obligatoire par l'Etat, craignant que, dans le cas contraire, « la classe ouvrière ne fût point en état de lutter contre l'influence croissante des capitalistes privés et des étrangers » [1].

Mais la deuxième assemblée plénière du Conseil central panrusse des syndicats, tenue en février 1922, repoussa le principe de l'arbitrage obligatoire, d'abord « parce qu'il était nécessaire d'attirer le capital privé », ensuite « parce qu'il pouvait être dangereux de rendre l'Etat responsable de l'issue de chaque conflit » [2].

« Lorsque nous avons pris le pouvoir, disait le rapporteur, la politique commune des syndicats, du Commissariat du travail et des organes législatifs de l'Etat consistait à mettre les capitalistes dans une situation qui leur rendrait toute activité économique inutile et sans profit. Les conditions actuelles sont autres ; l'extrême réduction de notre économie nationale nous oblige à nous servir du capital privé. Maintenant notre tâche est de créer des conditions qui, tout en respectant le caractère de l'Etat soviétique, rendraient possible l'activité du capital privé. Pour ces raisons, nous devons repousser en principe l'arbitrage obligatoire de l'Etat. »

Retenant les conclusions du rapporteur, le Conseil central des syndicats adopta la résolution suivante :

« L'Etat ouvrier et paysan, tout en s'appliquant à défendre par voie législative les intérêts des ouvriers, à soutenir et à protéger leurs organisations en général et tout spécialement les syndicats professionnels, ne doit pas s'ingérer dans les conflits qui surgissent, soit dans les entreprises privées, soit dans les entreprises d'Etat. L'arbitrage obligatoire de l'Etat en cas de conflit doit être repoussé en principe. Les organes de l'Etat, en l'occurrence les Sections du travail, conserveront le droit de résoudre les conflits, survenant dans les petites entreprises, où il n'y a pas de contrat collectif signé par le syndicat [3]. »

Le V° Congrès panrusse des syndicats (17-22 septembre 1922) confirma cette résolution, en adoptant les conclusions du rapport du commissaire du travail, ainsi conçues :

---

[1] Deuxième assemblée plénière du Conseil central panrusse des syndicats (16-19 février 1922). *Bulletin*, n° 3, 21 fév. 1922, p. 2.

[2] *Ibid*, n° 2, 18 fév. 1922, pp. 8-9.

[3] *Ibid.*

« La modification des tâches et du rôle général du Commissariat du travail dans le domaine de la conciliation des conflits, sont caractérisées comme suit : il aide les syndicats professionnels à former des chambres de conciliation et à organiser des institutions d'arbitrage, mais s'abstient de s'ingérer dans les conflits en tant qu'organe d'Etat, et d'imposer une procédure déterminée de conciliation[1]. »

Néanmoins, ce rejet de l'ingérence obligatoire dans les conflits subit certaines exceptions. Le rapport présenté à la 2° assemblée plénière du Conseil central des syndicats, en février 1922, mentionne par exemple les cas suivants :

1. Lorsque dans une entreprise de l'Etat le syndicat et l'administration ne parviennent pas à s'entendre au sujet du super-arbitre.

2. Lorsque les conflits éclatent dans la petite industrie ou l'industrie à domicile, et qu'il n'existe pas de contrat collectif.

3. Lorsque les conflits sont d'une nature assez grave pour causer un préjudice aux intérêts économiques de l'Etat[2].

Au V° Congrès panrusse des syndicats professionnels, en septembre 1922, ces règles furent légèrement modifiées. Comme nous l'avons vu plus haut à propos des commissions des conflits dépendant du Commissariat du travail, « s'il n'existe pas de contrat collectif, ou bien si ce conflit met directement en discussion la législation du travail, la conciliation par les organes de l'Etat est obligatoire. Par contre, s'il s'agit d'un conflit causé par l'application d'un contrat collectif, le Commissariat du travail ne peut en aucun cas forcer l'une et l'autre parties à adopter une procédure de conciliation ; c'est au syndicat de trouver la meilleure procédure. Dans le cas où le syndicat s'adresse directement au Commissariat du travail, celui-ci doit l'aider par tous les moyens à trouver un procédé de conciliation par arbitrage, mais là doit se borner l'activité du Commissariat »[3].

§ 3. — LES PRINCIPES ET LE SYSTÈME DES ORGANES DE CONFLIT

L'évolution de la politique soviétique en matière de conflits a abouti aux résultats suivants.

---

[1] Compte rendu sténographique du V° Congrès panrusse des syndicats professionnels. Moscou, 1922, p. 87.

[2] *Bulletin* de la 2ᵐᵉ assemblée du Conseil central panrusse des syndicats en février 1922.

Compte rendu du V° Congrès, Moscou 1922, p. 87.

D'après la législation en vigueur[1], tous les conflits provenant de l'emploi libre de la main-d'œuvre dans les entreprises ou institutions de l'Etat, publiques ou privées, se divisent en deux catégories principales :

1° les conflits de caractère individuel entre employeurs et employés et provenant de l'application du contrat d'embauchage ;

2° ceux qui surgissent à propos de la conclusion, de l'exécution, de l'interprétation ou de l'application des contrats collectifs ou des accords de salaires dans les entreprises ou institutions publiques ou privées.

Les différends de la première catégorie, qui pourraient être nommés « conflits de droit », trouvent leur règlement dans l'application ou l'interprétation de la législation en vigueur.

L'examen des conflits de la seconde catégorie, que l'on pourrait appeler « conflits d'intérêts », est lié à la détermination préalable des conditions du travail[1]. Le nouveau code (art. 168, 169 et 170), le statut des chambres de conciliation et des tribunaux d'arbitrage du 18 juillet 1922 (et le nouveau statut du 23 mars 1923), l'arrêté du Conseil des commissaires, du 23 août 1922, concernant les contrats collectifs, et l'instruction du Commissariat du travail, du 29 août 1922, établissent deux procédures différentes :

Aux conflits de la première catégorie on applique l'arbitrage obligatoire, ceux de la seconde sont résolus par des méthodes de conciliation. Les conflits, surgissant dans les entreprises ou les institutions de l'Etat ne peuvent être réglés que par voie de conciliation[3].

Aux diverses catégories de conflits et aux différentes procédures de règlement correspondent aussi différentes sortes de décisions prises par les organes de conciliation.

L'arbitrage obligatoire, en cas de différend provoqué par un contrat d'embauchage libre, prévoit une décision catégorique et définitive pour mettre fin au conflit, c'est-à-dire que les organes qui s'occupent de conflits de cette nature sont à la fois des institutions judiciaires ou administratives et des autorités de contrôle en matière de législation criminelle.

---

[1] Code du travail (édit. 1922), chap. XVI : « Des organes de conflits et de l'instruction des cas d'infraction aux lois du travail » (art. 168-169).

[1] La même division se trouve dans la législation allemande du 23 décembre 1918. Voir prof. KASKEL : *Das neue Arbeitsrecht*, Systematische Einführung, Berlin, 1920. — *Revue internationale du Travail*, vol. V, n° 1, janv. 1922 : « Méthodes de conciliation des conflits industriels en Allemagne. »

[3] Article 2 de l'instruction, article 9 du statut du 18 juillet et article 7 de l'arrêté du 23 août 1922.

La procédure appliquée aux conflits soulevés par l'application ou l'interprétation des contrats collectifs, ou à ceux qui éclatent dans les entreprises et les institutions de l'Etat, vise à la conciliation des parties.

On peut donc rapporter les organes de conflits à deux systèmes différents :

1° le système judiciaire obligatoire ;

2° le système de conciliation (code du travail, art. 168).

Au premier appartiennent les tribunaux du peuple (audiences spéciales) et les commissions de conflits dépendant du Commissariat du travail (art. 168 et 169 du code de 1922 et arrêtés du Commissariat du travail sur les commissions de conflits des 14 octobre et 23 novembre 1922).

Le second système comprend les commissions paritaires (pour la fixation des salaires et la conciliation des conflits), les chambres de conciliation et les tribunaux d'arbitrage (art. 168, 170, 171, 172 du code du travail, règlement sur les commissions paritaires du 3 novembre 1922, et règlements sur les chambres de conciliation et les tribunaux d'arbitrage, des 18 juillet 1922 et 23 mars 1923).

Les organes de conflits qui existent actuellement sont les suivants :

1. Les commissions locales des conflits, près les Sections du travail.

2. La commission centrale des conflits près le Commissariat du travail.

3. Les tribunaux du peuple en audiences spéciales (tribunaux du travail).

4. Les commissions paritaires dans les entreprises.

5. Les chambres de conciliation près les sections du travail.

6. Les tribunaux d'arbitrage près le Commissariat du travail.

L'ensemble du système des organes de conflits peut être représenté par le schéma suivant[1] :

Commission paritaire (première instance).

ARBITRAGE OBLIGATOIRE		SYSTÈME DE CONCILIATION
Tribunaux du peuple extraordinaires en session spéciale.	Commission des conflits près l'organe local du Commissariat du travail. Commission centrale des conflits près le Commissariat du travail.	Chambre de conciliation près l'organe du Commissariat du travail. Tribunal d'arbitrage près le Commissariat du travail.

[1] Voir en annexe un schéma détaillé des questions qui doivent être soumises à chacun de ces organes, etc.

§ 3. — Les organes chargés d'instruire les cas d'infraction
aux lois sur le travail.

I. *Les commissions de conflits*[1].

a) *Compétences des commissions de conflits.*

La circulaire du 14 octobre 1922 détermine comme suit les compétences des commissions de conflits[2] :

1. Tous les litiges soulevés par l'application du contrat de travail et fondés sur une plainte individuelle ou collective d'ouvriers ou d'employés sont soumis à la juridiction des commissions de conflits, du moment qu'ils n'ont pas été tranchés au cours de conférences préliminaires entre l'organisation syndicale et l'entrepreneur.

2. Toute violation d'une clause de contrat collectif est soumise à la commission des conflits si l'organisation syndicale le demande. Les affaires qui entraînent des poursuites contre l'employeur en vertu du code pénal (art. 133) sont de la compétence des tribunaux du peuple. Sont également soumises à la décision de ces derniers les infractions au code du travail et aux lois sur l'assurance sociale. Dans le cas où la solution générale d'une affaire ne peut être influencée par l'issue de l'action criminelle intentée d'après le code pénal, l'affaire est soumise, sans attendre le résultat du procès criminel, à la commission de conflits.

Si en examinant la plainte formulée par des ouvriers ou des employés, la commission des conflits découvre à la charge de l'employeur des infractions aux lois sur le travail ou sur l'assurance sociale, elle transmet la cause criminelle aux institutions compétentes, tout en poursuivant l'examen du litige initial entre employeurs et employés (que l'employeur soit l'Etat ou un particulier)[3].

D'après une circulaire de la section des conflits du Commissariat du travail, les commissions ont à connaître exclusivement des conflits de droit civil, non de droit criminel ; aussi ne peuvent-elles ni décerner des mandats d'amener ni infliger des amendes[4]. Seul

---

[1] Voir Annexe IV.

[2] *Troud*, 24 octobre 1922.

[3] Voir la circulaire de la commission centrale des conflits du 4 mai 1922. (*Informations au Commissariat du travail*, n° 1-10, 15 juin 1922) et la circulaire du Commissariat du travail du 1er octobre 1922.

[4] *Troud*, 16 août 1922. Toutefois, à la Conférence des « travailleurs responsables » du Commissariat du travail, qui eut lieu après le Ve Congrès panrusse des syndicats, il fut déclaré qu'il était désirable d'autoriser les commissions de conflits à infliger des amendes et à intenter des poursuites par voie administrative.

le tribunal du peuple peut poursuivre ou faire arrêter les contrevenants aux arrêtés de la commission, ou leur infliger une amende[1].

La commission des conflits doit se conformer aux règles générales de procédure en vigueur pour les tribunaux du peuple[2]; ceux-ci sanctionnent la décision de la commission, sans examiner l'affaire en détail (art. 2 de l'arrêté du Commissariat du travail du 23 novembre 1922).

b) *Les commissions départementales et la commission centrale des conflits.*

Les organes locaux de conflits, auxquels peuvent recourir les commissions paritaires (et, jusqu'en 1923, les commissions syndicales de conciliation), sont les commissions de conflits fonctionnant dans les sections départementales du travail (organes départementaux du Commissariat du travail).

Les décisions de ces commissions départementales concernant les congédiements d'ouvriers et d'employés sont définitives; elles sont exécutoires nonobstant un recours éventuel à la commission centrale des conflits près le Commissariat du travail (art. 3 de l'arrêté du Commissariat, du 23 novembre 1922).

Quand la décision de la commission départementale porte sur toute autre question de sa compétence, un appel suspensif de cette décision peut être interjeté dans un délai de sept jours à partir du jugement; toutefois, les commissions ont le droit, dans des cas exceptionnels, d'imposer l'exécution provisoire de leurs jugements : la décision doit être alors sanctionnée par le tribunal du peuple (art. 4 de l'arrêté du Commissariat du travail du 23 novembre 1922).

Il peut être fait appel d'une décision de la commission départementale, dans un délai de quinze jours, devant la commission centrale des conflits près le Commissariat du travail. La procédure est la suivante[3] :

1° l'acte d'appel adressé à la commission centrale doit être remis à la commission départementale intéressée qui doit en donner reçu à l'appelant ;

---

[1] *Ibid*, 16 août 1922.

[2] Circulaire de la commission centrale des conflits du 4 mai 1922. *Informations du Commissariat du travail*, n° 1-10, 15 juin 1922.

[3] Procès-verbal de la séance du 24 juin 1922 de la commission centrale des conflits près le Commissariat du travail. *Informations du Commissariat du travail*, n° 7-16, 1922.

2° la commission départementale doit transmettre l'appel à la commission centrale dans les quinze jours ;

3° dès que l'appel est interjeté, l'exécution des décisions de la commission départementale est suspendue ; dans le cas où l'appel est rejeté par la commission centrale, l'employeur doit rembourser au travailleur (ou aux travailleurs) toutes les pertes que celui-ci (ou ceux-ci) aura (ou auront) pu subir, du fait qu'il a été sursis à l'exécution de la décision de la commission départementale, si cette décision donnait gain de cause à la partie ouvrière[1].

II. *Tribunaux du travail*[2].

Nous avons montré plus haut combien le système actuel des organes de conflit est disparate et complexe, et indiqué qu'il comprend deux groupes d'institutions fonctionnant parallèlement, sans que leurs compétences respectives soient suffisamment délimitées. On considère en général que ce sont les commissions de conflits dont l'organisation laisse le plus à désirer ; elles possèdent une compétence limitée mais incertaine, et remplissent à la fois les fonctions d'un organe judiciaire et celles d'un organe de contrôle. De là est venue l'idée de confier à un organe judiciaire la solution des litiges entre employeurs et employés, la protection des intérêts des travailleurs et la répression des infractions aux lois sur le travail ; mais cet organe judiciaire, tout en fonctionnant comme tribunal, devait être suffisamment compétent en matière de législation sociale. Cette idée a pris corps dans la loi sur les *tribunaux du travail*.

Ces juridictions connaissent de deux catégories de différends :

1° *Conflits de droit privé :* tous ceux provoqués entre employeurs et soulevés par la violation des clauses d'un contrat d'embauchage et qui n'auront pas pu être résolus par la chambre de conciliation ;

2° *Conflits de droit public :* tous ceux provoqués par des infractions aux lois sur le travail (code du travail ou décrets ultérieurs du Commissariat du travail) et prévus par les articles 126, 132, 133, 134 et 156 du code pénal[3].

Conformément aux articles 92 et 93 du code de procédure judi-

---

[1] La conférence des « membres responsables » du Commissariat du travail estima qu'il était nécessaire, pour parer à l'abus des recours, d'obliger les employeurs appelants à verser une caution lorsqu'ils formulent leur appel et à consigner les sommes au payement desquelles la commission de première instance les a condamnés. *Econ. Jien*, 27 septembre 1922.

[2] Voir Annexe IV.

[3] *Recueil des Lois*, n° 69, 1922.

ciaire, les tribunaux du peuple sont appelés à siéger en audiences spéciales et sont alors désignés sous le nom de « tribunaux du travail ».

Chacun est composé d'un président (un des juges ordinaires nommés par le tribunal départemental) et de deux membres permanents représentant, le premier le Commissariat du travail (nommé par la section départementale du travail), l'autre les syndicats (nommé par le conseil départemental intersyndical).

Ces tribunaux fonctionnent conformément aux dispositions générales de la procédure judiciaire[1].

Les appels contre leurs jugements doivent être adressés par la voie habituelle au tribunal départemental. Le commissaire du travail a le droit de demander au Tribunal suprême (Cour de cassation) d'annuler, en tant qu'organe suprême du contrôle judiciaire, les décisions des tribunaux ayant déjà reçu un commencement d'exécution.

Des tribunaux du travail doivent être organisés dans tous les chefs-lieux de département et les centres industriels importants.

§ 4. — ORGANES DE CONCILIATION

I. *Les commissions paritaires*[2].

Les commissions pour la fixation des salaires et la conciliation des conflits ou, plus simplement, les « commissions paritaires » constituent la première instance pour la conciliation des conflits; elles existent dans chaque entreprise[3].

D'après les articles 169 et 172 du code du travail, ces commissions doivent par-dessus tout chercher à obtenir des solutions amiables des litiges soulevés par l'application des contrats collectifs et des contrats de travail. Leurs fonctions et leur organisation sont définies par le décret du 3 novembre 1922[4].

---

[1] Circulaires du Commissariat de la justice, 2 décembre 1922 et 4 mars 1923 et arrêté du Comité central exécutif des Soviets, 22 mars 1923.

[2] Littéralement : commissions pour la fixation des salaires et la conciliation des conflits. Des données élémentaires sur le fonctionnement de ces commissions paritaires ont été fournies dans *L'organisation de l'industrie et les conditions du travail dans la Russie des Soviets*, Genève 1922. Les conditions nouvelles introduites par le décret du 3 novembre 1922 nous obligent à revenir sur cette question.

[3] Circulaire du Conseil central des syndicats, n° 519 (1922), qui dit en substance : « La première instance pour le règlement des conflits est la commission paritaire pour la fixation des salaires et la conciliation des conflits. » *Troud*, n° 186, 22 août 1922.

[4] *Recueil des lois*, n° 74, 1922.

Les commissions sont compétentes pour poursuivre la conciliation des conflits surgissant dans une entreprise ou institution par suite de l'interprétation ou de l'application d'un contrat collectif ou d'un contrat de travail (art. 3).

Ne sont pas de leur compétence :

1° les litiges concernant le fond des contrats, la suppression de certaines des stipulations de ceux-ci ou l'adjonction de stipulations nouvelles ;

2° les litiges soulevés du fait d'infractions au code du travail et à l'assurance sociale[1].

Si, à l'examen d'un conflit, la commission découvre les indices d'un acte criminel, cet acte doit être immédiatement établi et déféré au tribunal du peuple.

Les commissions paritaires comprennent un nombre égal de représentants du syndicat (comité d'entreprise ou comité local du syndicat) et de l'administration de l'entreprise ou de l'institution ; le nombre des représentants est fixé pour chaque entreprise par entente mutuelle, s'il n'est pas indiqué dans le contrat collectif (art. 5 du règlement).

Dans les entreprises où le nombre des ouvriers et des employés ne dépasse pas trente, ceux-ci sont représentés par leur délégué syndical (remarque à l'art. 5).

Les parties choisissent respectivement un président et un secrétaire ; les fonctions de président et de secrétaire des séances sont assumées à tour de rôle par les représentants des deux parties, sans que l'une d'elles puisse assumer simultanément les deux fonctions (art. 6).

Les parties ont le droit d'inviter à la séance des experts ou des consultants, même si ceux-ci ne travaillent pas dans l'entreprise ; les personnes invitées ont voix consultative (remarque à l'art 7).

Les membres des commissions paritaires exercent leurs fonctions pendant les heures de travail et doivent être rémunérés par l'entreprise ou l'institution ; la rétribution qu'ils reçoivent lorsque la commission siège ne doit pas être inférieure à leur salaire moyen (art. 15).

Toutes les questions portées à la connaissance de la commission sont examinées au cours des séances qu'elle tient ; les décisions prises sont inscrites au procès-verbal, signées par le président et le secrétaire, et doivent être — au plus tard dans les deux jours —

---

[1] Remarque à l'article 3 du règlement, remarque à l'article 172 du code, et circulaire du Conseil central panrusse des syndicats professionnels, 13 octobre 1922, sur les fonctions des commissions paritaires.

affichées de manière visible pour être portées à la connaissance de tous (art. 8).

Les séances sont publiques ; toutefois, la commission peut prononcer le huis-clos dans tout cas particulier (art. 7).

Ces séances ont lieu au moins une fois par semaine ; de plus, toute affaire revêtant un caractère de conflit doit être examinée au plus tard dans les vingt-quatre heures qui suivent la demande adressée à la commission (art. 9).

Les questions indiquées à l'article 3 doivent être résolues exclusivement à l'amiable (art. 11).

Celles qui n'ont pas été résolues par la commission sont considérées comme constituant un conflit et sont transmises, pour décision par voie légale, par l'intermédiaire du syndicat (art. 12).

Les décisions prises à l'amiable sont définitives et engagent les deux parties ; elles ne peuvent faire l'objet d'un appel (art. 13)[1].

Si une entente n'intervient pas et si le conflit est déclaré, l'affaire peut prendre deux cours différents :

Quand le litige a trait à un contrat collectif, l'affaire s'engage dans la voie prévue par le règlement des chambres de conciliation et des tribunaux d'arbitrage, c'est-à-dire que les parties (ou le syndicat seul) s'adressent à la section du travail en demandant la convocation d'une chambre de conciliation ou d'un tribunal d'arbitrage.

Quand le litige n'ayant pu être résolu à la commission paritaire provient d'un contrat individuel d'embauchage, l'affaire est déférée à la commission des conflits de la Section du travail ou au tribunal du peuple[2].

Les décisions de la commission paritaire prises en contradiction avec la loi sont inopérantes ; les organes du Commissariat du tra-

---

[1] Voir aussi l'arrêté du Commissariat du travail, du 18 janvier 1922 ; *Troud*, n° 83, 1922. — Cet arrêté a été commenté dans de nombreuses notes, tant par le Commissariat du travail que par le Conseil central des syndicats. Une circulaire du Conseil central des syndicats (n° 519), dit : « Les conflits doivent être résolus à l'amiable par les commissions paritaires. S'il y a entente, le conflit est considéré comme définitivement clos et la décision de la commission paritaire est obligatoire pour les parties ; il ne peut être fait appel contre cette décision. » (*Troud*, n° 186, 1922). « Les décisions des commissions paritaires n'ont pas à être approuvées et ne peuvent pas être annulées », circulaire du Conseil central des syndicats, *Troud*, n° 165, 1922. — Une circulaire du Conseil central des syndicats, du 30 août 1922, déclare aussi que « les décisions des commissions paritaires sont définitives et ne peuvent faire l'objet d'un appel ». Circulaires et arrêtés du Commissariat du travail, annexe au n° 7-16 des *Informations du Commissariat du travail*. Moscou, 1922.

[2] Toute révision des décisions de la commission paritaire par d'autres

vail en avisent par écrit, et avec indication des motifs et des infractions aux lois, la commission intéressée en l'invitant à reviser sa décision (remarque à l'art. 13).

II. *Chambres de conciliation et tribunaux d'arbitrage*[1].

A côté des commissions paritaires, le code du travail établit d'autres organes pour la conciliation des conflits; ce sont les chambres de conciliation et les tribunaux d'arbitrage. Ces deux organes connaissent :

1° de tous les litiges provenant de l'interprétation, de l'exécution et de la modification des contrats collectifs et des accords sur les tarifs ;

2° de tous les litiges qui proviennent de l'interprétation des contrats de travail, exception faite des litiges ayant pour cause des infractions aux lois du travail, lesquels sont de la compétence des tribunaux du peuple (Code du travail, édit. 1922, art. 168, 169, alinéa II, et 170; art. 1 du règlement du 23 mars 1923, et circulaire du Commissariat du travail du 5 septembre 1923).

Les chambres de conciliation et les tribunaux d'arbitrage fonctionnent d'après des instructions et règlements spéciaux.

Ces organes examinent tous les conflits qui exigent l'intervention de l'Etat (art. 1 du règlement du 23 mars 1923), c'est-à-dire qui surgissent dans les entreprises et institutions d'Etat et doivent être résolus par voie de conciliation (art. 9 du règlement du 18 juillet 1922, et art. 2 de l'instruction du Commissariat du travail du 29 août 1922).

Le principe fondamental de la procédure devant les chambres de conciliation et les tribunaux d'arbitrage est que les parties doivent arriver à une entente à l'amiable dans chaque cas particulier (art. 11 du règlement du 23 mars 1923).

Selon une instruction du Commissariat du travail, « il ne peut y avoir d'autres tribunaux ou des chambres de conciliation (permanentes ou temporaires), hormis les organes du Commissariat du travail, qui ont à observer le règlement des chambres de conci-

---

organes de conflits est illégale. Circulaire du Commissariat du travail du 30 août 1922 ; (Circulaires et arrêtés du Commissariat du travail, annexe au n° 7-16 des *Informations du Commissariat du travail*, 1922). « Dans le cas où les pourparlers de l'administration de l'entreprise avec les employés par l'entremise de la commission paritaire n'aboutissent pas à une entente, le conflit doit être déféré à la seconde instance, c'est-à-dire à la commission des conflits de la Section du travail. » Rapport de ROUD-ZOUTAK, au V° Congrès panrusse des syndicats. *Economitch. Jizn*, 24 septembre 1922.

[1] Voir Annexe IV.

liation et des tribunaux d'arbitrage, ainsi que l'instruction annexe [1]. »

L'article 174 du code du travail dispose qu'il ne peut être interjeté appel des décisions des chambres de conciliation et tribunaux d'arbitrage, dont les verdicts ne peuvent par suite être modifiés; ils ne peuvent être cassés que pour illégalité reconnue par les organes de contrôle du Commissariat du travail. Lorsqu'une chambre de conciliation ou un tribunal d'arbitrage n'ont pas été organisés par voie légale, et lorsque leurs décisions sont contraires aux lois en vigueur, la cassation de la décision doit être demandée à l'organe local du Commissariat du travail; si cet organe oppose un refus, il peut être interjeté appel devant le Commissariat du travail [2].

1. *Chambres de conciliation.*

Les chambres de conciliation s'occupent des conflits provoqués par les contrats collectifs et déjà soumis sans succès aux commissions paritaires ou à d'autres organes de conciliation prévus par les contrats collectifs (art. 171 du code du travail).

La tendance initiale, telle qu'elle apparaît dans l'arrêté du 18 juillet 1922, était de ne soumettre aux chambres de conciliation que les conflits provenant de l'interprétation et de l'application des contrats collectifs; mais, dans la pratique, les chambres se sont occupées également des différends provoqués par l'interprétation des contrats de travail individuels (dans les cas où il ne s'agissait pas de violation du code du travail) [3].

Un nouveau règlement, du 23 mars 1923, autorise les parties à déférer aux chambres tous les conflits causés par les contrats individuels; la chambre de conciliation ne les examine que dans le cas où les intérêts de l'ouvrier ou de l'employé sont défendus par le syndicat professionnel correspondant (art. 1 et 2 du règlement du 23 mars 1923).

Les affaires ne viennent devant les chambres de conciliation qu'après entente entre les parties (art. 171 du code).

Les chambres de conciliation sont créées auprès du Commissariat du travail et de ses organes locaux (art. 5 de l'instruction du Commissariat du travail du 5 septembre 1923) :

1° *les chambres de conciliation de districts*, près les sections du travail des districts, s'occupent des conflits ne dépassant pas les limites d'un district ;

---

[1] *Troud*, 21 septembre 1922.

[2] Circulaire du Commissariat du travail, 21 mars 1923.

[3] Voir A. STOPANI, chef de la section des conflits au Commissariat du travail : « Conflits du travail » *Questions du travail*, n° 3, 1923.

2° *les chambres de conciliation départementales*, près les sections départementales du travail, s'occupent de conflits intéressant plusieurs districts ou un département ;

3° *les chambres de conciliation régionales*, auprès des organes régionaux du Commissariat du travail, doivent examiner les conflits concernant plusieurs départements ou toute une région ;

4° *la chambre de conciliation* près le Commissariat du travail examine les conflits qui s'étendent à plusieurs départements (si ces départements ne sont pas unis en une région), ou à tout le territoire de la Fédération russe si ces conflits ont une importance nationale.

Si les parties sont d'accord, il peut être créé à leur usage une chambre de conciliation permanente qui s'occupe de la conciliation de tous les conflits éventuels; la procédure de ces organismes est réglée d'un commun accord (art. 8 de l'instruction du 29 août).

Lorsque les parties s'entendent pour déférer le conflit à la chambre de conciliation elles en informent le Commissariat du travail ou ses Sections locales (art. 3 du règlement du 23 mars 1923).

La chambre est composée d'un nombre égal de représentants des deux parties en litige (art. 4 du même règlement).

Le président de la chambre de conciliation est nommé par la Section du travail qui choisit pour exécuter cette fonction l'un de ses collaborateurs (art. 5 de l'instruction du 5 septembre 1923).

Le président, qui n'a pas voix délibérative, dirige les débats et s'emploie à trouver les formules de conciliation (art. 4 du règlement du 23 mars 1923); il doit veiller à ce que le litige soit tranché conformément aux lois sur le travail et en tenant compte des moyens financiers et de la productivité de l'entreprise (art. 6 de l'instruction).

Tous les membres des chambres de conciliation doivent, en tout cas, être munis de mandats réguliers des organisations qui les ont délégués afin de pouvoir participer aux séances; l'opinion émise par les mandataires lie leur organisation (art. 8 de l'instruction). Les parties sont responsables de toute infraction aux décisions de la chambre, comme s'il s'agissait d'une infraction aux contrats.

Les décisions des chambres de conciliation ont le même caractère qu'un contrat; elles ne peuvent faire l'objet d'un appel et elles sont exécutées directement par les parties signataires sous l'astreinte des peines prévues par l'art. 133 du code criminel (édition 1922, art. 11 du règlement du 23 mars 1923).

Toutefois, si une décision de la chambre contient des clauses contraires aux lois en vigueur, ces dispositions seront tenues pour nulles (art. 13 de l'instruction du 5 septembre 1923).

Si la chambre de conciliation, en examinant l'affaire, y découvre les indices d'un acte criminel, cet acte doit être établi et déféré immédiatement au tribunal du peuple (art. 2 du règlement du 23 mars 1923). Si le fond n'est pas affecté par le fait criminel, l'affaire suit son cours devant la chambre; sinon l'ensemble de l'affaire relève du tribunal du peuple (art. 9 de l'instruction).

Toute affaire examinée dans une chambre de conciliation doit être enregistrée auprès de la Section du travail correspondante; la décision de la chambre est formulée par écrit et tous les procès-verbaux, actes, etc., sont renvoyés à la Section du travail (art. 11 de l'instruction).

Les dépenses entraînées par l'examen de l'affaire (secrétariat, jetons de présence, etc.) sont supportées par l'entreprise ou l'institution en cause (art. 19 de l'instruction du 29 août 1922); les frais occasionnés par l'organisation technique de la chambre doivent être prélevés sur le budget du Commissariat du travail (art. 13 du règlement du 23 mars 1923).

2. *Tribunaux d'arbitrage.*

Les litiges sont déférés aux tribunaux d'arbitrage dans les cas suivants [1] :

1. Lorsque les parties, avant d'avoir consulté la chambre de conciliation, ou après l'avoir fait, mais sans succès, s'accordent à déférer leur litige à ce tribunal (art. 171 du code).

Cette disposition s'applique, lorsqu'il s'agit d'entreprises d'Etat, aux affaires provenant : *a)* de la conclusion ou de la modification du contrat collectif; *b)* de l'interprétation du contrat collectif sans qu'il y ait eu violation de ce contrat; *c)* de la violation du contrat collectif si les intérêts de toute l'entreprise sont en jeu.

Il en est de même lorsqu'il n'y a pas de contrat collectif et que le conflit intéresse toute l'entreprise ou nécessite l'intervention de l'Etat.

La même disposition est valable, pour les entreprises privées, dans les trois cas *a*, *b* et *c*.

2. Les litiges sont obligatoirement déférés aux tribunaux d'arbitrage si le syndicat le demande (qu'il ait été fait appel à la chambre de conciliation ou non), lorsqu'il s'agit d'entreprises d'Etat (art. 171 du code) :

a) lors de la conclusion ou de la modification d'un contrat col-

---

[1] Annexe à l'arrêté du Commissariat du travail du 14 octobre 1922. Voir les *Questions du travail*, n° 3, 1923.

lectif ; *b*) lors de l'interprétation du contrat collectif, sans qu'il y ait violation ; *c*) lors de la violation du contrat collectif, si les intérêts de l'entreprise sont en jeu ; *d*) s'il n'y a pas de contrat collectif, lors d'un conflit nécessitant l'intervention de l'Etat, ou concernant les intérêts généraux de l'entreprise.

Dans les conflits graves menaçant la sécurité de l'Etat, le tribunal d'arbitrage peut être nommé d'office par le gouvernement (Comité central exécutif, Conseil des commissaires du peuple, ou Conseil du travail et de la défense) (art. 171 du code).

Un tribunal d'arbitrage, organisé par les parties en litige sans qu'un procès-verbal ait été dressé et envoyé à l'organe compétent du Commissariat du travail, n'a pas caractère légal et ses décisions ne sont pas obligatoires (instruction du Commissariat du travail du 13 septembre 1922)[1].

Si un nouvel examen de l'affaire est décidé, cet examen doit porter sur l'affaire entière (instruction du Commissariat du travail du 8 septembre 1922)[2].

Si les parties ne se soumettent pas volontairement au verdict du tribunal, conformément au procès-verbal d'arbitrage signé par elles, ce verdict est soumis à la signature des juges du tribunal du peuple, signature qui doit être donnée dans les vingt-quatre heures et qui rend exécutoire la décision (art. 12 du règlement du 23 mars 1923, art. 12 de l'instruction et art. 174 du code).

Le président du tribunal est nommé par les parties d'un commun accord ; dans les conflits surgissant entre des entreprises ou institutions de l'Etat et un syndicat, lorsque l'accord n'est pas réalisé quant à la personne du président, ce dernier est nommé par le Commissariat du travail (art. 8 du règlement du 23 mars 1923).

Autant que possible, les juges d'un tribunal d'arbitrage ne doivent pas faire partie d'une chambre de conciliation (art. 12 de l'instruction).

Si l'une des parties ne se présente pas devant le tribunal et ne fournit pas de justification, les délibérations du tribunal se poursuivent en son absence ; lorsque l'arbitrage est obligatoire, l'absence du représentant du syndicat met un terme au litige ; c'est un super-arbitre qui décide si la raison de l'absence est valable ou non (art. 14 de l'instruction).

Sont applicables, pour tout ce qui concerne l'organisation, la composition et la procédure des tribunaux d'arbitrage, les règles mentionnées plus haut pour les chambres de conciliation.

---

[1] *Informations du Commissariat du travail*, n° 7-16, 23 septembre 1922.
[2] *Troud*, 13 septembre 1922.

CHAPITRE V

Réglementation du marché du travail[1].

Législation.

1. Code du travail (édition 1922), chap. II et III, art. 5-14.

2. Décret du Conseil des commissaires du peuple du 3 octobre 1921 sur l'assistance aux chômeurs.

3. Décret du Conseil des commissaires du peuple du 9 février 1922 sur l'embauchage et le congédiement.

4. Arrêté du Commissariat du travail du 6 avril 1922 sur la nécessité d'obtenir le consentement du chômeur, lors de son envoi au travail.

5. Circulaire n° 56 du Commissariat du travail du 12 avril 1922 sur les nouvelles appellations de la section de répartition de la main-d'œuvre du Commissariat du travail et des sous-sections locales de répartition.

6. Instruction n° 77 du Commissariat du travail du 17 mai 1922 sur les demandes de main-d'œuvre.

7. Circulaire n° 86 du Commissariat du travail du 3 juin 1922 sur les bureaux d'adolescents.

8. Circulaire n° 90 du Commissariat du travail du 3 juin 1922 sur les fonctions des Sections du travail.

9. Instruction n° 89 du Commissariat du travail sur l'envoi de chômeurs au travail par les bourses du travail.

10. Circulaire du Commissariat du travail du 15 juin 1922 sur les mesures à prendre contre les embauchages irréguliers.

11. Circulaire n° 91 du Commissariat du travail et du Conseil central panrusse des syndicats professionnels du 15 juin 1922 sur les relations des organes syndicaux et des Sections du travail en matière de répartition de la main-d'œuvre.

---

[1] Voir Annexe V : « Le marché du travail. »

12. Arrêté du Commissariat du travail du 22 août 1922 sur les refus
de la part d'employeurs d'embaucher de la main-d'œuvre
fournie par les bourses du travail.

13. Arrêté du Conseil des commissaires du peuple du 1er septembre 1922
sur la rétribution des services rendus par le Commissariat
en matière d'embauchage.

14. Arrêté du Commissariat du travail et du Conseil central panrusse
des syndicats professionnels du 12 septembre 1922 sur
l'organisation des sections professionnelles dans les bourses du travail.

15. Circulaires nos 145, 146, 147, du Commissariat du travail du
28 novembre 1922 sur le pointage des chômeurs.

16. Règlement du Commissariat du travail du 2 décembre 1922 sur
les comités de bourses du travail.

17. Circulaire du Commissariat du travail du 1er décembre 1922 sur
l'envoi au travail des ouvriers syndiqués.

18. Arrêté du Commissariat du travail du 27 janvier 1923 sur l'envoi
au travail des chômeurs.

19. Décret du Conseil des commissaires du peuple et du Conseil central panrusse des syndicats professionnels du 19 février 1923
sur l'embauchage des travailleurs de qualification supérieure.

20. Circulaire du Commissariat du travail du 28 mars 1923 sur l'assurance contre le chômage des travailleurs des postes, télégraphes et téléphones.

21. Circulaire du Commissariat du travail du 26 avril 1923 sur l'enregistrement des chômeurs par les bourses du travail.

22. Ordre du Conseil suprême de l'Économie nationale du 13 août 1923
sur l'embauchage des ouvriers et employés par l'intermédiaire des bourses du travail.

23. Instructions du Commissariat du travail du 13 août 1923 : 1° sur
les comités de bourses du travail ; 2° sur l'organisation des
sections professionnelles auprès des bourses du travail ;
3° sur l'organisation et le règlement intérieur des bourses
du travail ; 4° sur l'embauchage et le congédiement par
l'intermédiaire des bourses du travail ; 5° sur l'enregistrement des chômeurs ; 6° sur l'envoi des chômeurs au
travail.

24. Circulaire du Commissariat du travail du 20 septembre 1923 sur
le droit des employeurs de ne pas recourir aux bourses du
travail lors de l'embauchage des ouvriers.

§ 1. — LA RÉGLEMENTATION DU MARCHÉ DU TRAVAIL

AVANT LA NOUVELLE POLITIQUE

Pendant la période de guerre, aussi bien avant mars 1917 que
pendant la première phase de la révolution, de mars à novembre,
la nécessité de distribuer la main-d'œuvre d'une façon plus
rationnelle amena la création et le développement des bourses
du travail.

A partir de mars 1917, les bourses se développèrent rapidement
et devinrent les principaux organes d'entremise pour l'embauchage
des ouvriers et la lutte contre le chômage; elles étaient constituées
d'après le principe paritaire, leurs comités directeurs comprenant
des représentants des employeurs et des représentants des salariés.

Après la révolution du 7 novembre 1917, les bourses ne furent
pas immédiatement dissoutes; au contraire, maintenues légalement, elles continuèrent encore, dans les premiers mois, à se développer. Mais la deuxième Conférence de leurs représentants
(janvier 1918) adopta une résolution stipulant que la réglementation du marché du travail, la lutte contre le chômage et le
placement de la main-d'œuvre devaient être uniquement du ressort
des syndicats professionnels. Le projet de réglementation des
bourses, élaboré par cette Conférence, remettait aux syndicats la
direction de tout le système de placement en vigueur; les comités
des bourses ne devaient donc plus être constitués sur une base
paritaire.

Les idées des représentants des bourses du travail n'étaient pas
entièrement partagées par le pouvoir central qui, tout en acceptant
que le placement de la main-d'œuvre fût du ressort exclusif des
syndicats, estimait que sous le régime soviétique le marché du
travail ne devait pas être uniquement réglementé par voie de
recensement et de placement des chômeurs, mais que la question
devait être traitée de façon plus générale, par voie de recensement
régulier et de distribution rationnelle de toute la main-d'œuvre du
pays. Par un arrêté du 31 janvier 1918, les bourses du travail
reçurent le nom de « sections de répartition de la main-d'œuvre ».

A mesure que la politique communiste allait s'affirmant, le pro-

blème même du contrat d'embauchage disparaissait, l'embauchage
libre était remplacé par la « nationalisation de la main-d'œuvre
qui, étant la propriété de l'Etat, devait exécuter ses ordres et ses
prescriptions ». La pensée des dirigeants soviétiques était à cette
époque que « la main-d'œuvre devant être étatisée, le gouvernement avait à unifier ce processus et à en prendre la direction, car
on pouvait le considérer comme le plus court chemin vers l'organisation communiste de l'économie nationale »[1].

La première constitution de la République des Soviets, en 1918,
introduisit le principe du travail obligatoire pour tous les citoyens
valides.

L'article 3 de cette constitution était ainsi conçu : « Afin d'exter-
miner les couches parasitaires de la société et d'organiser l'économie nationale, chaque habitant pourra être appelé à fournir un
service obligatoire de travail. » L'article 18 ajoutait : « La République socialiste fédérative des Soviets de Russie reconnaît que le
travail est une obligation pour tous les citoyens et proclame la
devise : « Qui ne travaille pas ne mangera pas ».

Le même principe fut inséré dans le premier code du travail
(art. 1), paru en 1918.

Mais bientôt ces principes ne furent plus strictement observés ;
le 5 octobre 1918, le Conseil des commissaires du peuple publia
un décret établissant, à côté du travail obligatoire général, un
travail obligatoire concernant spécialement les éléments « non travailleurs » (c'est-à-dire les personnes ne vivant pas de leur travail,
ou n'ayant pas d'occupation fixe, et les chômeurs non inscrits à la
bourse du travail).

Le Commissariat du travail motivait dans une circulaire l'introduction du service de travail obligatoire par la nécessité d'utiliser
toute la main-d'œuvre disponible ; en octobre 1919, un décret spécial institua le service du travail par corvées manuelles ordinaires
et corvées de roulage : cette mesure, dont l'exécution incombait au
Commissariat de l'intérieur, était dictée par l'intensité de la crise
économique qui sévissait dans le pays.

Lorsqu'il fut décidé d'appliquer rigoureusement les méthodes
communistes à l'économie nationale, et après que la crise fut devenue particulièrement intense, on se mit à employer de plus en plus
fréquemment les travailleurs à des travaux supplémentaires, selon

---

[1] Voir ANIKST : *L'organisation de la main-d'œuvre en 1920*. Moscou, 1920,
pp. 5, 6, 7, 63, 73.

les besoins et le devoir de l'Etat, « afin d'utiliser d'une façon rationnelle toute la main-d'œuvre du pays ». D'autre part, comme l'exode intense des ouvriers urbains vers les campagnes occasionnait une pénurie de main-d'œuvre dans l'industrie et les transports, et comme il se produisait des conflits de plus en plus fréquents entre le pouvoir exécutif et les paysans, l'exécution des corvées manuelles et des corvées de roulage devenait de plus en plus difficile.

Les circonstances obligèrent le Conseil des commissaires à introduire, par décret du 29 janvier 1920, le « travail obligatoire pour tous », comme système permanent d'organisation du travail. « En se fondant, dit l'introduction au décret, sur les lois fondamentales de la République fédérative des Soviets de Russie et sur le code du travail, qui exigent que tous les citoyens valides soient astreints à des travaux d'utilité publique dans l'intérêt de la communauté socialiste, et en vue de fournir au plus vite la main-d'œuvre indispensable à l'industrie, à l'agriculture et aux autres branches de l'économie nationale, conformément au plan économique général », le Conseil des commissaires du peuple décidait d'astreindre toute la population valide à l'exécution périodique de divers services obligatoires, et de contraindre « à fournir un travail d'utilité publique les personnes qui n'avaient pas d'occupation présentant ce genre d'utilité »[1].

Le décret du 29 janvier 1920 supprima l'usage de tous les contrats de travail libres et rendit inutile, au moins théoriquement, tout effort en vue de placer la main-d'œuvre et de combattre le chômage. Toute la main-d'œuvre du pays était à la disposition de l'Etat qui la répartissait, lui prescrivait sa tâche, fixait le lieu où celle-ci devait être effectuée et ses conditions.

Les mobilisations qui arrachaient les spécialistes à leurs travaux habituels et les contraignaient à se mettre au service de l'Etat pour un délai prolongé, l'organisation des « armées du travail », l'utilisation de certains contingents de l'armée rouge pour les travaux agricoles et autres — toutes ces formes du travail obligatoire supprimaient le contrat libre, ne permettaient plus à l'individu de changer de résidence pour chercher un emploi et lui enlevaient toute liberté de disposer de son travail.

« Le Commissariat du travail répartissait la main-d'œuvre de façon exclusivement impérative. On ne demandait pas à l'ouvrier

---

[1] *Recueil des lois*, n° 8, 1920.

ses préférences en matière de travail. Le Commissariat répartissait la main-d'œuvre d'après un plan fixe, sans tenir compte ni des particularités individuelles, ni de la qualification, ni du désir de l'ouvrier d'effectuer un travail déterminé; au contraire, l'ouvrier était contraint de travailler dans l'entreprise ou l'institution où on l'envoyait[1]. »

En pratique, le travail obligatoire ne fut pas institué intégralement; il n'était pas organisé et avait plutôt un caractère occasionnel et sporadique.

Le décret du 29 janvier 1920 avait une portée surtout politique; il établissait le travail obligatoire non qualifié pour tous les citoyens sans distinction, en mettant sur le même plan travailleurs manuels et travailleurs intellectuels, ouvriers qualifiés et manœuvres.

Le fait que les personnes employées dans les entreprises et institutions de l'Etat étaient arrachées à leur tâche habituelle et astreintes à des besognes qui ne correspondaient pas à leurs capacités, ainsi que le caractère juridique de l'obligation strictement personnelle de ce service de travail, donnaient bien à toutes ces mesures un caractère politique; d'autre part, les mêmes raisons contribuaient à en réduire singulièrement l'importance économique.

De plus, à mesure que le travail obligatoire recevait une extension plus grande, ses vices ressortaient plus clairement; il devait largement compenser le travail individuel libre; en fait, il se révéla très peu productif et fort onéreux pour l'Etat.

Ces résultats négatifs apparaissaient surtout quand il s'agissait d'appliquer ce système aux paysans : rien dans ce domaine n'était réglementé, ni les délais pendant lesquels ces producteurs pouvaient être enlevés à leurs terres, ni la somme des travaux qu'ils devaient exécuter, ni le rayon d'action des « armées du travail », ni la rétribution du service obligatoire, ni la possibilité pour ces mobilisés de rejoindre leurs fermes pendant les périodes de travaux agricoles. Dans certaines localités, les paysans étaient astreints aux travaux obligatoires pendant cent ou cent vingt jours par an, sans qu'il fût tenu compte des besoins de la culture et sans avertissement préalable; ils étaient envoyés à de grandes distances, souvent même transférés dans d'autres départements, et ne recevaient ni les vivres, ni le fourrage, ni l'argent, ni les ins-

---

[1] Rapport du Commissaire du travail au Ve Congrès des syndicats (septembre 1922). Compte rendu sténographique, p. 63.

truments nécessaires, souvent par la faute des organes économiques ; la main-d'œuvre n'était pas utilisée de façon rationnelle[1].

De tels procédés exaspéraient les paysans, et ce fut l'une des causes qui amenèrent le gouvernement des Soviets à introduire, en mars 1921, la « nouvelle politique économique », dont une conséquence fut la suppression du travail obligatoire.

§ 2. — ABROGATION DU PRINCIPE DU TRAVAIL OBLIGATOIRE.

Les décrets du Conseil des commissaires des 12 et 14 juillet 1921 remplacèrent le travail obligatoire des paysans par l'impôt et par des corvées manuelles et de roulage ; peu à peu, durant les années 1922 et 1923, cet impôt en nature se transforma en une taxation en espèces.

La nouvelle politique permettait en principe la création d'entreprises particulières ; le commerce et l'industrie privés étaient dès lors considérés comme ayant un caractère d'utilité publique ; il parut impossible de s'en tenir au système du travail obligatoire du moment qu'on admettait l'existence de telles entreprises et la liberté des échanges commerciaux. De plus, comme l'Etat ne pouvait pas répartir toute la main-d'œuvre par l'entremise d'un seul organe central, l'application du système jusque-là imposé devenait pratiquement irréalisable ; le décret du 3 novembre 1921 affranchit les ouvriers et employés des entreprises, des institutions et des exploitations d'Etat, de l'obligation de tout travail supplémentaire, sauf dans l'éventualité de calamités naturelles.

Mais si les mesures adoptées au début de la nouvelle politique tendaient à restreindre la portée du travail obligatoire, cette restriction n'apparaissait que comme temporaire et dictée uniquement par des considérations économiques et politiques ; le principe même n'était pas atteint ; le Commissariat du travail n'avait pas encore une doctrine arrêtée sur ce sujet, et n'excluait pas *a priori* la possibilité de maintenir l'obligation à la base de l'organisation du travail. On craignait, en proclamant la pleine liberté du travail,

---

[1] Voir E. DANILOVA : « Le travail obligatoire et la taxe de rachat. » *Questions du travail*, n° 2, 1922.

de provoquer un exode des ouvriers des entreprises d'Etat vers les entreprises privées.

Les buts que se proposait d'atteindre le Commissariat du travail par la réglementation du marché de la main-d'œuvre étaient les suivants : couvrir entièrement les besoins des entreprises d'Etat en main-d'œuvre qualifiée et, pour le reste, répartir la main-d'œuvre parmi les entreprises privées de la façon la plus rationnelle, en tenant compte de l'importance relative de ces entreprises comme « éléments auxiliaires de l'économie nationalisée ».

Le Commissariat estimait que, pour mener à bien cette tâche, il devait avoir recours à ses propres organes, ce qui permettrait de réglementer le marché du travail d'une manière rationnelle et en même temps favorable aux entreprises d'Etat; celles-ci jouiraient de certains avantages pour l'obtention de la main-d'œuvre; leurs ouvriers et employés bénéficieraient également de faveurs spéciales; de façon plus générale, ces organes du Commissariat prendraient toutes les mesures susceptibles d'avantager l'Etat dans sa concurrence avec le capital privé.

Le Commissariat du travail croyait pouvoir diviser tous les ouvriers du pays en deux groupes : un premier cadre fixe, qui aurait compris les ouvriers et les employés des entreprises et des institutions d'Etat, d'après le plan de ravitaillement par l'Etat; le reste aurait constitué un second groupe qui aurait formé, pour les entreprises et industries d'Etat, les suppléments de main-d'œuvre nécessaire, soit par voie de recrutement obligatoire, soit par embauchage libre là où il y aurait eu excédent de main-d'œuvre [1].

Cette théorie rencontra une forte résistance de la part des syndicats professionnels qui, dans les conditions créées par la nouvelle politique, estimaient inadmissible de soumettre la main-d'œuvre à une répartition obligatoire, de quelque manière que ce fût.

Leur point de vue l'emporta et le Commissariat du travail, d'accord avec le Conseil central des syndicats, déclara que la crainte de voir les ouvriers quitter les entreprises d'Etat n'était pas fondée. « Etant donné que la situation matérielle de la classe ouvrière s'est améliorée depuis l'introduction de la nouvelle politique, que l'industrie privée est suffisamment pourvue de main-

---

[1] ANIKST : « La politique du Commissariat du travail dans les conditions nouvelles. » *Messager du travail*, oct.-nov. 1921.

d'œuvre et qu'il n'y a pas de circonstances générales pouvant amener les ouvriers à retourner dans les campagnes, la situation est, en général, favorable à l'abolition des méthodes par lesquelles on voudrait forcer les ouvriers et les employés à rester dans les entreprises de l'Etat[1]. »

Le commissaire du travail déclara, au V⁰ Congrès des syndicats professionnels (septembre 1922), que son administration, d'accord avec le Conseil central des syndicats, estimait qu'étant donné la création d'entreprises privées et la gestion des entreprises d'Etat « à base commerciale », toute mesure de contrainte exercée sur le marché du travail serait nuisible[2].

Ainsi transformées, les entreprises d'Etat avaient toute liberté non seulement de participer au commerce intérieur, mais aussi de choisir leur main-d'œuvre et de conclure des contrats de travail avec les salariés.

Le décret du 9 février 1922 sur le mode d'embauchage et de congédiement des ouvriers posa le principe que l'embauchage ne devait se faire que par consentement mutuel libre et que les organes du Commissariat ne pouvaient en aucune manière user de mesures coercitives lors de l'envoi au travail des ouvriers. Le système d'embauchage qui avait pour base les plans établis d'avance par l'Etat et qui accordait certains avantages aux entreprises d'Etat était modifié : il fut décidé que ces entreprises devaient faire leurs demandes de main-d'œuvre par l'entremise des organes économiques ; les sans-travail et généralement tous les ouvriers à la recherche d'un emploi ne devaient être embauchés que dans l'ordre de leur inscription.

La suppression du principe du travail obligatoire comme base de l'organisation du travail dans la République des Soviets a été définitivement consacrée par le code du travail de 1922, qui ne l'envisage plus qu'à titre d'exception.

D'après ce code, les citoyens de la République socialiste fédérative des Soviets de Russie peuvent être astreints à fournir un service de travail dans des cas exceptionnels : pour faire face à des événements dus à des causes naturelles, pour suppléer au manque de main-d'œuvre en vue de l'exécution de travaux présentant un intérêt particulier pour l'Etat (art. 11).

----

[1] Circulaire n° 90 du Commissariat du travail.
[2] Compte rendu sténographique du V⁰ Congrès panrusse des syndicats professionnels. Moscou, 1922, p. 83.

Ne peuvent être astreints au service du travail :

a) les adolescents au-dessous de seize ans ;

b) les hommes âgés de plus de quarante-cinq ans et les femmes âgées de plus de quarante ans (art. 12) ;

c) les personnes privées temporairement de leur capacité de travail par suite de maladie ou d'accident, pendant tout le temps nécessaire à leur rétablissement ;

d) les femmes enceintes, pendant les huit semaines qui précèdent l'accouchement, et les accouchées pendant les huit semaines qui suivent la délivrance ;

e) les femmes nourrissant au sein ;

f) les invalides du travail et de la guerre ;

g) les femmes ayant des enfants de moins de huit ans, sans que personne subvienne à leurs besoins (art. 13).

Les organes suprêmes de l'Etat (le Conseil des commissaires du peuple, le Conseil du travail et de la défense et le Commissariat du travail) peuvent accorder des exemptions et des facilités complémentaires dans les différentes branches du service obligatoire du travail (art. 14).

§ 3. — EMBAUCHAGE ET CONGÉDIEMENT

Exception faite des cas où les citoyens sont appelés au travail obligatoire, l'embauchage et le congédiement sont libres ; ils ont pour base le contrat de travail et sont régis par toutes les règles s'y rapportant.

Le contrat de travail est un accord conclu entre deux ou plusieurs personnes, d'après lequel l'une des parties (travailleur) offre son travail à l'autre partie (employeur) moyennant salaire ; il peut être conclu concurremment ou non avec l'existence d'un contrat collectif (art. 27 du code du travail) ; ses clauses sont établies d'un commun accord entre les deux parties.

Au lieu de travail obligatoire, le code du travail parle de « l'embauchage volontaire des citoyens de la République socialiste fédérative des Soviets de Russie » (art. 9 du code), qui s'applique de façon uniforme à toutes les entreprises, institutions et exploitations, sans exception, de l'Etat, publiques et privées, de même qu'aux employeurs privés (art. 7 du code).

En général, l'embauchage se fait par l'intermédiaire des organes du Commissariat du travail (art. 7).

Des exceptions à cette règle sont admises dans les cas suivants :

1. Lorsque l'emploi proposé nécessite certaines qualités politiques ou des connaissances spéciales de caractère individuel, le décret du 19 février 1923 stipule que tous les spécialistes et les personnes ayant occupé des postes administratifs de grande responsabilité, les candidats à des postes comportant la gestion et la garde de biens et de valeurs, ou impliquant une responsabilité politique, peuvent être recrutés directement sans passer par la bourse du travail, sous réserve toutefois d'un enregistrement ultérieur.

2. Lorsque les organes du Commissariat du travail ne peuvent fournir la main-d'œuvre demandée dans un délai de trois jours à partir de la date de la demande (art. 9 du code).

3. Lorsque l'embauchage est effectué dans des régions auxquelles ne s'étend pas la compétence de l'organe correspondant du Commissariat du travail ; dans ce cas, il est effectué directement par l'entreprise ou l'institution, après entente avec les organes du Commissariat du travail.

L'embauchage par l'intermédiaire de ces organes s'effectue d'après les règles suivantes :

a) l'administration de l'entreprise ou établissement ou les particuliers adressent leurs demandes de main-d'œuvre à l'organe du Commissariat ;

b) si cet organe dispose de personnes satisfaisant aux conditions indiquées dans les demandes, ces personnes sont envoyées au travail, conformément aux dispositions adoptées par le Commissariat d'accord avec le Conseil central panrusse des syndicats professionnels ;

c) les employeurs sont tenus d'aviser le Commissariat de l'embauchage des personnes à eux envoyées, ou de leur refus d'y procéder.

L'employeur est responsable :

a) de l'inexactitude des renseignements fournis par lui sur les conditions du travail proposé ;

b) de l'inobservation des engagements pris par lui lors de l'embauchage ;

c) de tout refus illégal d'embaucher les travailleurs qui lui ont été adressés.

Dans les cas où l'embauchage ne s'effectue pas par l'entremise des organes du Commissariat du travail, l'enregistrement ultérieur des ouvriers et des employés est obligatoire.

Toute infraction aux règles sur l'embauchage, commise par l'entreprise ou l'institution, est punie conformément à l'article 132 du code pénal[1].

D'après les règles du contrat du travail (art. 36, 37, 47, 48 et 49 du code du travail) le renvoi d'un travailleur est autorisé :

1° Lorsqu'un contrat est conclu pour un délai indéterminé, ou dans les cas suivants, lorsque ce contrat, à échéance déterminée, n'est pas encore venu à expiration :

a) lors de la fermeture totale ou partielle de l'entreprise, établissement ou exploitation, ou en raison de la réduction des travaux ;

b) si les travaux sont suspendus pour plus d'un mois pour des raisons d'ordre technique ;

c) en cas d'incapacité reconnue du travailleur ;

d) dans le cas où le travailleur, systématiquement et sans motif valable, ne remplit pas les obligations que lui impose le contrat ou les règlements d'ordre intérieur ;

e) lorsque le travailleur a commis un acte criminel en relation directe avec son travail, acte dûment établi par décision de justice, ou lorsqu'il a subi un emprisonnement de plus de deux mois ;

f) en cas d'absence non motivée du travailleur pendant trois jours consécutifs, ou au total pendant plus de six jours dans le mois ;

g) lorsque le travailleur, par suite de perte temporaire de sa capacité de travail, ne revient pas à l'ouvrage dans un délai de deux mois (ou dans un délai de deux mois consécutifs aux quatre mois prévus par l'article 92 du code, en cas de grossesse et d'accouchement) ;

h) quand le travailleur en exprime le désir.

2° Dans le cas où le travailleur refuse d'exécuter un travail autre que celui pour lequel il a été embauché, mais qui correspond à sa qualification.

3° Sur la demande du syndicat professionnel.

Dans les cas mentionnés aux alinéas *c* et *d*, le renvoi du tra-

---

[1] D'après l'article 132 du code pénal, les infractions aux lois d'embauchage sont punies d'une amende de 100 roubles-or au minimum, ou d'une peine de travaux forcés de trois mois au moins, ou d'un emprisonnement d'une année au plus. Si l'infraction s'étend à un groupe d'ouvriers ou à un nombre important d'ouvriers, les contrevenants sont passibles d'une peine d'emprisonnement d'un an au moins ou d'une amende de 1.000 roubles-or au maximum.

vailleur ne peut avoir lieu que sur décision de la commission paritaire.

Lors du renvoi dans les cas prévus aux alinéas *a*, *b* et *c*, l'employeur doit prévenir le travailleur deux semaines d'avance, ou lui payer une indemnité de congédiement égale à deux semaines de salaire (art. 88 du code). Si le renvoi est motivé aux termes des alinéas *d*, *e*, *f*, *g* et *h*, il n'y a pas lieu à indemnité (art. 90 du code). Enfin, pour la cause prévue à l'article 2, le travailleur reçoit une indemnité équivalant à deux semaines de salaire (art. 89 du code).

§ 4. — RÉTABLISSEMENT DES BOURSES DU TRAVAIL.

Dans la période qui précéda immédiatement la nouvelle politique économique, le recensement et la répartition de la main-d'œuvre étaient du ressort du Comité principal pour le travail obligatoire, créé à côté du Commissariat du travail, comme nous l'avons indiqué. Dans les diverses localités, ce recensement et cette répartition étaient effectués par les organes des Sections du travail intitulés « sous-sections pour le recensement et la répartition de la main-d'œuvre ».

Lorsque les entreprises de l'Etat passèrent au régime de la gestion « à base commerciale », lorsque s'ouvrirent de nouveau des entreprises et des institutions privées, lorsque enfin le contrat d'embauchage redevint libre, on vit apparaître, d'une part des ouvriers à la recherche de travail et, d'autre part, des directeurs d'entreprise à la recherche d'une main-d'œuvre spéciale, dont eux seuls déterminaient le nombre et la qualité.

Or, le pouvoir central avait alors pour objectif, non pas de recenser et de répartir la main-d'œuvre d'une façon impérative, mais d'aider les entreprises à se procurer la main-d'œuvre nécessaire et les ouvriers à trouver du travail ; en d'autres termes, il devait s'occuper du placement, mais du placement volontaire.

Le Commissariat du travail fut obligé de reconnaître que la nouvelle situation économique plaçait ses organes « devant un nombre toujours croissant de demandes d'emploi de la part des chômeurs » et que « réglementer et prendre bien en main le marché du travail n'était pas seulement la tâche fondamentale des Sections du travail, mais un des problèmes les plus importants de l'organisation économique et politique de l'Etat ».

Le Commissariat estimait qu'il ne lui serait possible de tenir la haute main sur le marché du travail que si les sous-sections de répartition se transformaient en organes d'entremise entre employeurs et travailleurs en vue du placement. Mais les anciennes Sections du travail, en raison de leurs méthodes, n'étaient pas aptes à s'acquitter de cette tâche. En outre, le Commissariat se rendait compte que la dénomination même de « sous-sections de recensement et de répartition de la main-d'œuvre » éveillait chez les ouvriers le souvenir pénible du système de travail obligatoire et empêchait la population de faire à nouveau confiance à ces organes [1].

Il décida de donner à la Section centrale le nouveau titre de « Section du marché du travail » et aux sous-sections locales celui de « bourses du travail », tout l'appareil administratif des précédentes sous-sections devant être entièrement transmis aux bourses, qui devinrent ainsi des organes d'Etat pour la réglementation du marché du travail.

La politique du pouvoir soviétique ramenait non seulement à l'état de choses de 1918, mais, à certains égards même, à celui qui existait avant la révolution de novembre 1917. L'instruction de 1918 sur l'activité des bourses du travail fut remise en vigueur; de plus, il fut décidé de les organiser d'après le principe paritaire; par une circulaire spéciale, le Commissariat du travail attirait l'attention des syndicats sur le fait qu'ils ne devaient en aucun cas considérer les bourses comme leurs propres organes (il en était ainsi avant la nouvelle politique) et que dans le domaine de la réglementation du marché du travail, les fonctions de l'Etat et celles des syndicats professionnels devaient être nettement délimitées.

Le caractère paritaire des bourses fut encore confirmé après que certaines réformes eurent été, en août 1923, apportées à leur organisation.

La circulaire du 13 août 1923, signée par le Conseil suprême de l'économie nationale, le Conseil central des syndicats, le Commissariat du travail et le Commissariat des transports déclarait :

« Etant donné que les organes économiques et les syndicats professionnels ont un égal intérêt à ce que le système d'offre et de demande de main-d'œuvre soit bien organisé et à ce que le

---

[1] Circulaire du Commissariat du travail du 12 avril 1922. *Informations du Commissariat du travail*, n° 2, 1922.

marché du travail soit réglementé, il est absolument indispensable qu'ils collaborent à cette organisation et à cette réglementation. La possibilité leur en est donnée par la constitution, dans les bourses mêmes, de comités des bourses du travail auxquels participent activement, et en nombre égal, les représentants du Commissariat du travail, des organes économiques et des syndicats[1]. »

Bien que la transformation des sous-sections de recensement et de répartition de la main-d'œuvre en bourses du travail eût été décrétée en avril 1922, et que les syndicats eussent participé activement à l'organisation des bourses, le code du travail (édition 1922) ne mentionnait que « les organes locaux du Commissariat du travail » ; le règlement sur l'organisation des bourses ne fut publié que le 2 décembre 1922.

Dans le courant de l'année 1923, l'expérience acquise dans le fonctionnement des bourses conduisit à apporter certaines réformes à leur organisation intérieure; le 13 août furent publiés plusieurs instructions et règlements que nous nous bornerons à analyser dans la suite du présent exposé.

§ 5. — Organisation des bourses du travail.

Il existe trois types différents de bourses du travail, chargées de s'occuper d'un nombre plus ou moins grand de chômeurs ou de certains groupes de chômeurs appartenant à divers syndicats :

1° les bourses où les sans-travail sont classés d'après les syndicats auxquels ils appartiennent; elles comprennent des sections correspondant aux divers syndicats ;

2° les bourses qui ne tiennent pas compte, au point de vue administratif, de la classification syndicale des sans-travail ;

3° les bourses de type mixte, où certaines catégories seulement de professions sont groupées d'après la classification syndicale.

Les bourses sont dirigées par des comités, dont l'organisation, ainsi que celle des sections syndicales, sont l'élément constitutif le plus important.

Le Comité comprend : 1° un président, choisi par la Section locale du travail qu'il représente et qui est le directeur de la bourse; 2° un représentant du Conseil départemental de l'économie

---

[1] *Informations du Commissariat du travail*, 10 août 1923.

nationale; 3° un représentant de la Section locale d'agriculture (organe local du Commissariat de l'agriculture); 4° un représentant du Commissariat des voies de communications; 5° trois représentants des organisations professionnelles désignés en réunion plénière par le Conseil départemental intersyndical.

Le comité tient des séances ordinaires (au moins deux fois par mois) et des séances extraordinaires que peut convoquer le président, sur sa propre initiative ou sur la demande de deux membres.

Le quorum de ces séances est de trois membres; toutes les questions sont décidées à la majorité simple, la voix du président étant prépondérante; toutes les décisions prises sont publiées sous le contrôle et au nom de la Section locale du travail, et signées par le président.

L'activité du comité est dirigée par la Section locale du travail.

Il entre dans les attributions du comité :

a) de fixer les règlements d'ordre intérieur de la bourse du travail ;

b) de rechercher les moyens de régulariser de façon rationnelle le marché du travail par l'entremise des organes compétents ;

c) d'élaborer les budgets et de répartir les crédits qu'ils comportent ;

d) de constituer des sections professionnelles au sein de la bourse ;

e) de confirmer les contrats conclus par le directeur de la bourse avec les employeurs et de fournir à ces derniers la main-d'œuvre par groupes ;

f) d'organiser pour les chômeurs des asiles, des cantines, des réfectoires et des clubs, des bibliothèques, des salles de lecture et autres institutions culturelles ;

g) d'approuver les comptes rendus de l'activité de la bourse ;

h) d'élaborer et de réaliser diverses mesures pour lutter contre le chômage, d'instituer des « artels », de collaborer à l'organisation de travaux publics ;

i) de prendre les mesures nécessaires pour lutter contre l'embauchage irrégulier ;

k) de résoudre toutes les questions en rapports avec l'activité de la bourse du travail.

D'après l'instruction du Commissariat du travail du 13 août 1923, les membres du comité délégués par les organes économiques et les syndicats ne doivent pas seulement défendre les intérêts respectifs des institutions ou des organisations qu'ils représentent, mais aussi, grâce à leurs connaissances et leur expérience des questions économiques et syndicales, assurer la meilleure réglementation possible du marché du travail, en tenant compte des conditions économiques locales.

Les membres du comité ont le droit de visiter la bourse du travail aux heures d'ouverture, de contrôler l'activité des fonctionnaires de la bourse, de prendre connaissance des affaires courantes et de faire les observations qu'ils jugent utiles ; toutefois, ils ne peuvent rapporter les décisions du secrétaire de la bourse, ni, sans s'être assurés au préalable du consentement de celui-ci, donner des ordres.

La Section locale du travail a le droit d'annuler une décision du comité ou d'en suspendre l'exécution ; le comité a le droit d'en appeler au Commissariat du travail des décisions de la Section ; toutefois, cet appel n'est pas suspensif.

Les sections professionnelles ont pour rôle de sélectionner de la façon la plus rationnelle, d'après leur spécialité, les chômeurs et de les envoyer au travail suivant les demandes transmises à la bourse.

Ces sections sont organisées :

1° lorsque le nombre de sans-travail d'une même profession dépasse 500 ;

2° lorsque, même si leur nombre est inférieur à 500, le classement professionnel des chômeurs d'après leur qualification est particulièrement difficile à déterminer, ou bien lorsque l'entreprise qui demande la main-d'œuvre a une importance spéciale pour l'économie nationale ou pour l'Etat ; c'est, en général, le comité de la bourse qui, d'accord avec les syndicats intéressés ou sur l'ordre du Commissariat du travail, décide l'organisation d'une section.

Les sections doivent toujours fonctionner dans les locaux de la bourse du travail ; il peut être dérogé à cette règle dans des cas expressément prévus par la loi (manque de place dans les locaux de la bourse, éloignement des quartiers ouvriers, etc.).

Les sections professionnelles ont pour fonctions :

a) d'enregistrer et de contrôler la présence des sans-travail appartenant au groupe de professions correspondant à cette section ;

b) d'examiner et de classer le sans-travail au point de vue de sa qualification professionnelle ;

c) de choisir pour l'envoi au travail des chômeurs dûment qualifiés pour l'emploi offert ;

d) de participer à l'activité de la bourse pour l'assistance aux chômeurs ;

e) de participer à la propagande culturelle parmi les chômeurs ;

f) de lutter contre l'embauchage irrégulier.

La section se compose d'un secrétaire, d'un certain nombre de commis et de collaborateurs techniques s'occupant de l'envoi au travail ; elle opère sous la direction immédiate du comité et doit conformer son activité aux règlements généraux de la bourse.

§ 6. — ACTION DES BOURSES DU TRAVAIL.

Les bourses du travail ne doivent pas se borner à une activité purement locale ; elles doivent au contraire se tenir en contact les unes avec les autres et se renseigner réciproquement sur les besoins et les disponibilités de leurs marchés du travail respectifs. Cette collaboration doit être réalisée par l'envoi de bulletins d'offre et de demande, centralisés à la Section du marché du travail du Commissariat avec laquelle, d'ailleurs, les bourses doivent se tenir en rapports constants. Outre les bulletins d'offre et de demande, les bourses doivent fournir régulièrement des rapports sur leur activité ; le Commissariat, de son côté, procède à des contrôles fréquents de l'activité des bourses en y déléguant des instructeurs.

Pour faciliter et rendre plus efficace l'action des bourses on organise des « bureaux de correspondance » locaux, suivant les besoins du moment ; cette liaison avec les masses ouvrières locales est complétée par une action du comité exécutif des Soviets de chaque district (organe politique).

Enfin, les bourses doivent être en relations avec les organes économiques d'une part, et les syndicats professionnels de l'autre ; ces relations sont d'ailleurs assurées par la représentation de ces organes dans les comités.

En tant qu'organes d'entremise pour l'offre et la demande de main-d'œuvre, elles ont les attributions suivantes :

Enregistrement.

Les sans-travail sont classés en deux groupes : *a*) les chômeurs proprement dits n'ayant aucune source de revenus ; *b*) les chômeurs ayant une occupation ou un revenu quelconque mais désireux de changer d'emploi.

Les chômeurs du premier groupe doivent, dans tous les cas, être enregistrés à la bourse par le comité chargé de cette fonction ; les personnes appartenant au deuxième groupe peuvent se faire enregistrer elles-mêmes ou donner les indications nécessaires sur la carte professionnelle qui leur aura été délivrée et qu'ils présenteront ensuite à la bourse.

Toutes les personnes en quête de travail peuvent se faire inscrire sur les registres de la bourse. Cette inscription ne peut leur être refusée, et elles ne peuvent être radiées des listes que s'il est établi, d'une façon quelconque, qu'en s'inscrivant elles ne cherchaient pas à obtenir un emploi, mais à profiter abusivement des facilités accordées aux chômeurs.

Les adolescents de moins de seize ans ne peuvent pas être enregistrés sans être munis d'un certificat des organes de la protection du travail les autorisant à prendre un emploi; il en est de même pour les invalides.

Les personnes embauchées sans passer par la bourse, mais enregistrées ultérieurement, reçoivent une carte spéciale spécifiant les conditions dans lesquelles elles ont été embauchées.

S'il n'est pas possible de déterminer par voie d'interrogation la qualification professionnelle du sans-travail, celui-ci est soumis à une expertise; si celle-ci n'établit pas qu'il possède une qualification quelconque et s'il n'a pas accompli de stages suffisants, il est inscrit comme manœuvre.

Pointage.

Les chômeurs se présentent au contrôle une fois par mois, à la date fixée par la bourse du travail. Ceux qui parviennent à se procurer un emploi ou un revenu quelconque doivent informer la bourse par écrit ou de vive voix, personnellement ou par intermédiaire, de leur désir de rester inscrits sur les registres.

Immédiatement après le contrôle, il est procédé à une vérification des listes des chômeurs des deux groupes. Les sans-travail qui ne se sont pas présentés aux jours fixés pour le contrôle, et les personnes en quête de travail qui n'ont pas fait parvenir l'avis mentionné plus haut sont rayées des listes.

Le chômeur qui se présente après sa radiation ne peut être reporté à son tour antérieur dans la liste des chômeurs que s'il fournit des motifs valables de son absence (maladie, service militaire, etc.). Si les raisons fournies ne sont pas suffisantes, le radié peut être réinscrit, mais en queue de liste. Cependant, s'il bénéficiait de facilités spéciales ou de secours de chômage, il peut être réinscrit à son tour précédent, mais, à titre d'amende, il est privé durant un mois des facilités et secours dont il bénéficiait antérieurement.

Demandes de main-d'œuvre.

Toutes les entreprises et institutions d'Etat, publiques et privées, ainsi que les employeurs particuliers ayant besoin de main-d'œuvre, en font la demande à la bourse du travail ou à son représentant local; les demandes doivent indiquer de façon détaillée les caractéristiques du travail et les conditions d'existence des travailleurs à embaucher; toutes les déclarations sont faites sous la responsabilité de l'employeur.

Elles doivent porter le nom de l'employeur et de la localité, indiquer le régime d'entreprise (d'Etat, publique ou privée), les caractéristiques principales de la qualification des travailleurs demandés, le salaire proposé (y compris le salaire en nature, s'il y a lieu) par mois, en comptant vingt-cinq jours ouvrables par mois (si le salaire doit être payé aux pièces, on doit en indiquer le montant approximatif), les conditions de logement (pour le travailleur seul ou le travailleur et sa famille), la date limite d'embauchage, les raisons de la demande et toutes autres indications utiles.

La bourse répond au fur et à mesure de l'arrivée des demandes. Si, trois jours après la réception de la demande, il est manifeste qu'elle ne pourra être satisfaite, la bourse doit en informer l'employeur en lui faisant connaître les causes qui empêchent de le satisfaire.

Dans ce cas l'employeur peut, d'accord avec la bourse, soit renouveler sa demande, soit embaucher de la main-d'œuvre dans une autre région, soit enfin embaucher directement, sans avoir recours à l'entremise de la bourse, les travailleurs dont il a besoin.

Envoi au travail.

Un arrêté du Commissariat du travail du 6 avril 1922 spécifie que les chômeurs ne peuvent être envoyés au travail qu'avec leur consentement; l'instruction n° 27 du Commissariat (13 août 1923) complète cet arrêté.

Un chômeur ne peut être envoyé au travail qu'en réponse à des offres transmises et vérifiées suivant la procédure légale; il ne peut l'être à un emploi : 1° où les conditions de travail et de salaires sont inférieures à celles fixées par la législation ou par le contrat collectif, s'il en existe; 2° où il y a présentement conflit entre l'employeur et les travailleurs.

Avant le mois d'août 1923, l'envoi au travail devait s'effectuer suivant les règles suivantes :

Le chômeur syndiqué avait la priorité sur le chômeur non syndiqué.

Un chômeur était fondé à refuser du travail dans les cas suivants : -

1° Si le travail, proposé pour plus de deux semaines, correspondait à une qualification inférieure ;

2° si, proposé pour une durée quelconque, il risquait de nuire aux capacités du chômeur ;

3° s'il était physiquement dangereux ;

4° dans certaines circonstances de caractère individuel ;

5° si le travail proposé devait être effectué dans une localité située en dehors du rayon urbain [10 verstes (11 kilomètres); d'après la circulaire du 13 août 1923 : 15 verstes.]

Si son refus était valable, le chômeur conservait ses droits : tour sur la liste, allocations, etc. S'il refusait sans raison valable, il perdait le droit aux allocations; un second refus lui faisait prendre place en queue de liste et, d'après la circulaire du 13 août 1923, il perdait aussi le droit aux allocations; au troisième refus, il était rayé des listes de chômage pour une période déterminée par la législation en vigueur.

Dans le cas où un chômeur était embauché pour deux mois au plus en vue d'effectuer un travail ne répondant pas à sa qualification, il gardait son tour sur la liste des chômeurs de sa spécialité.

Des règlements spéciaux s'appliquaient aux cas de refus opposé par l'employeur à l'acceptation du salarié envoyé par la bourse. Un refus d'embauchage n'était pas tenu pour valable si l'ouvrier, envoyé dans le délai fixé, était reconnu, par une commission médicale et une commission d'experts, apte à remplir l'emploi proposé; dans ce cas, l'employeur supportait tous les frais occasionnés par son refus.

S'il renvoyait le travailleur le jour de son arrivée, celui-ci avait droit à une journée de salaire correspondant à sa catégorie; si le renvoi n'avait lieu qu'au bout de plusieurs jours, le travailleur avait droit au salaire correspondant au nombre de journées perdues; de plus, s'il n'était pas embauché dans le rayon urbain, le travailleur avait droit au remboursement de ses frais de voyage et de ceux de sa famille, le cas échéant; dans tous les cas, si le salaire n'avait pas été déterminé exactement dans la demande, on prenait pour base les rémunérations locales pour la catégorie donnée.

Si l'employeur offrait au travailleur, à son arrivée, des conditions de travail inférieures à celles fixées dans la demande, le travailleur pouvait refuser l'emploi et avait droit à toutes les compensations précitées; enfin, si l'employeur refusait de payer les sommes dues, la bourse transmettait l'affaire à la commission des conflits.

Ces règlements sur l'envoi au travail et sur l'embauchage des ouvriers apparurent bientôt insuffisants. D'une part, ils étaient gênants pour les deux parties; d'autre part, ils étaient souvent transgressés dans la pratique. Il s'ensuivait des attaques violentes contre l'activité des bourses du travail.

§ 7. — DERNIÈRES RÉFORMES APPORTÉES A LA RÉGLEMENTATION DU MARCHÉ DU TRAVAIL

L'activité des bourses, telle qu'elle était fixée d'après les premiers décrets, conservait encore certains caractères dérivés de l'ancienne conception communiste de la réglementation du marché du travail : elle demeurait impuissante dans la lutte contre le chômage, désorganisait dangereusement le système de placement de la main-d'œuvre, contribuait à discréditer les bourses aux yeux des travailleurs et des directeurs d'entreprises, si bien que la question se posa de savoir si l'Etat ne devait pas abandonner le monopole du placement.

Depuis le début de l'année 1923, l'activité des bourses du travail est vivement critiquée dans la presse soviétique et par les diverses institutions. Voici les plus importantes de ces critiques[1] :

Les dirigeants des bourses ont une instruction très faible; les bourses sont très mal organisées, le nombre des chômeurs est très élevé : tout cela rend difficile un enregistrement régulier des entrées et des envois au travail, ainsi que le contrôle en général; les chômeurs se plaignent de plus en plus de la lenteur et du mauvais fonctionnement de ces organes.

Les demandes de travail étant beaucoup plus nombreuses que

---

[1] Voir A. ISSAEV : « Les bourses du travail dans les nouvelles conditions. » *Questions du travail*, n° 3, 1923. — ISSAEV : « Principes généraux de l'activité des bourses du travail. » *Ibid*, n°ˢ 5-6, 1923. — ZAVODOVSKY : « Attention aux bourses du travail. » *Ibid*, n°ˢ 7-8, 1923. — « L'activité du Commissariat du travail et la liaison avec la campagne. » *Ibid*, n° 9, 1923. — Voir aussi *Economitcheskaia Jizn*, 24 juillet 1923.

les places à pourvoir, le chômage devient chronique[1]. Les sans-travail doivent attendre en moyenne deux à quatre mois avant d'obtenir un emploi; cette longue attente provoque chez eux un vif mécontentement[2], beaucoup n'ayant pas obtenu satisfaction s'adressent directement aux entreprises industrielles.

Les entreprises, elles aussi, commencent à éviter de s'adresser aux bourses, d'abord parce que celles-ci sont très lentes à leur donner satisfaction, ensuite parce que la très grande majorité des chômeurs qu'elles enregistrent sont insuffisamment qualifiés.

Parmi les ouvriers industriels figurent beaucoup de travailleurs qui sont en possession de certificats indiquant des professions qu'ils ne peuvent exercer. Les chômeurs enregistrés ayant droit à diverses facilités, beaucoup de personnes réussissent à se faire inscrire presque sans avoir jamais travaillé dans les fabriques ou les usines; les bourses ne parviennent pas à s'y retrouver et souvent leurs dirigeants eux-mêmes commettent des abus.

Enfin, le chômage s'amplifiant, il se trouve parmi les sans-travail des amis, des parents, des connaissances de directeurs d'entreprises, ceux-ci cherchent à les embaucher sans passer par la bourse, ou bien, lorsqu'ils s'adressent à elle, ils indiquent souvent nominativement les travailleurs qui leur conviennent ; cette dernière méthode est du reste conforme aux intérêts des ouvriers qui ne réussissent pas à trouver du travail par l'entremise de l'organe officiel de placement. C'est ainsi que se développent les « demandes individuelles » de main-d'œuvre; à mesure que cette méthode se propage et démontre l'inutilité des bourses, les demandes adressées à celles-ci deviennent de moins en moins fréquentes[3].

A la fin de l'année 1922, le bureau du « Gosplan » (Commission des plans et projets de l'Etat) a adopté une résolution où il est dit entre autres[4] :

1° l'activité des bourses du travail n'est pas satisfaisante parce que leur entremise est obligatoire pour les employeurs et pour les sans-travail ;

2° il est indispensable d'abolir l'embauchage obligatoire par l'intermédiaire des bourses; il ne faut leur laisser que les fonctions d'un bureau de placement facultatif, d'autre part, il sera interdit de créer des bureaux privés de placement à côté des bourses.

Cette décision fut violemment critiquée par le Commissariat du

---

[1] Voir Annexe V.
[2] *Ibid.*
[3] *Ibid.*
[4] *Questions du travail*, n° 3, 1923, p. 29.

travail et les syndicats professionnels et une polémique s'engagea sur le fond de la question.

Le 13 avril 1923, le Conseil du travail et de la défense désigna une commission spéciale qui aboutit à proposer un compromis. Elle estima qu'il était nécessaire de maintenir le monopole de l'Etat dans les questions du placement, c'est-à-dire que l'embauchage ne devait s'effectuer, à son avis, que par l'entremise des bourses ; mais d'autre part, elle déclara indispensable d'accorder une liberté plus grande aux employeurs pour l'embauchage de la main-d'œuvre et ne crut pas devoir maintenir les règlements sévères qui existaient pour le placement des sans-travail.

Les travaux de cette commission servirent de base aux nouveaux règlements édictés par le Commissariat du travail, le 13 août 1923[1].

Les employeurs ont le droit de chercher eux-mêmes des travailleurs, d'une spécialité professionnelle déterminée, dans les registres des bourses du travail ; les comités des bourses peuvent leur permettre d'embaucher les ouvriers qu'ils auront désignés eux-mêmes, dans les cas suivants[2] :

1° lorsque l'employeur désire embaucher au moins dix ouvriers et employés, ou bien s'il a besoin de travailleurs de qualification supérieure (indépendamment du nombre de travailleurs demandés) ;

2° lorsqu'il demande de la main-d'œuvre à destination d'une autre région, indépendamment du nombre des travailleurs demandés ;

3° lorsque n'ayant pas obtenu la main-d'œuvre demandée dans le délai légal de trois jours, il demande à choisir lui-même les travailleurs dont il a besoin.

Dans ce dernier cas, il désigne les ouvriers qu'il veut embaucher ; dans les deux premiers, il fait des propositions de caractère consultatif ; la bourse choisit parmi les candidats indiqués par l'employeur et parmi les siens propres, les personnes qu'elle enverra au travail. L'employeur peut choisir ses travailleurs soit d'accord avec le représentant de la bourse, soit en participant à l'examen des sans-travail désignés pour l'emploi.

Il a été décidé de ne pas s'en tenir uniquement, pour le placement, à des raisons de politique syndicale ou au principe d'assistance sociale ; on a modifié le système qui consistait à envoyer au travail les chômeurs à tour de rôle, en accordant un droit de priorité aux syndiqués.

---

[1] Ordre du Conseil suprême de l'Economie nationale du 13 juillet 1923, et instruction du Commissariat du travail, n° 27, du 13 août 1923.

[2] Circulaire du Commissariat du travail, n° 82, du 20 septembre 1923.

L'envoi des chômeurs au travail doit se faire exclusivement en tenant compte de leur qualification, de la durée de leurs précédents services et de leur aptitude au travail, du consentement ou du refus du candidat auquel un travail est offert dans une branche donnée, enfin des demandes des entreprises. La préférence est accordée au chômeur qui par sa qualification, son stage antérieur et sa capacité de travail répond le mieux aux exigences de l'employeur.

Pour l'envoi au travail, l'époque de l'enregistrement et le tour du travailleur inscrit ne sont pris en considération que s'il y a plusieurs candidats au même emploi; dans ces cas l'ordre à suivre est le suivant :

a) si tous les candidats sont syndiqués, le candidat le plus ancien (d'après la date d'inscription) est envoyé en premier lieu, indépendamment du syndicat auquel il appartient ;

b) lorsqu'il y a des candidats syndiqués et des candidats non syndiqués, les premiers ont la préférence ;

c) lorsque, parmi les sans-travail inscrits, il n'y a pas de candidats aptes à l'emploi proposé, on en choisit un parmi les travailleurs inscrits à la bourse qui ont déjà une occupation, mais qui désirent en changer.

Les réformes apportées, pendant la seconde moitié de 1923, à l'organisation et au fonctionnement des bourses du travail, marquent un progrès sensible sur la situation de 1922, immédiatement après le rétablissement de ces organismes; néanmoins, les syndicats considèrent que leur activité est encore insuffisante, et de nouvelles critiques ont été formulées à cet égard au cours de la 3ᵉ assemblée plénière du Conseil central des syndicats, en septembre 1923. Un des principaux arguments invoqués contre la réglementation du marché du travail fut que plus de 50 pour cent des personnes inscrites dans les bourses ne sont pas des chômeurs ou n'appartiennent pas à la classe ouvrière.

Toutefois, pendant le deuxième semestre de 1922 et toute l'année 1923, les bourses ont effectué à plusieurs reprises un pointage des listes; celle de Moscou refuse d'inscrire les personnes venues d'ailleurs, mais cette mesure a provoqué la création d'une « bourse noire », c'est-à-dire d'un marché du travail illégal qui joue un rôle de plus en plus important[1].

---

[1] Voir les discussions sur la réglementation du travail à l'assemblée plénière du Conseil central des syndicats. *Troud*, 27-30 sept., 4 et 20 oct., 10 nov. 1923.

La presse syndicale estime que si l'on procède à des pointages continuels des chômeurs inscrits, on n'atteindra pas les résultats cherchés. D'une part, on n'a pas élaboré de règles fixes pour l'expertise, ni pour l'organisation des commissions chargées de vérifier les déclarations des chômeurs; d'autre part, étant donné le développement ininterrompu du chômage, les bourses ne sont pas en état de faire une distinction nette entre les chômeurs, suivant qu'ils appartiennent à la classe prolétarienne ou à une autre classe sociale.

En raison de la crise économique aiguë que traverse le pays, l'armée des sans-travail se recrute dans une large mesure non seulement parmi les ouvriers industriels, mais aussi parmi les fonctionnaires et employés soviétiques, ainsi que parmi les anciens membres de la petite et de la grande bourgeoisie, l'inscription sur le registre des bourses, aux dires du *Troud*, « n'est nullement volontaire, mais résulte de certaines circonstances objectives ». Certains syndicats insistent pour que les bourses ne s'occupent de procurer du travail qu'aux chômeurs appartenant indubitablement à la classe prolétarienne; par contre les représentants des organes économiques soulignent la nécessité de mettre au premier plan la qualification des travailleurs et de procéder à une sélection rationnelle de la main-d'œuvre; les *Khoziaïstvienniki* (nom générique des gens chargés de fonctions ayant trait à l'économie nationale) estiment qu'il faut abolir l'obligation de passer par les bourses pour embaucher la main-d'œuvre, bien que cette obligation ait déjà été tempérée par la disposition qui permet à l'employeur de ne faire enregistrer qu'ultérieurement les personnes qu'il embauche librement.

CHAPITRE VI

Assurance sociale[1].

Législation.

1. Code du travail (édition 1922), chapitre XVII, art. 175-192.

2. Loi fondamentale du 30 octobre 1918 sur la prévoyance sociale.

3. Décret du Conseil des commissaires du peuple du 30 octobre 1921 sur l'assistance aux chômeurs.

4. Décret du Conseil des commissaires du peuple du 15 novembre 1921 sur l'assurance sociale des salariés.

5. Arrêté du Conseil des commissaires du peuple du 5 décembre 1921 sur les allocations pour les obsèques des travailleurs.

6. Arrêté du Conseil des commissaires du peuple du 5 décembre 1921 sur les allocations complémentaires aux accouchées.

7. Arrêté du Conseil des commissaires du peuple du 9 décembre 1921 sur les allocations pour incapacité temporaire.

8. Arrêté du Conseil des commissaires du peuple du 9 décembre 1921 sur les allocations aux ayants droits en cas de décès du soutien de famille.

9. Arrêté du Conseil des commissaires du peuple du 19 décembre 1921 sur l'assurance-maladie.

10. Arrêté du Conseil des commissaires du peuple du 28 décembre 1921 sur les allocations de chômage.

11. Règlement du Commissariat de la prévoyance sociale du 2 janvier 1922 sur les fonds d'assurance sociale.

12. Arrêté du Conseil des commissaires du peuple du 2 janvier 1922 sur les tarifs de cotisation d'assurance sociale.

[1] Voir Annexe IV : « Assurances sociales. »

13. Arrêté du Conseil des commissaires du peuple du 12 janvier 1922 sur les cotisations pour allocations complémentaires.

14. Arrêté du Conseil des commissaires du peuple du 12 janvier 1922 sur les cotisations d'assurance-chômage.

15. Circulaire n° 19 du Commissariat de la prévoyance sociale du 31 janvier 1922 sur le montant des allocations.

16. Arrêté du Conseil des commissaires du peuple du 5 février 1922 sur les cotisations pour secours médicaux.

17. Décret du Conseil des commissaires du peuple du 31 août 1922 sur la réduction temporaire des cotisations d'assurance sociale.

18. Arrêté du Comité central exécutif et du Conseil des commissaires du peuple du 21 décembre 1922 sur le transfert des services d'assurance sociale au Commissariat du travail.

19. Arrêté du Commissariat de la prévoyance sociale du 21 décembre 1922 sur l'assurance-chômage des travailleurs intellectuels de qualification supérieure.

20. Arrêté du Commissariat de la prévoyance sociale du 21 décembre 1922 interdisant d'opérer des retenues sur le montant de toutes les allocations et pensions.

21. Arrêté du Commissariat de la prévoyance sociale du 21 décembre 1922 sur les allocations maxima en cas d'invalidité temporaire.

22. Arrêté du Commissariat de la prévoyance sociale du 21 décembre 1922 instituant l'assurance-chômage dans les transports.

23. Arrêté du Commissariat du travail du 17 février 1923 sur les allocations supplémentaires aux membres des familles des soldats de l'armée rouge et des marins de la flotte.

24. Arrêté du Commissariat du travail du 28 mars 1923 sur les secours de chômage aux travailleurs des postes, télégraphes et téléphones.

25. Décret du Conseil des commissaires du peuple du 3 avril 1923 concernant la responsabilité pour infractions aux lois sur l'assurance sociale.

26. Décret du Comité exécutif panrusse et du Conseil des commissaires du peuple du 12 avril 1923 sur le montant des cotisations pour l'assurance sociale.

27. Décret du Conseil des commissaires du peuple du 24 avril 1923 sur les fonds des allocations personnelles.

28. Arrêté du Comité central exécutif des Soviets et du Conseil des commissaires du peuple du 13 juin 1923 sur les rapports des Commissariats du travail et de la prévoyance sociale.

29. Circulaire du Commissariat du travail du 20 juin 1923 sur le versement fractionné des cotisations d'assurance sociale.

30. Circulaire du Commissariat du travail du 11 juillet 1923 sur le montant des allocations complémentaires.

31. Règlement du Commissariat du travail du 21 août 1923 sur les bureaux d'assurance et les fondés de pouvoir des caisses d'assurance.

§ 1. — L'ASSISTANCE DE L'ETAT A LA POPULATION

L'assurance sociale en Russie a passé par plusieurs stades de développement.

Immédiatement après la révolution d'octobre, le 30 octobre 1917, le gouvernement des Soviets déclara qu'il mettait à l'étude des décrets concernant l'assurance sociale générale en partant des principes suivants : 1° l'assurance sociale s'applique à tous les salariés sans exception, aux paysans pauvres et aux citadins nécessiteux ; 2° l'assurance s'étend à tous les cas d'incapacité de travail : maladie, invalidité, mutilation, vieillesse, couches, décès du chef de famille, et enfin chômage ; 3° tous les frais d'assurance doivent être supportés par les employeurs ; 4° en cas d'invalidité ou de chômage, les assurés reçoivent autant que possible des allocations équivalant à leur salaire normal ; 5° l'administration du système d'assurance sera confiée aux assurés eux-mêmes.

On envisageait donc au début une assistance de l'Etat aux travailleurs ; cette idée est encore à la base du statut général de l'assurance sociale des travailleurs publié un an après, le 31 octobre 1918.

D'après l'article 2 de ce statut, ont droit à l'assurance sociale toutes les personnes, sans exception, qui tirent leurs moyens d'existence de leur propre travail sans exploiter le travail d'autrui ; ces personnes bénéficient de l'assurance sociale, indépendamment du caractère et de la durée de leur travail et du genre d'entreprise où elles sont employées. Conformément à cette disposition, tous les paysans furent compris dans le groupe des assurés car, après la socialisation de la terre et la suppression du travail salarié, ils étaient censés cultiver eux-mêmes leur terre; les artisans et les travailleurs à domicile (*koustari*) bénéficièrent également de l'assurance sociale.

Le statut de 1918 avait pour trait caractéristique que les cotisations d'assurance devaient être versées par toutes les entreprises, institutions, exploitations et employeurs particuliers; les caisses de maladie qui existaient auparavant durent s'occuper dès lors de toutes les formes d'assurance sociale; c'est le Commissariat de la prévoyance sociale, après un long débat de compétence avec le Commissariat du travail, qui eut à diriger la mise en vigueur de ce système.

L'assurance des paysans, des artisans et des travailleurs à domicile ne fut pas réalisée dans la pratique, en raison de l'impossibilité de créer une organisation adéquate ou d'obtenir les versements nécessaires de ces groupes de la population, lesquels étaient dans leur ensemble hostiles à une assurance obligatoire par l'Etat.

Du reste, le passage au régime communiste rendit vite inutile l'assurance sociale, telle qu'elle était comprise par le statut du 31 octobre 1918.

La nationalisation de l'industrie, l'application du travail obligatoire, l'introduction d'un impôt en nature, obligatoire pour les paysans, le ravitaillement de la population par l'Etat et la lutte contre les éléments non prolétariens et « parasitaires », toutes ces causes contribuèrent à rendre l'assurance sociale théoriquement inutile et pratiquement irréalisable. Tous les citoyens valides, ainsi que nous l'avons indiqué au chapitre précédent, étaient redevables de leur travail à l'Etat; tous ceux qui, pour une raison ou une autre, ne pouvaient fournir de travail, n'en étaient pas moins entretenus par l'Etat : le chômage proprement dit n'existait pas, comme nous l'avons vu, car les ouvriers des entreprises cessant de fonctionner continuaient à être ravitaillés par l'Etat en restant à sa disposition; c'est l'Etat seul qui assurait les salariés à ses frais, de même qu'il payait un salaire aux ouvriers et employés travaillant dans ses entreprises et institutions. Le gouvernement allouait une partie des ressources du trésor, principalement en nature, pour le ravitaillement de la population; les personnes qui accomplissaient le service du travail obligatoire étaient rémunérées par lui; celles qui ne travaillaient pas, mais qui pouvaient invoquer des raisons jugées suffisantes, recevaient de lui des pensions ou des subsides. Les unes et les autres étaient donc, en somme, entretenues aux frais

de l'Etat ; il n'y avait pas d'assurance sociale à proprement parler :
il n'y avait en principe qu'une « assistance par l'Etat »[1].

Dans le chapitre II nous avons montré quelle fut l'influence du
système de ravitaillement par l'Etat (englobant l'assistance) sur
les conditions générales et sur la situation matérielle des travailleurs. L'assistance par l'Etat, et le paiement des salaires réglementés par le pouvoir central, dépendaient des systèmes de ravitaillement par l'Etat, c'est-à-dire des ressources matérielles dont
pouvait disposer le gouvernement, lesquelles dépendaient à leur
tour, d'une part, de la situation de l'industrie et des finances de
l'Etat, d'autre part du versement des contributions en nature, c'est-
à-dire de la situation de l'agriculture.

Jusqu'à l'adoption de la nouvelle politique économique, les conditions étaient telles que l'ouvrier ou employé pensionné, recevant
des subsides qu'il ne pouvait compléter que par des revenus illicites, se trouvait dans l'impossibilité de subvenir à ses besoins avec
l'allocation supérieure, égale au tarif maximum, et *a fortiori* avec
une allocation égale aux deux tiers du tarif minimum.

En même temps, les dépenses afférentes à l'assurance sociale,
que l'Etat devait supporter, devinrent excessives, surtout en raison
de la disparition des entreprises privées participant à ces frais.

D'après le Commissaire de la prévoyance sociale, « les anciennes
méthodes de l'assistance sociale se sont révélées tout à fait inadé-
quates. Le grand défaut de l'ancien système de prévoyance sociale,
c'est que l'on cherchait à trouver des formes entièrement adaptées
au communisme, tâche fort belle en soi, mais qui ne laisse aucun
espoir[2]. »

Les modifications apportées en 1921 par le gouvernement à sa
politique économique tendaient à parer à d'extrêmes difficultés
financières et économiques, à augmenter les ressources de l'Etat et
à comprimer les dépenses, enfin à améliorer la situation des paysans, ce qui entraîna la réorganisation du système de l'assistance
sociale sur des bases nouvelles.

La création d'entreprises privées, la gestion « à base commerciale » des entreprises de l'Etat, la suppression du travail obligatoire et la réduction progressive du ravitaillement par l'Etat, le

---

[1] Voir *Questions d'assistance sociale*, nᵒˢ 3, 5 et 6, 1921, et « Les résultats
et les perspectives de l'assurance sociale », rapport de MILIOUTINE, à la
Iʳᵉ Conférence panrusse de l'assurance sociale, en septembre 1922.

[2] MILIOUTINE : *L'organisation de l'entr'aide sociale*. Edité par le Commissariat de la prévoyance sociale. Moscou, 1921.

rétablissement du contrat d'embauchage libre, et des paiements
pour les services d'Etat et les services municipaux, la nécessité
impérieuse de restreindre les dépenses, cet ensemble de causes
amenèrent à abolir le système d'assistance sociale introduit par le
statut de 1918.

§ 2. — RÉTABLISSEMENT DE L'ASSURANCE SOCIALE

Nous venons de voir quelles raisons déterminèrent le changement radical de la politique suivie en matière de prévoyance
sociale. D'après Milioutine, les intérêts de l'Etat soviétique exi-
geaient que l'industrie fût affranchie de l'entretien, à ses frais,
d'éléments partiellement ou totalement inaptes au travail ; qu'il fût
pris des mesures efficaces afin que des travailleurs momentanément
incapables d'activité fussent aussi rapidement que possible récu-
pérés pour la production ; que l'on réglementât aussi l'aide à
apporter aux paysans et aux familles des militaires.

Or, étant données l'exiguité des ressources dont l'Etat pouvait
disposer pour la prévoyance sociale et les tendances du Commissariat chargé de ce service, lequel, par suite de ses embarras financiers et de son organisation défectueuse, suivait plutôt une politique de philanthropie, il était manifestement impossible d'atteindre le but qu'on se proposait. On avait, jusque-là, admis le principe que tous les groupes de la population sont absolument égaux
devant l'assurance sociale ; néanmoins, les intérêts des divers
groupes sociaux étaient trop différents pour qu'il fût possible de
pratiquer une politique identique envers tous. Il avait donc fallu
renoncer, par la force des choses, à étendre le principe de l'assurance aux paysans et aux artisans ; de plus, après le rétablissement
de l'initiative privée dans le domaine économique, il était apparu
à nouveau des « éléments non travailleurs » ; il fallait donc trouver
d'autres bases.

Telle qu'elle est pratiquée actuellement, la prévoyance sociale
comporte trois formes différentes.

1. L'assistance mutuelle des paysans, d'un caractère obligatoire,
mais fondée entièrement sur l'initiative des paysans eux-mêmes ;
l'Etat contrôle et surveille l'organisation du système mais n'apporte
d'aide que dans les cas de calamités naturelles ; cette aide est
d'ailleurs facultative. Le décret du 14 mai 1921 prescrit l'organisation de comités de village et de comités cantonaux de secours
mutuels, qui, élus par les paysans eux-mêmes, organisent et distri-

buent des secours en cas de mauvaises récoltes, d'incendies, de calamités sociales ou naturelles frappant des fermes, des villages ou des cantons entiers; ces secours proviennent d'impositions intérieures extraordinaires. Les comités sont également chargés de distribuer les fonds de secours en argent ou en nature alloués dans ce but par l'Etat et d'organiser l'aide sous forme de travail en mettant à la disposition des sinistrés, des membres de la communauté.

2. La deuxième forme de la prévoyance, c'est l'assurance sociale de tous les salariés.

3. La troisième comprend l'assistance par l'Etat, c'est-à-dire l'aide apportée par lui aux citoyens ne pouvant bénéficier de secours mutuels ou de l'assurance sociale. A cette troisième forme ressortissent les pensions aux invalides de la guerre, aux familles des citoyens servant dans l'armée rouge et des militaires tués ou disparus, les secours aux sinistrés en cas de calamités naturelles ou sociales, l'aide aux étudiants, etc.

Dans tous ces cas, sauf en ce qui concerne les pensions aux invalides et aux familles des militaires tués ou disparus, l'assistance par l'Etat dépend de la nature et de l'étendue du risque, ainsi que des fonds disponibles.

L'assistance obligatoire et les secours mutuels ne se sont pas notablement développés jusqu'à présent. L'Etat, il est vrai, distribue assez souvent des subsides et des allocations à divers groupements ou à certaines institutions, mais cette aide n'est pas systématiquement organisée et n'a pas de rapports directs avec les conditions du travail. Le pouvoir central russe a d'ailleurs toujours déployé ce genre d'activité, qui ne présente pas d'intérêt spécial pour l'étude de la politique ouvrière actuelle.

Nous nous bornerons donc à envisager la deuxième forme de la prévoyance : l'assurance des salariés.

§ 3. — PRINCIPES GÉNÉRAUX DE L'ASSURANCE SOCIALE.

Les bases de l'assurance sociale furent posées par le décret du Conseil des commissaires du peuple du 15 novembre 1921, qui détermina les diverses formes d'assurance et les catégories de bénéficiaires; il exemptait ces personnes de toute contribution à l'assurance, et confiait au Commissariat de la prévoyance sociale l'application du système.

Ce décret fondamental fut ensuite complété par ceux des 5, 8, 9, 12, 19 et 28 décembre 1921, 2 et 12 janvier, et 5 février 1922 [1]; ce n'est qu'après la publication de ce dernier décret que le Commissariat put passer à la réalisation pratique de l'assurance sociale; le travail d'organisation, commencé en février 1922, dura près d'un an. Les nouveaux décrets du gouvernement des Soviets tenaient compte de l'impossibilité d'appliquer un programme étendu et complet d'assurance sociale. « Essayer d'assurer entièrement l'existence des invalides et des chômeurs est une tâche impossible, tant que nous ne pouvons pas garantir des salaires adéquats aux travailleurs actifs », déclarait le Commissaire de la prévoyance sociale à la 1re Conférence panrusse de l'assurance, en septembre 1922 [2]. Il n'était garanti au travailleur malade ou souffrant d'une invalidité temporaire que le paiement du salaire qu'il avait au moment de la perte de sa capacité de travail.

L'assurance-chômage avait pour but d'aider avant tout les ouvriers qualifiés. L'assurance-invalidité n'était également maintenue que pour les ouvriers qualifiés des industries principales et pour les grands invalides. Par contre, la protection de la maternité et de l'enfance fut maintenue en entier, c'est-à-dire qu'on garantit aux assurées les secours nécessaires au moment de la naissance de l'enfant et des allocations spéciales pour la période d'allaitement.

Les différents décrets publiés durant l'année 1922 furent insérés dans le code du travail de 1922.

Les dispositions principales du code sont les suivantes :

Bénéficiaires.

L'assurance sociale s'étend à tous les salariés, qu'ils travaillent pour le compte d'entreprises, établissements ou exploitations d'Etat, publiques, coopératives, concédées, affermées, mixtes ou privées, ou pour le compte de personnes privées, et quels que soient le caractère et la durée du travail et le mode de payement (art. 175 du code du travail).

Mais, au début de 1923, il était clair que la situation critique des organes de l'assurance ne permettait pas d'appliquer le système

---

[1] Ces décrets sont exposés dans la brochure : *L'organisation de l'industrie et les conditions du travail dans la Russie des Soviets.*

[2] N.-A. MILIOUTINE : *Les résultats et les perspectives de l'assurance sociale.* Moscou, 1922.

de l'assurance à tous les travailleurs, sans considération du caractère et de la durée de leur travail. Il fallut donc réduire, dans
une certaine mesure, la portée de l'assurance.

Tous les travailleurs effectuant des travaux d'un caractère sai-
sonnier ou temporaire, et dont ces travaux ne sont pas l'unique
source de revenu, furent exclus de l'assurance sociale par
un arrêté du Commissariat du travail publié d'accord avec le
Conseil central des syndicats le 21 juin 1923, « étant donné qu'il
était impossible d'appliquer dans les conditions actuelles toutes
les dispositions de la législation en vigueur concernant l'assurance
sociale. »

Les circulaires des 15 juin, 16 août et 11 septembre 1923 disposaient que les ouvriers saisonniers de l'industrie du sucre, du bois,
de l'alcool, de la tourbe et certains employés des postes et télégraphes n'étaient plus admis aux bénéfices du régime ; les ouvriers
agricoles (saisonniers et journaliers) et les saisonniers de l'industrie du sucre, du bois, de l'alcool et des pêcheries ne devaient
bénéficier que d'une assurance restreinte.

Risques couverts par l'assurance sociale.

L'assurance sociale comprend : *a*) l'assurance médicale ; *b*) les
allocations en cas d'incapacité temporaire de travail (maladie,
accident, quarantaine, grossesse, couches, garde d'un membre de
la famille) ; *c*) les allocations complémentaires (allaitement, soins
spéciaux, funérailles) ; *d*) les allocations de chômage ; *e*) les
allocations d'invalidité ; *f*) les allocations aux ayants droit en
cas de mort ou de disparition du soutien de famille (art. 176 du
code du travail).

§ 4. — ALLOCATIONS ET COTISATIONS.

Incapacité temporaire.

Tous les assurés atteints d'une incapacité temporaire de travail
reçoivent, indépendamment de la cause de cette incapacité, des
allocations équivalant au salaire accordé au moment du paiement
de l'allocation au personnel de leur catégorie dans l'entreprise ou
l'exploitation à laquelle ils appartenaient ; cette allocation ne doit
en aucun cas être inférieure au salaire réel de l'assuré à la date
de la perte de la capacité de travail (art. 179 du code).

Les allocations pour incapacité de travail temporaire sont payées
à partir de la disparition de la capacité jusqu'au moment où l'inva-

lide l'a récupérée ou jusqu'à détermination de la situation d'invalidité (art. 180 du code).

Les allocations pour grossesse et couches sont payées aux assurées pendant toute la période de congé fixé par l'article 132 (et les remarques) du code du travail, édition 1922.

Les organes centraux de l'assurance sociale peuvent, en cas d'insuffisance des fonds, réduire momentanément les normes d'allocation pour incapacité temporaire (art. 179), sans que cette allocation puisse toutefois être inférieure aux deux tiers du salaire de la catégorie à laquelle appartient la victime.

A l'origine, conformément au décret du 22 avril 1923, était considéré comme salaire effectif avant la perte de la faculté de travail, le salaire entier reçu par le travailleur pendant la dernière période de travail et calculé en roubles soviétiques ; le décret du 31 mai 1923 a décidé que ce salaire devait être calculé en roubles réels, à cause de la dépréciation continuelle du rouble-papier ; actuellement, le salaire est calculé sur la base du rouble réel, et payé en roubles soviétiques au cours officiel fixé le Ier du mois pour lequel l'allocation est versée.

Dans les entreprises où l'exploitation est temporairement suspendue, l'allocation est calculée sur la base du salaire payé avant l'arrêt des travaux ; si la perte de la faculté de travail intervient pendant l'arrêt de l'entreprise, l'allocation est calculée d'après le salaire moyen de la catégorie de travailleurs à laquelle appartient l'assuré.

Si l'invalidité temporaire continue après la reprise des travaux, l'allocation correspond au salaire reçu par la catégorie correspondante de travailleurs.

Secours complémentaires.

En plus de l'allocation à fournir aux assurés et à leurs femmes en cas de naissance d'un enfant, il était accordé d'après le code : *a*) une allocation globale complémentaire pour les soins à fournir au nouveau-né, celle-ci étant équivalente au salaire mensuel moyen de la localité donnée ; *b*) une allocation d'allaitement équivalant au quart du même salaire moyen, et qui était versée mensuellement pendant les neuf mois consécutifs à la naissance de l'enfant (art. 183 du code).

Les allocations versées en cas de décès des assurés ou des membres de leur famille inaptes au travail et à leur charge, sont fixées d'après le coût moyen des funérailles civiles ; elles ne peuvent dépasser le montant du salaire mensuel dans la localité (art. 184).

Mais les raisons qui avaient déterminé la compression des groupes d'assurés obligèrent aussi le Commissariat du travail (arrêté du 11 juillet 1923) à abaisser les allocations complémentaires.

L'allocation pour les soins à donner au nouveau-né est fixée à 70 pour cent du coût du budget minimum pour un demi-mois (arrêté au 1ᵉʳ et au 15 de chaque mois); celle d'allaitement du nouveau-né est fixée à 18 pour cent; l'allocation pour frais d'enterrement à 70 pour cent du coût du budget minimum pour un demi-mois.

Etant donné que le salaire obtenu réellement par l'ouvrier est beaucoup plus élevé que le coût du budget minimum (comme nous l'avons dit au chapitre II), il est évident que ces nouveaux tarifs sont très sensiblement inférieurs à ceux que prévoit le code du travail.

Invalidité.

Le code du travail n'a pas fixé les allocations de l'assurance-invalidité; les règles et le système en devaient être établis par les organes compétents selon le caractère de l'invalidité, son degré, et la situation matérielle de l'invalide (art. 187 et 188 du code).

Le Conseil de la santé publique a fixé, le 18 juillet 1923, les catégories de personnes ayant droit à l'assurance, savoir :

1° les invalides du travail, ayant perdu leur faculté de travail par suite de mutilation, de maladie, professionnelle ou autre, ou de vieillesse ;

2° les invalides de guerre qui, ayant appartenu à l'armée rouge ou à l'armée impériale, ont perdu la faculté de travail ou ont contracté une maladie au front, au cours de leur service actif ;

3° les étudiants invalides ;

4° les personnes ayant rendu des services signalés dans le domaine politique, économique ou scientifique.

Les invalides du travail ont droit à l'assurance, indépendamment de la durée de leurs services, si leur invalidité est causée par une mutilation, maladie professionnelle ou toute autre maladie (art. 187 du code).

Ces différentes catégories de personnes ne bénéficient de l'assurance que si elles n'ont aucun moyen d'existence, ou source de revenu en dehors de l'allocation; au cas où leurs revenus ne seraient pas suffisants pour assurer leur existence, elles bénéficient également de l'assurance sociale si les allocations (pensions), ajoutées à leurs autres revenus ou moyens, ne dépassent pas le salaire moyen local fixé par la loi.

Les invalides de la guerre et du travail n'ont droit à aucune pension s'ils exercent un métier rémunérateur, un commerce ou une entreprise en employant de la main-d'œuvre salariée; cette disposition exclut les paysans, les artisans et les *koustari*.

Les invalides du premier groupe reçoivent des allocations égales au salaire moyen local, ceux du deuxième groupe aux deux tiers et ceux du troisième groupe à la moitié.

Tous les invalides pensionnés jouissent des tarifs réduits pour les loyers et les services communaux (électricité, canalisation, eau courante, gaz, tramway).

Des pensions renforcées sont payées en cas de perte totale de la capacité de travail :

a) aux personnes ayant bien mérité de la révolution, de la science, des arts, de la littérature, et qui ont fait faire un progrès quelconque à la civilisation générale; elles reçoivent une allocation égale au salaire local maximum (moyenne) ;

b) aux promoteurs du mouvement révolutionnaire ou syndical et aux personnes qui contribuent à affermir le pouvoir soviétique par leur action personnelle; leurs allocations ne peuvent dépasser le salaire moyen.

Mort ou disparition du chef (soutien) de famille.

En cas de mort ou de disparition établie d'un salarié, ont droit aux secours sociaux les membres suivants de la famille, lorsqu'ils ont des ressources insuffisantes et sont à la charge de l'assuré : *a*) les enfants mineurs, les frères et sœurs au-dessous de seize ans; *b*) les parents et le conjoint inaptes au travail; *c*) les membres précités qui, bien qu'aptes au travail, ont chez eux des enfants de moins de six ans; *d*) les familles des soldats de l'armée rouge ou des militaires de l'ancienne armée, tués ou disparus.

La famille reçoit un tiers du salaire moyen, si elle compte un inapte au travail, la moitié si elle en compte deux et les deux tiers si elle en compte plus de deux.

Les familles des personnes indiquées plus haut comme ayant droit à une pension renforcée reçoivent les deux tiers de la pension que recevait le défunt ou à laquelle il avait droit (arrêté du Soviet de Moscou du 18 juillet 1923).

Chômage.

Le code du travail avait arrêté les directives suivantes pour les allocations de chômage :

Ces allocations étaient fixées par les organes compétents d'après la qualification du chômeur et son stage comme salarié jusqu'à la date de la perte du salaire; elles ne pouvaient être inférieures au sixième du salaire moyen en vigueur dans la localité.

Les mineurs sans travail recevaient une allocation correspondant à leur qualification, indépendamment de la durée de leur stage comme salariés.

Le délai pendant lequel il était fourni des allocations de chômage d'après la qualification et le stage du chômeur était établi par les organes compétents; le délai maximum ne pouvait être inférieur à six mois (art. 185 et 186).

Une circulaire du Commissariat du travail, en date du 12 juin 1923[1], a modifié ces dispositions. Elle établit, d'accord avec le code du travail, les catégories de chômeurs ayant droit aux allocations : ce sont d'abord les ouvriers qualifiés et les travailleurs intellectuels spécialistes (ingénieurs, agronomes, pédagogues, médecins, etc.), sans considération de la durée de leurs services pourvu qu'ils se soient inscrits à la bourse du travail dans les quatre premières semaines de leur chômage; ces personnes ont droit à une allocation égale au tiers du coût du budget minimum; elles doivent s'inscrire à la bourse dans un délai de quinze jours à partir du moment où elles ont perdu leur emploi.

Tous les travailleurs adolescents ont également droit à une allocation égale au tiers du coût du budget minimum, sans considération du stage accompli; les militaires démobilisés ont droit à la même allocation que les ouvriers qualifiés; les allocations ne peuvent être payées qu'aux chômeurs ne possédant aucune source de revenu; elles ne sont accordées que pendant six mois.

Le chômeur perd son droit aux allocations et aux facilités dans les cas suivants :

a) lorsqu'il a été radié des listes des bourses du travail pour ne s'être pas présenté à la date fixée sans raisons suffisantes ;

b) lorsqu'il refuse, sans raison suffisante, d'accepter le travail proposé par la bourse ;

c) lorsqu'une enquête établit qu'il jouit de revenus ou de salaires plus ou moins réguliers.

---

[1] *Recueil des décrets*, juin 1923.

En plus des secours de chômage proprement dits, les chômeurs bénéficient de certaines facilités, à condition qu'ils se présentent aux convocations régulières. Voici quelques-unes de ces facilités : tarifs réduits ou gratuité pour les services communaux (gaz, électricité, eau, tramways, etc.); faculté de payer les loyers en fin de mois; exemption de l'impôt personnel et de la corvée après une période de chômage de deux semaines; délais de paiement pour les autres impôts; services médicaux gratuits, bains, etc.

§ 5. — Paiement et fixation des cotisations d'assurance.

Pour la mise en pratique de l'assurance sociale, il est établi un système de cotisations proportionnelles aux salaires; les taux en sont établis par des arrêtés spéciaux du Commissariat du travail, en tenant compte du degré d'insalubrité de l'entreprise et des dangers que comporte le travail; les fonds d'assurance sont strictement réservés au service de prévoyance des ouvriers et employés; ils ne doivent pas être employés à d'autres fins (art. 177 du code).

Les cotisations sont à la charge des entreprises, établissements et exploitations employant des salariés; elles ne doivent donner lieu ni à une imposition de l'assuré, ni à une retenue sur son salaire (art. 178 du code); aucune défalcation ou retenue (en faveur du syndicat, des affamés, etc.) ne peut être effectuée sur les allocations et pensions.

Le non-versement des cotisations par les entreprises, établissements et exploitations ou par les employeurs privés ne peut en aucun cas priver les salariés intéressés des allocations prévues (art. 191 du code).

Les sommes calculées d'après les tarifs établis doivent être versées par les entreprises à la caisse de la section locale des finances (organe local du Commissariat des finances) au compte du fonds d'assurance sociale, dans les sept premiers jours du mois qui suit la période à laquelle correspond le versement; en même temps qu'elles effectuent ce versement les entreprises doivent remettre à la caisse les ressources provenant d'amendes infligées aux ouvriers pour absences non motivées.

Une instruction du Commissariat de la prévoyance sociale indique que les tarifs de base sont établis par le Commissariat lui-même; des modifications peuvent être apportées au tarif : pour les entreprises comptant de cent à cinq cents ouvriers, par les sections départementales de la prévoyance sociale; pour les entreprises comptant plus de cinq cents ouvriers, par le Commissariat.

Le classement des entreprises suivant la fréquence du danger et l'insalubrité professionnelle est confié à l'inspecteur du travail du rayon où se trouve l'entreprise; une fois le classement effectué, le montant des cotisations globales à verser est établi comme suit :

1° pour les travailleurs permanents (c'est-à-dire ayant déjà été employés plus de douze jours dans l'entreprise), il est calculé en prenant la proportion fixée du *salaire moyen mensuel ;*

2° pour les travailleurs temporaires (ayant été occupés moins de douze jours), il est proportionnel au *salaire moyen journalier.*

Les listes de versements sont dressées tous les mois par l'administration de l'entreprise et revues par le comité d'entreprise.

Le code du travail, qui contient des règles détaillées concernant l'attribution des allocations, indique seulement que « les montants des contributions sont fixés par des arrêtés spéciaux », sans mentionner les arrêtés qui existaient déjà et dont l'application a rencontré les difficultés les plus grandes.

Au début, lorsque l'assurance sociale fut réorganisée sur des bases nouvelles, les proportions des versements étaient plus élevées que maintenant, bien que le Commissariat de la prévoyance sociale soutînt qu'elles avaient été calculées avec la plus grande prudence; mais il apparut que les institutions de l'Etat et les entreprises ravitaillées par lui n'étaient pas en état d'effectuer les versements prescrits. L'Etat s'efforçait, au début, de ne pas allouer de crédits spéciaux pour faciliter ces paiements; le résultat fut que les entreprises et institutions se trouvèrent chargées de dettes considérables. Les entreprises non ravitaillées par l'Etat et gérées « à base commerciale » ne s'acquittaient pas non plus de leurs contributions, mais opposaient une résistance passive, ainsi qu'il ressort du rapport du Commissariat pour 1922. Au 1ᵉʳ octobre, les versements en retard se montaient, pour dix-huit directions des transports fluviaux et ferroviaires, à 9.799.894 millions de roubles soviétiques; quatorze trusts d'Etat étaient en retard de 50 pour cent (soit 2.627.211 millions de roubles soviétiques), 272 organes de l'assurance (soit 67 pour cent de tous les bureaux) n'avaient perçu que 9.667.761 millions de roubles soviétiques, au lieu de 12.089.866 millions[1].

---

[1] *Bref aperçu sur le développement de l'assurance sociale en 1922.* Edité par le Commissariat de la prévoyance sociale, 1922. — Voir aussi A. B. : « La première année de l'assurance sociale dans la R. S. F. S. R. » *Questions d'assurance*, n° 1, janv. 1923. Voir Annexe VI.

Le Conseil des commissaires du peuple dut par suite allouer, le 10 août 1922, 10.000 milliards de roubles soviétiques pour couvrir les dettes des entreprises et institutions d'Etat, et un tarif réduit fut établi pour les versements à effectuer par ces établissements ; il ne devait rester en vigueur que jusqu'au 1er octobre 1922 ; au début de 1923, tous les tarifs furent soumis à une revision et, à partir du 1er mars 1923, un nouveau système entra en vigueur[1].

Voici la comparaison entre les premiers tarifs et les tarifs actuels des cotisations, selon la catégorie de risques ou d'insalubrité à laquelle appartient l'entreprise.

I. *Entreprises d'Etat non financées par l'Etat et entreprises privées ou publiques.*

(Cotisation en % du salaire)

Catégories	A		B		C		D		Total	
	Incapacité temporaire et formes complémentaires d'assurance		Invalidité permanente		Chômage		Secours médicaux		Total	
	Tarif de 1922	Tarif du 1er mars 1923	Tarif de 1922	Tarif du 1er mars 1923	Tarif de 1922	Tarif du 1er mars 1923	Tarif de 1922	Tarif du 1er mars 1923	Tarif de 1922	Tarif du 1er mars 1923
I	6	6	7	3,5	2,5	2	5,5	4,5	21	16
II	7	6,5	8	4,5	2,5	2	6	5	23,5	18
III	8	7	9	5	2,5	2	6,5	6	26	20
IV	9	8	10	5,5	2,5	2	7	6,5	28,5	22

II. *Institutions d'Etat et entreprises financées par l'Etat.*

(Cotisation en % du salaire)

Formes d'assurance	Institutions d'Etat		Transports et entreprises nationalisés, financés par l'Etat	
	Tarif de 1922	Tarif du 1er mars 1923	Tarif de 1922	Tarif du 1er mars 1923
a) Incapacité temporaire et les formes complémentaires d'assurance	5, 5	4, 5	8	6
b) Invalidité.	4	2, 5	6	3, 5
c) Chômage.	2, 5	2	2, 5	2
d) Secours médicaux . . .	2	3	4, 5	4, 5
TOTAL.	14	12	21	16

[1] Arrêté du Comité central exécutif des Soviets du 12 avril 1923.

Bien que l'Etat eût amorti lui-même une partie des dettes de ses entreprises et institutions, la crise ne s'atténua pas, et le montant des sommes dues et non versées aux organes de l'assurance ne cessa de s'accroître après le 1ᵉʳ octobre 1922 ; le 12 avril suivant, le Comité central exécutif décida que les sommes dues jusqu'au 1ᵉʳ janvier 1923 seraient annulées.

Cette mesure ne suffit pas encore à améliorer la situation financière de l'assurance sociale, car les versements ainsi réduits étaient encore trop élevés pour les entreprises et institutions de l'Etat, étant donné les difficultés financières générales du gouvernement. On établit donc des tarifs plus réduits encore pour certaines entreprises employant des ouvriers saisonniers ou ne travaillant pas de façon continue ; puis celles qui avaient été organisées pour lutter contre le chômage furent exemptées des versements à l'assurance (circulaire du Commissariat du travail, 16 mai 1923).

Furent en conséquence exemptées toutes les entreprises d'une localité où, pour des raisons d'ordre technique et économique, il n'existait pas de caisse d'assurance (décret du Conseil des commissaires du 17 juillet, instruction du Commissaire du travail du 21 août 1923) ; ces entreprises devaient payer aux ouvriers des allocations conformes aux dispositions légales.

Une autre disposition autorisa les entreprises à effectuer des versements fractionnés.

Enfin, le décret du Conseil des commissaires du 3 avril 1923 augmenta les pénalités pour irrégularités dans les versements :

1° En cas de retard, les cotisations à percevoir sont majorées de la différence entre le montant de la somme, calculée d'après le cours officiel du rouble-or le jour du paiement effectif, et la somme calculée en roubles-or au dernier terme légal du paiement.

2° En plus de la majoration, le retardataire est frappé d'une amende égale à 10 pour cent de la somme à percevoir pour le premier mois de retard et à 15 pour cent pour chaque mois suivant.

3° La perception des versements différés se fait par voie administrative, comme pour les impôts et les taxes en retard.

4° Les propriétaires ou représentants d'entreprises ou d'institutions, coupables de n'avoir pas fait les versements requis, de ne pas s'être fait enregistrer par les organes de l'assurance sociale, ou d'avoir donné des renseignements faux en connaissance de cause, sont poursuivis conformément aux dispositions du code pénal.

Toutes ces mesures n'ont pas apporté jusqu'à présent d'amélioration absolue au fonctionnement de l'assurance sociale ; comme précédemment, les versements sont irréguliers, les dettes des entreprises s'accumulent, les dépenses des organes de l'assurance dépassent parfois leurs recettes[1].

Du fait de leur situation économique et financière déplorable, les entreprises et les institutions d'Etat éprouvent de plus en plus de difficulté à remplir leurs obligations. Les représentants des organes économiques se plaignent (cf. chapitre II) que les contributions d'assurance augmentent sensiblement les dépenses afférentes à la main-d'œuvre, élèvent les prix de revient et les frais généraux de l'industrie, et sont l'une des causes de la forte hausse du prix des produits fabriqués, qui rend leur écoulement difficile et contribue à aggraver la situation de l'industrie.

§ 6. — LES FONDS DE L'ASSURANCE.

Les versements effectués à l'assurance sociale constituent les quatre fonds suivants :

A. — Fonds de l'incapacité temporaire, des couches et des formes complémentaires d'assurance.

B. — Fonds d'invalidité et de secours aux ayants droit en cas de mort ou de disparition.

C. — Fonds de chômage.

D. — Fonds de secours médicaux.

Leur ensemble constitue le fonds panrusse d'assurance sociale, qui est constitué :

1° par les versements des entreprises, établissements et exploitations pour les diverses formes d'assurance sociale ;

2° par l'apport des amendes infligées aux entreprises, établissements et exploitations pour l'inobservation des règlements d'assurance sociale ;

3° par l'apport des amendes infligées aux travailleurs pour absences non motivées ;

4° par des revenus divers.

Il existe aussi un fonds de réserve constitué de la façon suivante :

a) par une retenue de 10 pour cent sur les versements afférents aux fonds A, B et C ;

b) par les bonis de fin d'année sur les fonds A, B et C ;

------

[1] Voir Annexe VI

c) par les apports des diverses amendes ;

d) par les pensions et allocations non réclamées.

Il est spécifié que les fonds A, B et C ne peuvent être utilisés que pour leur destination stricte; néanmoins, des virements de l'un à l'autre peuvent être autorisés en cas de nécessité.

Cet arrêté est fort mal observé dans la pratique. Certains organes locaux de l'assurance font passer des sommes d'un fonds à l'autre, sans l'autorisation de l'administration centrale de l'assurance; ils donnent par exemple des subsides aux coopératives d'invalides pour l'organisation de maisons de repos ou à d'autres œuvres qui ne sont pas de leur ressort. Une circulaire du Commissariat du travail, en date du 28 août 1923, a de nouveau sévèrement interdit aux organes locaux d'effectuer ces opérations; mais le Commissariat a été lui-même obligé, étant donné l'irrégularité des versements et la situation différente dans laquelle se trouvent les divers fonds de l'assurance sociale, d'autoriser l'utilisation du fonds B (assurance-invalidité) pour le paiement des indemnités en cas d'incapacité temporaire de travail (circulaire du 16 juin 1923).

§ 7. — ADMINISTRATION.

Lorsque l'assurance sociale fut établie à la fin de 1921, la gestion en fut confiée au Commissariat de la prévoyance sociale, mais les secours médicaux continuèrent à être distribués par le Commissariat de la santé publique.

Puis, le Commissariat du travail ayant peu à peu été chargé de toutes les attributions relatives à la politique ouvrière, il fallut lui confier aussi l'administration de l'assurance sociale. C'est ce que décréta le Comité central exécutif le 21 décembre 1922, en lui transmettant tous les organes et tous les biens du Commissariat de la prévoyance sociale. L'accord conclu entre les deux Commissariats réserve à celui de la prévoyance l'assurance des invalides, d'après les accords conclus par les divers établissements d'invalides avec les organes de l'assurance. Les deux Commissariats doivent se mettre d'accord chaque fois que les organes de l'assurance sociale désirent organiser de nouveaux établissements (maisons d'invalides, écoles, maisons de retraite, etc.).

En outre il existe une commission spéciale, composée de représentants du Commissariat du travail, du Commissariat de la prévoyance sociale et du Commissariat de la santé publique, pour déterminer à quelle catégorie appartiennent les invalides, fixer le

montant des pensions et déterminer si le bénéficiaire est un invalide de guerre ou un invalide du travail[1].

Les organes suivants dirigent l'assurance sociale :

1° l'Administration centrale de l'assurance sociale ;

2° les administrations départementales de l'assurance sociale ;

3° les caisses d'assurance sociale ;

4° les bureaux d'assurance sociale et les fondés de pouvoirs des
caisses d'assurance.

L'Administration centrale de l'assurance sociale.

L'administration centrale de l'assurance sociale et ses organes
ne sont pas financés par l'Etat et doivent s'organiser, comme toutes
les entreprises d'Etat qui ne sont plus ravitaillées par celui-ci, sur
une « base commerciale ».

Organe du Commissariat du travail, elle dirige l'assurance
sociale d'Etat, rédige des instructions, règlements et circulaires,
et arrête le mode de perception des cotisations ainsi que le montant des allocations.

Le directeur de l'administration centrale de l'assurance sociale
est nommé par le commissaire du travail, d'accord avec le Conseil
central des syndicats ; cette administration centrale comprend, pour
surveiller et contrôler l'assurance sociale des travailleurs du transport, une section spéciale possédant des représentants dans les
diverses régions de la République.

Les administrations départementales de l'assurance sociale.

Pour appliquer l'assurance sociale dans les diverses localités à
l'administration centrale correspondent des sections départementales. Ces dernières : 1° dirigent et contrôlent l'activité des caisses
d'assurance dans le rayon d'un département, veillent à l'exécution
de tous les décrets concernant l'assurance et de toutes les décisions
des caisses régionales ; 2° enregistrent les caisses d'assurance d'un
département ; 3° décident s'il y a lieu de réunir plusieurs de ces
caisses ; 4° s'occupent directement de l'assurance-chômage et invalidité, et de l'assurance des ayants droit en cas de mort du chef
de famille ; 5° organisent la perception des cotisations et infligent
des amendes ; 6° gèrent les divers fonds de l'assurance sociale ;
7° règlent les conflits.

---

[1] Arrêté du Comité central exécutif et du Conseil des commissaires du
13 juin 1923.

Les caisses d'assurance sociale[1].

Les caisses d'assurance dont l'organisation repose sur le principe territorial, doivent avoir un rayon d'action de deux verstes (une verste = 1,07 kilomètre) au maximum et desservir au minimum deux mille assurés[2].

Chaque caisse est dirigée par un comité de trois à sept personnes élu pour six mois par la Conférence des assurés du rayon correspondant. Le président du comité, choisi par le comité lui-même, est confirmé par la section départementale de la prévoyance sociale, dont il est le fondé de pouvoirs dans le rayon où il répond de l'observation des règlements sur l'assurance sociale et des instructions de la section de district.

La Conférence des assurés du rayon comprend : a) des représentants des comités d'entreprises du rayon, proportionnellement au nombre des assurés dans chaque entreprise ; b) un représentant de chaque syndicat professionnel correspondant aux entreprises intéressées.

Dans les entreprises de transport, les caisses sont organisées de la même façon, mais leur rayon d'action est augmenté et porté en moyenne à 2.500 kilomètres pour les caisses régionales et à 250 kilomètres pour les caisses de ligne.

Les fonds des caisses d'assurance sont constitués par : a) les versements des entreprises, institutions et exploitations, pour l'invalidité temporaire et les formes complémentaires de l'assurance sociale ; b) des donations et d'autres revenus.

Fonctions des caisses. — Les caisses doivent : a) organiser l'assurance sociale en cas d'incapacité temporaire et les formes complémentaires d'assurance ; b) diriger l'action des comités d'entreprise en matière d'assurance sociale ; c) contrôler les versements des entreprises ; d) disposer directement des fonds d'assurance ; e) établir le contrôle des invalides et diriger l'activité des commissions médicales de contrôle ; f) contrôler les écritures et les certificats de maladie ; g) collaborer avec les organes de la prévoyance sociale pour l'organisation des établissements d'assurance sociale ; h) convoquer au moins deux fois par mois des conférences de rayon des assurés, etc.

---

[1] Voir Annexe VI.

[2] Le principe territorial ne vaut plus pour certaines caisses de travailleurs non sédentaires : transports, bâtiments, etc. Une circulaire du Commissariat de la prévoyance sociale (16 juin 1922) donne des règles spéciales pour les ouvriers des travaux publics.

Les bureaux d'assurance sociale et les fondés de pouvoirs des caisses d'assurance.

Pour appliquer l'assurance sociale dans les endroits éloignés et où le nombre des assurés n'est pas assez important pour permettre la création d'une caisse, on a établi des bureaux d'assurance ou délégué des fondés de pouvoirs[1].

Les bureaux sont créés dans les endroits (régions) ou entreprises comptant de 200 à 2.000 assurés; là où le nombre des assurés est compris entre 50 et 200, il n'y a qu'un fondé de pouvoirs.

Il n'est créé de bureaux ou nommé de fondés de pouvoirs que si la caisse la plus proche se trouve à cinq verstes (5,3 kilomètres) au moins.

Le président du bureau ou le fondé de pouvoirs sont nommés par le comité de la caisse d'assurance, d'accord avec l'organisation intersyndicale; le fondé de pouvoirs près d'une entreprise est nommé par la caisse d'assurance, d'accord avec le comité de l'entreprise.

Le bureau d'assurance a les mêmes attributions que les organes locaux de l'assurance sociale (invalidité temporaire, invalidité, chômage et assurance des ayants droit en cas de décès du chef de famille).

Les fondés de pouvoirs : *a*) contrôlent les documents, autorisent l'assuré à bénéficier des allocations, accordent des allocations aux invalides temporaires et permanents, aux femmes en couches, aux veuves, aux orphelins et aux chômeurs; *b*) veillent à ce que les versements soient opérés d'une façon régulière et complète.

---

[1] Arrêté du Commissaire du travail, du 21 août 1923.

CHAPITRE VII

Inspection du travail[1].

Législation.

1. Code du travail (1922), art. 31, 54, 138, 145-150.

2. Code du travail (1918), art. 127, 128, 131, 132.

3. Décret du 8 août 1918 sur l'inspection technique.

4. Instruction du 29 août 1918 aux agents de surveillance pour la technique de la sécurité.

5. Arrêté du Commissariat du travail du 17 mars 1919 sur l'inspection sanitaire.

6. Décret du 12 avril 1919 sur l'inspection extra-régionale.

7. Instruction du 6 février 1920 sur l'inspection technique.

8. Décret du 23 septembre 1921 sur l'inspection de l'enfance.

9. Règlement du 23 octobre 1921 sur l'inspection des enfants.

10. Arrêté du Comité central panrusse du 13 avril 1922 sur les rapports entre l'inspection du travail et les sections locales du travail.

11. Règlement du 10 juillet 1922 sur l'inspection des voies de communication.

12. Arrêté du Commissariat du travail du 7 août 1922 sur l'inspection sanitaire.

§ 1. — Attributions générales des inspecteurs du travail.

D'après le code du travail de 1922, il existe trois catégories d'inspecteurs du travail :

1° inspecteurs du travail proprement dits ;

2° inspecteurs techniques ;

3° inspecteurs sanitaires.

---

[1] Voir Annexe VII : « Inspection du travail. »

L'inspection du travail, quelle qu'en soit la forme, est du ressort du Commissariat du travail. Elle est chargée de veiller à l'exécution, par tous les établissements, entreprises, exploitations et individus, de toutes les dispositions du code, des décrets, instructions et dispositions, ainsi que des contrats collectifs dans les parties relatives aux conditions du travail (art. 146 du code).

Les attributions et les fonctions de tous les organes de l'inspection du travail sont déterminées de la façon suivante par le code du travail de 1922 :

« Pour effectuer les tâches indiquées à l'article 146, les organes de l'Inspection du travail :

« *a*) visitent à toute heure du jour et de la nuit toutes entreprises, établissements et exploitations de leur rayon et tous les lieux de travail, ainsi que les établissements annexes (logements, infirmeries, crèches, bains, etc.) ;

« *b*) demandent aux propriétaires et aux directeurs d'entreprises, d'établissements ou d'exploitation, les explications nécessaires, ainsi que tous les livres, documents et pièces indispensables ;

« *c*) donnent leur acquiescement à l'ouverture totale ou partielle d'entreprises ;

« *d*) donnent des instructions obligatoires pour les entreprises, les établissements et les exploitations dépendant de l'Etat, de services publics et privés, ainsi que pour les individus, en vue de faire disparaître les irrégularités constatées par eux et, en général, toute défectuosité en matière de protection du travail ;

« *e*) poursuivent en justice ou par voie administrative, pour toute inobservation des dispositions du code, des décrets, instructions, dispositions et autres actes du pouvoir des Soviets, ayant trait à la protection de la vie et de la santé des travailleurs (art. 148). »

Outre les mesures indiquées aux articles précédents, les organes de l'inspection du travail peuvent prendre, pour faire disparaître des conditions menaçant directement la vie et la santé des travailleurs, des mesures extraordinaires non prévues par des lois, instructions et arrêtés ou dispositions spéciales du Commissariat du travail et de ses organes locaux (art. 149).

Les inspecteurs sanitaires et techniques du Commissariat du travail sont chargés de veiller à l'application et à l'observation exacte des dispositions, règlements et arrêtés obligatoires concernant l'hygiène professionnelle, l'hygiène industrielle et la technique de la prévention des accidents (art. 150).

Nulle entreprise ne peut être ouverte, mise en marche ou transférée dans d'autres bâtiments, sans l'autorisation de l'inspection du travail et des organes de l'inspection de l'hygiène et de l'inspection technique (art. 138 du code).

L'organisation et les fonctions spéciales de l'inspection du travail diffèrent suivant les catégories d'inspecteurs.

§ 2. — Inspecteurs du travail ou inspecteurs élus

Les inspecteurs du travail sont élus pour un délai déterminé par les conseils intersyndicaux et confirmés par le Commissariat du travail (art. 147 du code).

Ils se guident, pour leur activité courante, sur les instructions de la Section locale du travail et de l'organe local intersyndical. Pour effectuer ses visites, l'inspecteur doit posséder une attestation officielle de la Section locale du travail qui lui donne le droit d'entrer de jour et de nuit dans tous les établissements et de se faire remettre tous les renseignements indispensables, registres, etc. Autant que possible, il se fait accompagner d'un membre du comité d'entreprise de l'établissement visité ou d'un représentant de la section de la protection du travail du syndicat local; lorsqu'il visite des entreprises importantes, il se fait accompagner le cas échéant d'inspecteurs techniques ou sanitaires.

L'inspecteur fait des visites ordinaires, des contre-visites et des visites extraordinaires. Avant d'inspecter un établissement, il se fait présenter : 1° le livre de visites où il consignera ses observations; 2° la « cartothèque » ou, à son défaut, la liste du personnel; 3° le registre des enfants et des jeunes gens; 4° le registre des heures supplémentaires; 5° les rapports quotidiens; 6° le registre des accidents; 7° le registre des chaudières. Puis il·vérifie si l'on a affiché le code du travail et les instructions spécialement applicables à l'établissement inspecté; il s'assure que les livrets de travail existent et sont régulièrement tenus.

Il se renseigne sur tout ce qui a trait à la vie et au bien-être des travailleurs, visite tous les bâtiments annexes, logements communs, bains, infirmerie, réfectoires coopératifs, théâtre, bibliothèque, crèche, etc. Il s'assure que les lois sur la durée du travail et le travail des femmes et des enfants sont observées, relève les infractions et détermine les motifs qui peuvent les justifier. Il note ensuite brièvement sur le cahier de visites les infractions relevées et les mesures ordonnées. A la contre-visite suivante, il s'assure que le nécessaire a été fait ; sinon, il défère les responsables à la justice et doit, au cours de l'action judiciaire, présenter un rapport sur l'affaire.

L'inspecteur peut, d'accord avec le comité d'entreprise, prendre des mesures extraordinaires allant jusqu'à la fermeture partielle ou même complète des établissements ; en dehors de ces visites, il doit aussi veiller à ce que les accidents du travail lui soient signalés sans délai ; il fait son enquête sur place et prend toutes les mesures nécessaires afin d'éviter la répétition d'accidents analogues ; en même temps il adresse un rapport à la section locale du travail.

Il établit un rapport après chaque visite en y mentionnant toutes les réclamations qui lui ont été soumises ; ces rapports sont classés par district ; il tient aussi un journal quotidien ; enfin il adresse des rapports mensuels et semestriels à la section régionale du travail et au Commissariat du travail. Il utilise le bureau et le cachet de la Section locale du travail ; tous ses actes importants doivent être approuvés par le chef de cette Section ; il ne peut prendre lui-même de décisions ; en cas d'infraction aux lois du travail, il doit en référer à la Section.

Une partie très importante et très intéressante de l'activité de l'inspecteur élu consiste à donner des consultations. Tout ouvrier ou patron peut se renseigner auprès de lui, à des heures fixes, qui doivent être affichées dans tous les établissements. L'inspecteur donne en moyenne trois séances de consultations par semaine qui portent presque toujours sur les mêmes points : exemption du travail obligatoire, heures supplémentaires et emploi des jeunes gens. Il ne se borne pas à renseigner les consultants ; il est aussi fréquemment appelé à se prononcer sur les points contestés.

L'inspecteur élu participe à la formation et à la direction des sections de protection du travail, de concert avec les organes syndicaux locaux et les comités d'entreprise. En outre, il fait des conférences et adresse des rapports sur son activité aux principaux organes syndicaux et intersyndicaux ; il fait participer à la protection du travail les « jeunesses communistes » et les « sections féminines du parti communiste » ; il s'efforce de répandre l'idée de protection du travail parmi les masses ouvrières et peut aussi suggérer des modifications à la législation existante ; il se tient en liaison avec les groupements économiques, les organes du ravitaillement, de l'instruction publique et de la prévoyance sociale, les sections du logement près les Soviets locaux, les institutions d'hygiène publique. En cas de conflits avec d'autres organes, il en réfère à l'organisation locale intersyndicale par l'intermédiaire de la section locale du travail, puis à l'instance suprême de l'organe intéressé, enfin au représentant départemental du Commissariat du travail ; jusqu'à ce qu'une décision finale soit intervenue, il ne peut suspendre l'exécution de mesures déjà prises.

Outre ces diverses fonctions, l'inspecteur en remplit deux autres très importantes :

1° il a le droit de réclamer la résiliation anticipée d'un contrat de travail conclu par un mineur, lorsque l'exécution ultérieure de ce contrat menace la santé du mineur ou risque de lui causer un préjudice (art. 31 du code du travail, 1922) ;

2° il confirme les règlements d'ordre intérieur dans toutes les entreprises et établissements d'Etat, publics et privés (art. 54 du code du travail).

§ 3. — INSPECTEURS NOMMÉS.

Le nouveau code du travail (1922) ne dit rien sur les attributions des inspecteurs nommés.

L'article 146, cité plus haut, parle de trois catégories d'inspecteurs ; l'article 147 a trait à l'élection des inspecteurs du travail proprement dits, mais le code ne mentionne nulle part de quelle manière doivent être organisées l'inspection technique et l'inspection sanitaire. Il faut donc en conclure que les lois établissant l'organisation de ces deux catégories d'inspection restent encore en vigueur.

Inspecteurs techniques.

L'inspection technique a été constituée par un décret du 8 août 1918, complété par une « instruction aux agents de surveillance pour la technique de la sécurité », parue le 24 août de la même année et dont les dispositions ont été reprises dans « l'instruction aux inspecteurs techniques », du 6 février 1920 [1].

L'inspection technique, de même que l'inspection sanitaire dont il sera question plus loin, diffère du système que nous venons d'étudier en ce que le principe de la simple élection confirmée par le Commissariat du travail est abandonné. C'est la section de la protection du travail du Commissariat du travail qui nomme direc-

---

[1] *Recueil des lois*, n°ˢ 40-41, 1920.

tement les inspecteurs sur une liste de candidats présentés par les organes syndicaux; le Commissariat peut aussi les congédier ou déplacer; il agit par l'intermédiaire de la section départementale compétente lorsque le déplacement a lieu à l'intérieur d'un département.

Aux termes de l'instruction du 6 février 1920, le rôle de ces fonctionnaires est « d'aider de leurs connaissances techniques et de leur expérience particulière les inspecteurs du travail (élus) et les sections de protection du travail ». Leurs attributions et fonctions sont donc sensiblement les mêmes que celles des inspecteurs élus; leur surveillance doit toutefois porter principalement sur certains côtés spéciaux de la protection, tels que : passage entre les machines, courroies de transmission, ventilation, vérification des chaudières, etc. De même que l'inspecteur élu, l'inspecteur technique fait un rapport mensuel et un rapport semestriel; il donne aussi des consultations qui doivent avoir lieu une fois par semaine au moins.

Il doit opérer des visites sur l'ordre de l'inspecteur élu et signaler à ce dernier les infractions qu'il a pu constater; en cas de danger immédiat, il peut donner des ordres, mais doit en référer immédiatement à l'inspecteur élu et à la Section locale du travail. En matière purement technique, ses décisions sont sans appel; seul l'inspecteur élu peut, s'il le juge nécessaire, adresser une réclamation à la section départementale du travail.

L'inspection sanitaire.

L'inspection sanitaire a été constituée par arrêté du Commissariat du travail en date du 17 mars 1919[1]. Les fonctions des inspecteurs sont définies par l'instruction du 15 janvier 1920[2]; elles se répartissent en trois catégories : étude des conditions sanitaires, mesures pratiques pour les améliorer, contrôle de l'observation des lois. De même que les inspecteurs techniques, les inspecteurs sanitaires dépendent directement du Commissariat du travail, et l'activité pratique des deux corps d'inspection est soumise à des règles analogues.

Nous possédons peu de renseignements sur la répartition des inspecteurs sanitaires et sur leur activité. Voici à ce sujet une déclaration qui date de la fin de 1919 :

« Nous n'en sommes encore qu'à constituer réellement l'inspec-

---

[1] *Recueil des lois*, n° 15, 1919.
[2] *Ibid*, n°ˢ 40-41, 1920.

tion sanitaire des entreprises et des conditions du travail en général. Dans bien des départements, nous avons dû, à titre de compromis, organiser une liaison permanente avec les organisations
de la santé publique ou même avec certains médecins des sections
locales de la santé publique. Ceux-ci remplissent les fonctions
d'inspecteurs sanitaires, en travaillant en contact étroit dans ce
domaine avec l'inspection du travail et en se soumettant directement aux sections locales de la protection du travail[1]. »

§ 4. — L'INSPECTION EXTRA-RÉGIONALE

A la fin de 1919 le code du travail distinguait deux sortes
d'inspecteurs élus ou nommés : les inspecteurs régionaux et les
inspecteurs extra-régionaux. Deux années d'expérience avaient
montré, en effet, que les inspecteurs du travail élus manquaient
fréquemment des connaissances techniques indispensables et
devaient être assistés par les inspecteurs techniques et sanitaires,
d'autre part que l'application brutale du principe « territorial »
pour l'élection et le travail des inspecteurs se heurtait à des difficultés considérables. Déjà, à la fin du premier semestre, on se
rendait compte que la formule consistant à « étendre l'inspection
à toutes les formes du travail » n'était pas mise en vigueur. Voici
une déclaration faite à l'époque sur ce sujet[2] :

« La plupart des inspecteurs, presque tous prolétaires de la
grande industrie, se bornaient à inspecter les fabriques et usines...
Toutes les petites entreprises industrielles du type semi-familial...
restaient en dehors de la surveillance du Commissariat du peuple
au travail, de même que les branches où les travailleurs sont
réunis en groupes minimes ou dans lesquelles les lieux de travail
ne sont pas concentrés mais échelonnés, par exemple les chemins
de fer, les transports par eau, les travaux des ponts et chaussées
ou les travaux spéciaux comme les travaux agricoles, etc. Aussi
a-t-il été nécessaire d'organiser une inspection extra-régionale. »

Celle-ci fut constituée par une loi d'avril 1919.

L'inspection extra-régionale ne diffère de l'inspection régionale

---

[1] S. KAPLOUNE : *La protection du travail en deux ans de la révolution
prolétarienne*. Moscou, 1920, p. 5.

[2] *Id. :* « La protection du travail. » *Bulletin du Commissariat du travail*,
1919, n° 10, p. 13.

que par la répartition administrative ; ses fonctionnaires élus sont désignés par le syndicat professionnel intéressé.

Les syndicats suivants avaient déjà constitué un corps d'inspecteurs en 1919 : chemins de fer, transports par eau, postes et télégraphes, bâtiment, employés de commerce. En outre, on préparait alors l'inspection agricole. Le compte rendu du Conseil central panrusse des syndicats professionnels pour 1919 cite également la constitution d'un corps d'inspecteurs extra-régionaux par les syndicats du bâtiment et des travaux publics, des chemins de fer, des mariniers, des employés des administrations soviétiques des postes et télégraphes, et des hôteliers restaurateurs[1].

En 1922, il a été décidé que tout syndicat pourra entretenir à ses frais des inspecteurs extra-régionaux, s'il estime que les inspecteurs régionaux ne suffisent pas.

Comme exemple de l'organisation actuelle d'une inspection extra-régionale, on peut citer celle des voies de communication par terre et par eau, instituée par le règlement du 10 juillet 1922. Le cadre des inspecteurs comprend des inspecteurs élus, des inspecteurs techniques et des inspecteurs sanitaires: à leur tête est placé l'inspecteur principal des communications, dont l'autorité s'étend à toute la Russie. Un deuxième échelon est constitué par les inspecteurs de cercles (cercles de Sibérie, d'Ukraine, du Turkestan, du Sud-Ouest et du Nord-Ouest) et par les inspecteurs des lignes de chemins de fer, tous élus par les organes correspondants du syndicat professionnel des chemins de fer et confirmés par le Commissariat du travail. Un troisième échelon comprend les sous-inspecteurs qui visitent une certaine étendue de lignes, et qui sont élus par la conférence des employés de la portion de ligne intéressée.

Ce personnel dépend du Commissariat du travail ; l'inspecteur principal dépend de la section de protection du travail du Commissariat ; les inspecteurs de régions ou de lignes dépendent des sections locales du travail. Ils utilisent pour leurs écritures les bureaux syndicaux.

§ 5. — L'Inspection du travail des enfants.

Il rentre dans le rôle des inspecteurs élus de surveiller le travail des enfants, soit dans l'industrie, soit d'une façon générale. A la suite d'une proposition datant de 1919, un corps d'inspecteurs auxi-

---

[1] *Compte rendu du Conseil central panrusse des syndicats professionnels pour 1919*, pp. 221, 243, 253, 279, 282 et 348.

liaires du travail des enfants fut constitué au début de 1920 par un décret du Commissariat de la prévoyance sociale; les inspecteurs sont désignés par les groupements de « jeunesses communistes » organisés par entreprise ou par syndicat, puis élus par les conseils intersyndicaux locaux et confirmés par la section locale du travail.

Depuis 1921, l'inspection du travail des enfants a été quelque peu modifiée. Le règlement du 23 septembre 1921 l'a rattachée au Commissariat de l'instruction publique; les inspecteurs et inspectrices portent le nom de « frères et sœurs du secours social » et ont pour mission de lutter « contre l'exploitation et le mauvais traitement des enfants dans les entreprises de toutes catégories et dans les familles ».

CHAPITRE VIII

Les syndicats professionnels[1].

Législation.

I. Code du travail 1922, partie XV : « des syndicats professionnels (de production) d'ouvriers et d'employés et de leurs organes dans les entreprises, établissements et exploitations » (art. 151-167).

Les articles du code du travail de 1922 sont les seules dispositions législatives du gouvernement central qui réglementent les droits et l'organisation des syndicats professionnels.

II. A côté des actes législatifs du gouvernement, toutes les décisions du Conseil central et des Congrès panrusses des syndicats professionnels ont force de loi.

Le dernier (V⁰) Congrès panrusse des syndicats a eu lieu au mois de septembre 1922.

Les dernières réunions du Conseil central panrusse des syndicats professionnels sont : la deuxième assemblée plénière (février 1922) du Conseil nommé par le IV⁰ Congrès, les deuxième (décembre 1922), troisième (avril 1923) et quatrième (septembre 1923) assemblées plénières du Conseil nommé par le V⁰ Congrès.

En outre, il faut citer les textes suivants :

1. Résolution du Comité central du parti communiste du 28 décembre 1921.

2. Arrêté du Comité central exécutif panrusse et du Conseil des commissaires du peuple du 16 avril 1922 sur le transfert des attributions de l'Etat en matière de protection du travail, du Conseil central panrusse des syndicats au Commissariat du travail.

3. Circulaire du Conseil central des syndicats du 8 mai 1922 sur les relations du Conseil central des syndicats et du Commissariat du travail.

---

[1] Voir Annexe VIII : « Mouvement syndical. »

4. Circulaire du Conseil central des syndicats et du Conseil suprême de l'économie nationale sur le rôle des syndicats (mai 1921).

5. Circulaire du Conseil suprême de l'économie nationale et du Conseil central des syndicats du 24 mars 1923 sur les rapports des organes économiques de l'Etat avec les syndicats professionnels.

§ 1. — Le rôle des syndicats professionnels.

Sous le régime communiste, les syndicats professionnels faisaient partie intégrante de l'Etat. En tant qu'organes gouvernementaux, ils participaient à la vie économique du pays, comme nous l'avons vu dans les chapitres précédents; c'est à eux surtout qu'incombait la direction de toutes les entreprises nationalisées, l'organisation pratique du travail obligatoire, et la détermination des conditions du travail imposées par l'Etat[1].

« En théorie, après la révolution de novembre, dit l'auteur de l'étude la plus récente sur le mouvement syndical en Russie[2], les syndicats professionnels étaient destinés à grouper le prolétariat en une organisation unique qui, sous la direction du parti communiste, devait exercer la dictature de la classe ouvrière. En tant qu'organisation des masses prolétariennes dans un Etat où prédominaient la petite bourgeoisie et la classe paysanne, les syndicats devaient constituer le fondement principal de l'économie communiste. »

L'opinion unanime des dirigeants syndicalistes, en 1920 et 1921, était que la situation réelle des syndicats ne répondait nullement à ces buts, qu'ils « se heurtaient forcément aux exigences de masses arriérées incapables de s'élever à une conception large des besoins de l'Etat, et devaient user, non seulement de persuasion, mais aussi de contrainte à l'égard des groupes arriérés de la classe ouvrière »[3].

De ce fait, il n'y avait pas contact étroit et suivi entre les masses et les syndicats, car les ouvriers considéraient ceux-ci comme des organes d'Etat agissant à l'encontre des intérêts de la classe prolétarienne.

Vers la fin de 1921, tout en comptant un nombre très élevé d'adhérents, les syndicats traversaient une grave période de déca-

---

[1] Voir les chapitres I, II, IV et V.
[2] F. SÉNIOUCHKINE : *Les comités d'entreprise en Russie.* Moscou, 1923.
[3] *Ibid.*

dence. Ils ne devaient leur existence qu'au ferme soutien de l'Etat et du parti communiste et à l'enrôlement forcé de tous les travailleurs. Avec l'introduction de la nouvelle politique, ils ne s'adaptèrent pas immédiatement à la situation nouvelle, d'abord parce que cette politique était considérée au début comme tout à fait provisoire, ensuite parce qu'on hésitait devant une transformation des syndicats que l'on savait devoir être très radicale, de crainte que la nouvelle politique ne fût pas définitivement confirmée.

Le IV⁰ Congrès panrusse des syndicats professionnels, qui siégea en mai 1921, c'est-à-dire au début même de la nouvelle politique, ne s'était nullement rendu compte de l'importance des changements survenus et ne prit aucune décision nouvelle dans le domaine syndical.

Les conditions nouvelles avaient néanmoins profondément modifié les bases mêmes du régime soviétique ; la gestion à « base commerciale » et selon les principes capitalistes des entreprises d'Etat ne permettait pas de laisser leur exploitation aux syndicats professionnels ; le contrat d'embauchage étant libre, les conditions du travail ne pouvaient pas être réglées par des décisions unilatérales des syndicats ; elles devaient l'être par des contrats collectifs librement conclus ; les conflits devenaient possibles et même inévitables entre employeurs et salariés ; le chômage augmentait, il se créait des entreprises privées de toutes catégories pour lesquelles il fallait instituer de nouvelles méthodes de protection du travail. Par suite, les fonctions des organisations professionnelles de salariés se modifiaient complètement ; elles se trouvaient en face de tâches nouvelles qui les ramenaient à la situation de 1918. « Les syndicats professionnels durent, d'après le Commissaire du travail, modifier la nature de leur action et s'occuper particulièrement de protéger les intérêts de leurs membres »[1].

Cette modification de l'activité syndicale fut admise pour la première fois à la conférence du comité central du parti communiste russe (28 décembre 1921), qui donna au mouvement une autre orientation, conforme à la nouvelle politique.

La conférence plénière du Conseil central panrusse des syndicats, qui eut lieu en février 1922, adopta ces résolutions dans leur ensemble, mais en les approfondissant et en les complétant.

Le V⁰ Congrès panrusse des syndicats (septembre 1922) se trou-

---

[1] Compte rendu sténographique du V⁰ Congrès panrusse des syndicats professionnels. Moscou, 1922, p. 82.

vait en présence d'une nouvelle politique expérimentée depuis déjà près de dix-huit mois; il dut admettre la nécessité de modifier la politique syndicale, conformément à la situation nouvelle, désormais fermement établie; à partir de ce moment, le mouvement syndical traversa une phase tout autre que pendant la période de politique communiste. Les directives données par le V° Congrès peuvent se résumer ainsi :

Afin de devenir de nouveau une organisation des masses, les syndicats ont dû abandonner le recrutement obligatoire, c'est-à-dire l'inscription en quelque sorte automatique, sur les registres syndicaux, de tous les travailleurs d'une entreprise considérée en bloc, et introduire le principe du recrutement libre et individuel. Le syndicat « doit défendre ses intérêts (de travailleur) contre le capitalisme renaissant et contre ceux des organes économiques de l'Etat qui iraient trop loin dans l'application du principe de la « gestion à base commerciale », ne tiendraient pas compte des possibilités réelles de satisfaction des ouvriers et manifesteraient une incompréhension des buts principaux de l'Etat soviétique [1]. »

Le principe de l'unipersonnalité de direction étant appliqué à la gestion des entreprises afin de permettre aux organes économiques de faire preuve d'initiative sous leur propre et stricte responsabilité, les syndicats n'avaient plus à s'immiscer directement dans la production, ni même à participer sur un pied d'égalité à la nomination des directeurs d'entreprises. Il fallait aussi donner une plus grande autonomie aux organes supérieurs qui dirigeaient la vie économique de l'Etat.

En ce qui concerne les conflits entre employeurs et salariés, les nouvelles directives prescrivaient de veiller à ce qu'il n'y eut pas de grèves dans les entreprises d'Etat et à ce que les conflits, en général, fussent tranchés autant que possible de façon amiable en sauvegardant au mieux les intérêts des ouvriers.

Comme le gouvernement avait reconnu l'importance des spécialistes au point de vue de la reprise de l'activité économique, les syndicats se décidèrent à témoigner à leur égard une plus grande bienveillance. Comme il fallait offrir à ces spécialistes des conditions de travail plus favorables, les syndicats se trouvèrent amenés à modifier leur politique des salaires.

La suppression de l'assistance sociale par l'Etat et la réorganisation du système de l'assurance sociale les obligeaient également à modifier leur action dans ce domaine.

---

[1] SENIOUCHKINE : *Op. cit.*, p. 28.

L'introduction de la nouvelle politique tendit d'abord à affaiblir les syndicats ; le système de l'adhésion individuelle et libre amena une réduction de 50 pour cent dans leurs effectifs. En même temps diminuaient ou même disparaissaient de nombreuses ressources dont les syndicats disposaient auparavant et leur situation financière s'en trouva très ébranlée. D'autre part, les organes économiques d'Etat, étant, eux aussi, en pleine crise financière et ne pouvant remplir leurs obligations envers les syndicats, cherchaient par tous les moyens à s'affranchir de ces obligations ; dans ce domaine, la lutte était continuelle mais l'avantage restait généralement aux syndicats. Devant ces difficultés, et pour tenir compte des modifications survenues dans la politique générale, ceux-ci durent refondre leur organisation intérieure et licencier une partie de leurs fonctionnaires, qui étaient devenus inutiles et grevaient inutilement leurs budgets[1].

Les syndicats avaient d'abord pensé que l'une de leurs tâches principales serait de faire une propagande éducative parmi leurs membres ; mais bientôt leur situation financière ne leur permit plus de poursuivre ce travail d'une façon aussi active qu'auparavant, si bien qu'ils transférèrent au Commissariat de l'instruction publique toutes leurs institutions culturelles ; ainsi, dans ce domaine encore, leur activité se trouva notablement réduite.

L'évolution qui s'est opérée en 1922 et 1923 dans cette activité a conduit les syndicats à défendre de plus en plus exclusivement les intérêts matériels des ouvriers, non seulement devant les entrepreneurs privés, mais aussi devant les organes économiques d'Etat, souvent même (par exemple, dans la question des salaires, des contrats collectifs, de la réglementation du marché du travail) devant l'Etat lui-même.

Nous exposons ci-dessous l'organisation et le rôle des syndicats professionnels à la fin de 1923.

§ 2. — Situation légale.

Le nouveau code du travail établit les bases légales suivantes pour l'existence et l'activité des syndicats professionnels.

Le code entend par *syndicat professionnel* une « association de citoyens travaillant moyennant salaire dans les entreprises, établissements et exploitations de l'Etat, publics ou privés, ayant pour but d'agir vis-à-vis des différents organes en tant que partie dans

---

[1] Voir Annexe VIII.

les différents accords et contrats conclus au nom des salariés, et de représenter ces derniers dans toutes les questions de travail et de bien-être » (art. 151 du code).

Les syndicats professionnels sont considérés comme personnes juridiques et ont le droit : *a*) d'acquérir des biens et d'en disposer ; *b*) de conclure tous contrats, actes, etc., sur la base de la législation en vigueur (art. 154).

Le code de 1922 établit en règle générale que les syndicats professionnels ne sont pas enregistrés par les organismes de l'Etat ; leur organisation peut être établie d'après les principes déterminés par les congrès compétents des syndicats ; ils sont enregistrés dans les organisations intersyndicales qui les réunissent d'après les règles fixées par les congrès panrusses des syndicats professionnels (art. 152 du code).

En même temps, le code prescrit que, pour jouir des privilèges qui lui sont accordés, le syndicat professionnel doit suivre les règlements du mouvement syndical panrusse.

Nulle fédération, si elle n'est enregistrée dans les organes intersyndicaux, conformément aux règles ci-dessus indiquées, ne peut prendre le nom de syndicat professionnel ni s'approprier les droits de ce dernier (art. 153).

D'après la constitution de la République socialiste fédérative des Soviets de Russie de 1918 (art. 16[1]) et l'article 155 du code du travail, l'Etat doit encourager l'activité des organisations syndicales et intersyndicales.

Tous les organes de l'Etat doivent, conformément à l'article 16 de la constitution de la République socialiste fédérative des Soviets de Russie, accorder aux syndicats professionnels (de production) et à leurs fédérations, toute sorte d'assistance, en leur fournissant des locaux agencés pour installer des palais du travail, des maisons de syndicats, et en leur accordant des privilèges pour l'usage de la poste, du télégraphe, des téléphones, des voies de communication par fer et par eau, etc. (art. 155 du code).

Toute infraction aux règles établies dans· le chapitre XV du

---

[1] L'article 16 est conçu sous une forme vague : « Afin d'assurer aux travailleurs de la République socialiste fédérative des Soviets de Russie la liberté effective d'association, la République socialiste fédérative des Soviets de Russie, après avoir détruit la puissance économique et nationale de la classe possédante et, de ce fait, éliminé les obstacles qui empêchaient jusque-là dans la société bourgeoise les ouvriers et paysans de se réunir et de s'organiser librement, aide ceux-ci matériellement et de toutes manières a se grouper et à se réunir. »

code : « des syndicats professionnels (de production), des ouvriers
et employés et de leurs organes dans les entreprises, établissements et exploitations », est punie conformément à l'article 134
du code criminel de la République socialiste fédérative des Soviets
de Russie » [1].

§ 3. — Relations entre l'administration de l'entreprise
et les syndicats professionnels.

Le nouveau code du travail contient une disposition des plus
importantes pour le rôle qui revient aux syndicats professionnels
dans le système économique général de la République des Soviets.
Son article 156 dispose que l'organe primaire du syndicat est le
comité d'entreprise, c'est-à-dire le comité des ouvriers et employés
ou, à défaut, un délégué du syndicat muni de pleins pouvoirs.

Les relations obligatoires entre les syndicats professionnels et
les entreprises sont assurées par l'intermédiaire du comité d'entreprise, dont les membres, c'est-à-dire les représentants du syndicat,
sont exemptés de leur travail pour pouvoir remplir leur tâche dans
le comité conformément aux règles suivantes (art. 159) :

Dans les entreprises, établissements ou exploitations où il y a :

Moins de 300 hommes, on exempte du travail un homme au maximum.
— de 300 à 1.000 hommes, on en exempte deux au maximum.
— de 1.000 à 5.000 hommes, on en exempte trois au maximum.
Plus de 5.000 hommes, on en exempte cinq au maximum pour la journée
entière.

Les membres du comité ne peuvent être congédiés, sous réserve
de l'observation des règles générales sur la résiliation ou le non-
renouvellement des contrats de travail, qu'avec le consentement du
syndicat professionnel compétent (art. 160).

L'administration des entreprises, établissements ou exploitations
ne peut mettre obstacle à l'activité des comités et des organes syndicaux qui les élisent (assemblée générale et assemblée de délégués).

Le comité d'entreprise est entretenu aux frais de l'administration; ses membres sont payés comme pour un travail productif;

---

[1] L'obstruction à l'activité légale des comités d'entreprise (comités locaux),
des syndicats professionnels ou de leurs délégués, ou le fait d'apporter des
entraves à l'exercice de leurs droits seront punis d'un emprisonnement de
six mois au moins et d'une amende ou de la confiscation des biens.

ceux d'entre eux qui ont à effectuer des travaux constants au comité conservent en même temps leur salaire et leur qualification sans que ce salaire puisse être inférieur au tarif ordinaire; ils sont assurés qu'à l'expiration de leur mandat ils retrouveront le même emploi dans l'entreprise, établissement ou exploitation, sur la base du contrat de travail en vigueur jusqu'à leur élection et des modifications qui ont pu être apportées entre temps à ce contrat (art. 160).

Les fonds nécessaires à l'entretien du comité d'entreprise sont fournis par l'administration de l'entreprise, établissement ou exploitation, d'après un budget approuvé par le syndicat professionnel compétent : le montant de ces fonds ne peut dépasser 2 pour cent du salaire global des ouvriers et employés (art. 162).

L'administration d'une entreprise, établissement ou exploitation, est tenue de fournir gratuitement au comité le local nécessaire, y compris les moyens d'éclairage et de chauffage et toute l'installation pour le travail, tant du comité que des assemblées générales et des assemblées de délégués; le comité doit avoir libre accès dans ce local pour s'occuper des affaires qui le concernent (art. 165). Enfin, l'administration n'a pas à contrôler l'emploi des sommes versées par elle pour le travail du comité d'entreprise; ce sont les organes syndicaux qui sont chargés de ce contrôle.

Le comité dépense les sommes indiquées à l'article 162 conformément aux règles générales élaborées par le syndicat professionnel correspondant et ne peut les détourner des fins auxquelles elles sont affectées (art. 163).

Les syndicats professionnels (de production) peuvent exiger de l'administration d'une entreprise, établissement ou exploitation, le versement à la date prescrite des fonds nécessaires à l'entretien du comité; ils peuvent également exercer un contrôle sur les entrées et sorties desdits fonds (article 164).

Le nouveau code contient une disposition d'après laquelle aucun comité autre que celui prévu par l'article 156, et qui doit être approuvé par le syndicat correspondant, ne pourra représenter légalement les ouvriers dans les entreprises, institutions et organes économiques (art. 157). Ainsi donc, il n'admet pas les relations directes entre l'administration de l'entreprise, institution ou organe économique, avec les ouvriers pris individuellement; il n'admet que celles établies entre l'administration et le syndicat, considéré comme unique représentant légal des intérêts des travailleurs; en outre, ces relations entre l'administration de l'entreprise, institution ou organe économique, et le syndicat (représenté par le comité d'entreprise) ne sont pas fixées d'un libre accord, mais doivent être conformes aux lois dont nous venons d'indiquer les dispositions.

§ 4. — FONCTIONS DES SYNDICATS PROFESSIONNELS DANS LE DOMAINE DE LA PROTECTION DES TRAVAILLEURS.

Le nouveau code du travail définit dans son article 151 deux catégories de fonctions des syndicats professionnels. Ce sont :

1° la représentation des ouvriers, en tant que l'une des parties contractantes, lors de la définition des conditions, découlant du contrat d'embauchage (contrat collectif ou individuel) ;

2° la protection des intérêts des travailleurs, en tant qu'organes administratifs et de contrôle destinés à veiller à cette protection et à l'observation des conditions du travail prévues par la loi.

Représentation des ouvriers.

Les fonctions des syndicats professionnels sont les suivantes :

1° conclusion des contrats collectifs, en leur qualité d'organisme représentant les ouvriers (art. 15 du code) ;

2° élection des inspecteurs du travail (art. 147 du code) ;

3° représentation des travailleurs dans l'entreprise, par l'entremise du comité d'entreprise (comité des ouvriers et des employés), ou d'un délégué fondé de pouvoirs remplaçant ce comité, qui est l'organe primaire du syndicat professionnel (art. 156).

Le comité d'entreprise, représentant le syndicat professionnel, a pour tâche :

a) de représenter et de défendre les intérêts des ouvriers et employés devant l'administration de l'entreprise, établissement ou exploitation, en ce qui concerne les conditions de travail et du bien-être ;

b) de représenter les travailleurs devant les organismes gouvernementaux et publics ;

c) de collaborer à la marche normale de la production dans les entreprises de l'Etat et de participer, par l'intermédiaire des syndicats professionnels (de production), à la réglementation et à l'organisation de l'économie nationale.

Les syndicats professionnels représentent les ouvriers[1] :

-----

[1] Voir chapitre IV : « Les méthodes de conciliation des conflits. »

a) devant les tribunaux du peuple (séances extraordinaires; ils désignent un ou **deux** membres du tribunal ;

b) devant la chambre de conciliation ;

c) lors de l'organisation ou de la nomination d'un tribunal d'arbitrage ;

d) lors de l'application d'une décision du tribunal.

Le contrôle de l'application des lois du travail.

Au point de vue du contrôle de l'observation des lois ouvrières, les syndicats professionnels remplissent les fonctions suivantes :

1. Ils décident, d'accord avec le Commissariat du travail, l'ordre d'envoi des chômeurs au travail (art. 7 du code).

2. Ils établissent la durée de validité du contrat collectif (art. 18).

3. Ils ont qualité pour prononcer la rupture des contrats de travaii (art. 49).

4. Ils collaborent à l'établissement des règlements intérieurs (art. 53).

5. Ils établissent, d'accord avec l'administration de l'entreprise ou institution, les règles relatives à la production (art. 56).

6. Ils déterminent la rétribution du travail, lorsque le salaire n'est pas fixé par accord (art. 75).

7. Ils doivent prendre une sanction en cas de refus d'accorder un congé à un travailleur (art. 91).

8. Ils participent à l'établissement des catégories de travailleurs pour lesquels il pourra être autorisé une dérogation à la journée de huit heures (art. 94).

9. Ils doivent donner leur approbation à tous travaux supplémentaires dans les cas indiqués par la loi, et autoriser les heures supplémentaires en sus du total fixé par la loi (art. 104 et 106).

10. Ils participent à la fixation du jour de repos hebdomadaire, des jours fériés de l'année, et à la désignation des entreprises où le travail doit se poursuivre sans interruption, même les jours de repos et les jours fériés (art. 109 et 112).

11. Ils collaborent à la fixation du stage des apprentis et à la détermination du nombre d'apprentis admis dans les entreprises (art. 122 et 123).

12. Ils aident à établir la liste des travaux insalubres et particulièrement durs, des fardeaux à transporter (art. 129).

13. Ils doivent autoriser les dérogations aux règles concernant le travail de nuit des femmes (art. 126).

14. Ils prennent part à l'élaboration des instructions données aux inspecteurs du travail relativement à l'embauchage des enfants (art. 136).

15. Ils collaborent à la fixation du nombre minimum des ouvriers qui doivent être employés dans les diverses branches de l'industrie (art. 137).

16. Ils participent à la promulgation de l'interdiction des travaux de nuit (art. 144).

17. Ils visitent tous les ateliers, installations, laboratoires, etc., en envoyant des membres du comité d'entreprise ou des délégués fondés de pouvoirs remplaçant ces membres, dans chaque entreprise, institution ou exploitation (art. 166).

18. Enfin, à côté de ces fonctions générales, exercées par les divers syndicats professionnels, ou leurs unions, ou bien de préférence par le Conseil central des syndicats, et qui visent toutes les entreprises et institutions du pays, les syndicats professionnels exercent dans chaque entreprise (institution ou exploitation), un certain nombre de fonctions par l'entremise des comités d'entreprise :

a) ils veillent à l'observation stricte, par l'administration des entreprises, établissements ou exploitations, des règles légales fixées pour la protection du travail, l'assurance sociale, le paiement des salaires, l'hygiène et la technique de sécurité, la prévention des accidents, etc., et collaborent avec les organismes d'Etat chargés de la protection du travail ;

b) prennent des mesures pour relever le niveau intellectuel et la situation matérielle des ouvriers et employés.

§ 5. — ORGANISATION SYNDICALE.

Adhésion aux syndicats.

Sauf les exceptions indiquées ci-dessous, tout travailleur peut faire partie d'un syndicat. Depuis le Congrès de 1922, « le principe de l'adhésion volontaire individuelle est reconnu comme le meilleur », sans être toutefois strictement inscrit dans les statuts syndicaux. C'est ainsi qu'en février 1922 le Conseil central panrusse des syndicats a décidé que « l'adhésion aux syndicats peut se faire soit individuellement, soit collectivement. L'adhésion collective doit être ainsi comprise : l'assemblée générale des travailleurs d'une entreprise donnée peut, à la majorité absolue, exiger l'adhésion de tous les travailleurs. Les personnes qui ne veulent pas se soumettre à cette décision ou qui se retirent volontairement du syndicat doivent être remplacées par des « syndiqués chômeurs ».

L'article 156 (remarque I) du code du travail 1922 dispose que le mode d'élection au comité d'entreprise est déterminé par le syndicat professionnel compétent. D'après les résolutions des derniers congrès et des conférences syndicales il ne peut être élu au comité d'entreprise que des syndiqués.

La résolution du V⁰ Congrès panrusse des syndicats professionnels dit à ce sujet :

« Considérant que le comité d'entreprise reste comme auparavant la cellule primaire du syndicat professionnel, il est nécessaire d'établir que tous les ouvriers et employés d'une entreprise ou d'un établissement donnés ont le droit d'élire le comité d'entreprise, mais que seuls les syndiqués peuvent être élus. »

Il y a quelques exceptions à ce droit général d'adhésion aux syndicats. Ne peuvent être syndiqués :

a) les travailleurs à domicile (*koustari*) ;

b) les membres des *artels*, des communes de travailleurs et des associations de travail ;

c) les propriétaires ainsi que leurs fermiers ou gérants[1] ;

d) le personnel administratif des entreprises privées qui jouissent du droit d'embauchage et de congédiement ;

e) les anciens serviteurs actifs du régime tsariste.

Principes fondamentaux de l'organisation[2]

Ce qui caractérise le syndicat professionnel russe, c'est qu'il a pour base non pas la profession mais l'industrie. Le syndicat des métallurgistes comprend aussi bien le puddleur que l'emballeur chargé de l'expédition des objets finis.

Ce principe a été formulé sous une forme simple en 1919, au II⁰ Congrès panrusse des syndicats professionnels : « *une entreprise - un syndicat* ».[3]

D'après les résolutions du V⁰ Congrès, « *un syndicat doit réunir les ouvriers permanents et employés d'une branche économique et des établissements qui desservent la production* ».

---

[1] L'adhésion du personnel administratif technique des établissements mixtes et du personnel ayant part aux bénéfices n'est pas encore déterminée.

[2] Voir Annexe VIII.

[3] On a toujours tenté de substituer à la dénomination « syndicat professionnel » celle de syndicat de production ; les deux termes sont employés conjointement dans le code du travail de 1922.

Le personnel qui ne dessert pas directement la production mais les producteurs, de même que les travailleurs temporaires, ne font pas partie du syndicat.

D'après le « principe de production », il a été constitué un nombre restreint de syndicats professionnels (vingt-deux actuellement, sur lesquels on trouvera des détails en annexe).

Un second caractère du mouvement syndical russe est *l'exclusivité. Il ne peut y avoir deux syndicats reconnus dans une même branche de production, ni, par conséquent, dans une même entreprise.*

Système de l'organisation syndicale.

I. *Organisation verticale.*

L'organe *primaire* d'un syndicat professionnel est le *comité d'entreprise,* dont nous avons parlé plus haut.

L'organe *secondaire* est la *sous-section syndicale,* dont la direction est élue par la conférence des comités d'entreprise du syndicat correspondant au territoire de la sous-section; dans quelques cas cette section se confond avec le district.

L'organe *tertiaire* est la *section,* dont la direction est élue à la conférence des organes syndicaux du territoire correspondant à la section; dans la plupart des cas cette section correspond au département.

L'organe *supérieur* est le comité central du syndicat professionnel élu au Congrès panrusse (annuel) du syndicat en question.

2. *Organisation horizontale.*

Tous les syndicats professionnels panrusses font partie de la Fédération intersyndicale, dont l'organe suprême est le Congrès panrusse des syndicats professionnels, représenté dans l'intervalle des sessions par le Conseil central panrusse des syndicats professionnels, élu au Congrès panrusse.

Dans chaque *département* il existe un *conseil départemental intersyndical,* qui dirige l'activité des organisations syndicales sur le territoire du département.

Dans chaque *district* il existe un *bureau intersyndical de district*[1], qui dirige l'activité des organisations syndicales dans ce district; dans bien des cas, par raison d'économie, ce « bureau » se confond avec l'organe local du syndicat le plus important.

---

[1] En plus de ces organisations, il existe, dans certaines régions, des organes directs du Conseil central panrusse des syndicats professionnels.

Les organes intersyndicaux doivent veiller à ce que les organes syndicaux de leur ressort suivent les directives des organes supérieurs; ils peuvent, si les circonstances locales l'exigent, arrêter l'exécution des ordres donnés par les organes supérieurs en le signalant au Conseil central panrusse des syndicats professionnels et au Conseil central du syndicat intéressé.

Ressources des syndicats [1].

Les ressources syndicales doivent, depuis février 1922, provenir uniquement des cotisations des membres; les syndicats ne peuvent recourir à des opérations commerciales; les cotisations sont reçues par le comité d'entreprise, autant que possible au moyen de versements individuels.

La cotisation normale est égale à 2 pour cent du salaire, quelle que soit la forme de celui-ci; le droit d'entrée est égal au salaire d'une demi-journée de travail.

Des versements extraordinaires ne peuvent être effectués que sur décision du comité central, approuvée par le Conseil central des syndicats.

Toutes les cotisations vont à la section syndicale, qui répartit les fonds ainsi reçus en versant 10 pour cent au conseil intersyndical départemental, et de 5 à 25 pour cent au Comité central du syndicat.

Les comités centraux à leur tour versent 5 pour cent de leurs rentrées au Conseil central panrusse des syndicats professionnels.

---

[1] Voir Annexe VIII.

CONCLUSION

L'étude que nous venons de faire de la législation et de la politique sociale du gouvernement soviétique montre quelles importantes modifications se sont produites dans les conditions du travail et la situation matérielle de la classe ouvrière en Russie.

La législation du travail a été non seulement modifiée mais transformée. Le nouveau code du travail part de principes qui diffèrent complètement de ceux qui étaient à la base de l'ancienne législation du travail : le travail obligatoire est supprimé, en tant que règle générale; l'embauchage et le congédiement ont été déclarés libres; les conditions du travail sont déterminées par une libre entente entre les parties; la main-d'œuvre fait donc de nouveau l'objet d'un commerce et sa valeur est déterminée librement par la loi de l'offre et de la demande.

La nouvelle politique économique a exercé une grande influence sur les conditions matérielles de la vie des travailleurs. Le pouvoir central se borne actuellement à fixer les salaires minima en laissant aux parties le soin de déterminer la rémunération du travail. Comme on peut le voir d'après l'annexe II, le salaire minimum fixé par l'Etat n'est qu'un point de départ pour le paiement des salaires effectifs. La moyenne de ces derniers dépasse toujours de deux ou trois fois les taux établis par l'Etat, taux qui sont du reste inférieurs au coût de la vie. Il en est résulté très rapidement l'abandon du système des fonds de salaires fixés d'avance par l'Etat, qui ne correspondaient plus aux besoins réels des entreprises d'après les contrats collectifs en vigueur. Cette libre détermination des salaires par voie de contrats collectifs a beaucoup contribué au relèvement des salaires. Au cours de 1922, la valeur moyenne des salaires a augmenté de une fois et demie à deux fois. Cette hausse de la valeur réelle des salaires a sensiblement varié d'après les diverses branches de l'industrie ; elle a été, ainsi qu'il résulte des données de l'annexe II, beaucoup plus considérable dans l'industrie légère, qui produit des objets d'usage courant, que dans l'industrie lourde.

Cette divergence provient du fait que la situation financière et commerciale n'était pas la même dans les diverses branches. La grande industrie subsiste presque exclusivement pour effectuer les commandes passées par l'Etat et grâce aux subsides alloués par ce dernier tant par voie budgétaire que par voie bancaire. Il y a fort peu de relations entre la grande industrie et le marché intérieur ; aussi les capitaux de roulement dont dispose cette industrie sont-ils insuffisants. En 1922, peu après que l'industrie nationalisée eût été réorganisée sur une « base commerciale » et à mesure que le ravitaillement par l'Etat subissait une réduction graduelle, la situation financière de cette industrie empira considérablement et d'autant plus que les ressources financières de l'Etat se trouvaient, elles aussi, très réduites. Les fonds de roulement étant insuffisants et ne pouvant être renouvelés assez vite par suite de la difficulté d'écouler les produits sur le marché, ces industries nationalisées ne pouvaient aisément relever les salaires de leurs ouvriers.

Par contre, les branches d'industrie qui produisaient des objets de première nécessité et d'usage courant (industrie légère) avaient été non seulement réorganisées sur une « base commerciale », mais l'Etat avait cessé entièrement de les ravitailler et de les financer. L'activité de ces branches était entièrement liée au marché libre et, comme les produits qu'elles fabriquaient étaient d'un écoulement plus facile, elles disposaient de fonds de roulement plus considérables et plus vite renouvelés. Ceci explique que la hausse des salaires y ait été plus rapide et plus considérable.

Ces divergences dans la hausse des salaires suscitèrent les récriminations des syndicats professionnels, qui s'efforcèrent, à partir du début de 1923, d'accord avec le gouvernement soviétique, d'obtenir un nivellement des salaires. Afin d'améliorer la situation de l'industrie nationalisée, l'Etat lui alloua en 1923 des fonds beaucoup plus considérables qu'en 1922. Les commandes passées à cette industrie par l'Etat se sont montées à 350 millions de roubles-or et, d'autre part, elle a reçu un subside (dotation) de 175 millions de roubles-or, inscrit au budget. En outre, les avances des banques, qui, le 1er janvier 1923, étaient de 16 millions de roubles-or, avaient atteint, le 1er septembre de la même année,

186 millions de roubles-or. Ainsi, le total des fonds de roulement mis à la disposition de l'industrie nationalisée en 1923 a été d'environ 700 millions de roubles-or [1].

Ces circonstances ont permis à l'industrie nationalisée de procéder en 1923 à une augmentation considérable des salaires et de faire disparaître dans une certaine mesure les divergences qui existaient jusque-là.

Mais, malgré ce relèvement, les salaires payés dans toute l'industrie privée sont restés, dans le pays tout entier, sensiblement supérieurs, comme le prouvent les données du § XI de l'annexe II. Pendant le premier semestre de 1923, les salaires moyens payés dans l'industrie privée étaient supérieurs de 25 pour cent aux salaires moyens de l'industrie nationalisée. Tandis que les salaires moyens dans cette dernière n'étaient que de 26 à 77 pour cent supérieurs au coût du budget minimum, dans l'industrie privée les chiffres correspondants étaient de 45 à 115 pour cent. Cette différence tient, d'une part, aux raisons exposées plus haut et, d'autre part, à ce que l'industrie privée ne se heurte pas aux mêmes difficultés que l'industrie nationalisée et que ses frais d'exploitation et de production sont inférieurs. En outre, l'usage des contrats collectifs était beaucoup plus répandu dans l'industrie privée, ce qui permettait aux syndicats d'obtenir plus facilement des salaires plus élevés.

Malgré l'augmentation considérable des salaires en 1922 et 1923, la situation matérielle des ouvriers industriels laisse encore beaucoup à désirer. Les salaires moyens payés dans l'industrie d'Etat pendant le deuxième trimestre de 1923 n'atteignaient pas plus de 55 pour cent du niveau d'avant-guerre, déjà fort peu élevé (voir annexe II). Cependant, ces salaires grèvent encore trop lourdement l'industrie d'Etat et le gouvernement a pris des mesures pour en arrêter l'augmentation ultérieure et les maintenir au niveau atteint au début de 1923. Il résulte de l'annexe II que les salaires ont subi une certaine réduction dans toutes les branches de l'industrie pendant le deuxième trimestre de 1923.

Cette tendance générale à la baisse des salaires s'explique, d'après les dirigeants de l'industrie nationalisée, par le fait que celle-ci doit supporter de multiples frais qui viennent s'ajouter aux salaires proprement dits. Ce sont notamment : les versements pour l'assurance sociale, de 16 à 22 pour cent des salaires (d'après

---

[1] Professeur KAFENHAUS. « L'industrie d'Etat en 1923. » *Gazette du Commerce et de l'Industrie*, 1er janv. 1924.

les derniers tarifs réduits) ; les paiements pour l'entretien des institutions d'instruction et de développement culturel, soit 5 pour cent des salaires ; les frais d'entretien des comités d'entreprise, de 1 à 2 pour cent des salaires ; et, enfin, beaucoup d'autres dépenses occasionnées par l'application des dispositions du nouveau code du travail (congés, vêtements de travail, allocations pour l'entretien de hautes écoles techniques, etc.), soit encore de 17 à 25 pour cent des salaires. Au total, tous les versements et prélèvements augmentent de 50 pour cent le montant global des salaires[1]. Etant donné que maintenant l'ouvrier bénéficie de certains services d'Etat et de services communaux (par exonération directe ou par voie d'allocations supplémentaires), on peut dire que le montant total du salaire qu'il reçoit effectivement atteint à peu près le niveau d'avant-guerre.

Par contre, le rendement individuel, tout en ayant augmenté considérablement dans le courant de l'année 1922 et pendant le premier semestre 1923, est encore considérablement inférieur à ce qu'il était avant la guerre : pendant l'hiver 1922-1923, il n'atteignait que de 55 à 60 pour cent de la production individuelle d'avant-guerre. Il en résulte que le coût de la main-d'œuvre est très élevé et vient grever d'autant les frais généraux. Le nombre des ouvriers participant directement à la production ne dépasse pas 65 pour cent du nombre total des ouvriers employés dans l'industrie, 35 pour cent de ceux-ci étant constitués par des travailleurs auxiliaires et les employés ; avant la guerre, la proportion était de 87 et 13 pour cent. Les entreprises entretiennent actuellement un personnel administratif fort nombreux et un appareil bureaucratique onéreux.

D'autre part, les entreprises ne donnent pas leur maximum ; elles ne dépassent pas 70 pour cent du rendement normal.

Tout cela augmente la proportion des frais généraux qui restent très élevés. Pendant l'année budgétaire 1922-1923 (octobre-septembre), le montant total du coût de production dans l'industrie d'Etat a atteint 1.536,4 millions de roubles-or, dont 476,4 millions, soit 30 pour cent, furent absorbés par les frais généraux, tandis que 13 pour cent seulement, soit 275,6 millions, furent dépensés pour les salaires. Le déficit total de l'industrie nationalisée étant évalué à 225,9 millions de roubles-or, la Commission

---

[1] *Questions de salaires :* Travaux de la Commission pour les recherches économiques du Conseil suprême de l'Economie nationale, vol. 1, Moscou, 1923.

des recherches économiques du Conseil suprême de l'Économie nationale estime que, dans ces conditions, il devient très difficile de payer des salaires équivalant à ceux fixés pour l'hiver 1922-1923. Il faudrait de toute nécessité, dans les conditions actuelles, réduire considérablement les frais généraux ou sacrifier une partie des capitaux de roulement, car les salaires ne peuvent être maintenus au niveau atteint au milieu de 1923 que moyennant des subsides considérables de la part de l'Etat et un suprême effort en vue de financer l'industrie[1].

Mais le budget pour 1923-1924 prévoit que les allocations de l'Etat seront diminuées de 50 pour cent par rapport à l'année précédente, ce qui provoquera, aux dires de la même Commission, un arrêt inévitable dans l'accroissement de la production industrielle, dont la valeur en 1923 avait atteint 1.077,7 millions de roubles réels, c'est-à-dire 31,8 pour cent de la valeur d'avant-guerre.

Les difficultés auxquelles se heurte l'industrie de l'Etat sont causées dans une large mesure par une crise intense dans la vente des produits fabriqués, dont les prix sont devenus prohibitifs par suite de l'augmentation successive des frais de production.

Dans ces conditions, pendant le second semestre de 1923, toute la politique des salaires a été dirigée vers un arrêt du relèvement des tarifs, et en général vers la restriction de toutes les dépenses afférentes à la main-d'œuvre.

Le président du Conseil suprême de l'Économie nationale estime que la situation des ouvriers ne peut être améliorée que par une augmentation de la production totale et du rendement individuel, et par une baisse des prix de vente. Dans ce but, il est nécessaire d'organiser la production d'une manière plus rationnelle, en améliorant l'outillage et en adoptant des méthodes perfectionnées afin de mieux utiliser la main-d'œuvre qualifiée[2].

Nous avons vu plus haut que les salaires effectivement payés étaient fort loin d'atteindre le niveau d'avant-guerre. Malgré une augmentation considérable des tarifs de salaires fixés par les contrats collectifs et les contrats de travail, le revenu réel des ouvriers subit toujours dans la pratique des réductions, et la situation matérielle de la classe ouvrière en général ne s'améliore pas, par suite de la dépréciation continuelle du rouble et la crise monétaire

---

[1] *Questions de salaires (op. cit.)*, p. 14.

[2] J. BOGDANOV. « La situation de l'industrie et les perspectives actuelles. » *Gazette du Commerce et de l'Industrie*, 1er janv. 1924.

qui sévit dans le pays. C'est ainsi que le manque de fonds de roulement dans les entreprises de l'industrie nationalisée occasionna dans le paiement des salaires, pendant toute l'année 1922 et le premier semestre 1923, des retards de plusieurs semaines, parfois même de plusieurs mois. En raison de la dépréciation continuelle et rapide du rouble, toute somme payée en retard perd une partie de sa valeur intrinsèque. Ainsi que nous l'avons fait remarquer au chapitre II, les organes d'Etat se voyaient obligés d'attribuer constamment de nouvelles sommes aux entreprises pour permettre à celles-ci d'acquitter leurs dettes envers leurs salariés. Par la suite, des décrets fixèrent les délais dans lesquels les entreprises et les organes économiques devaient, sous leur propre responsabilité, payer les salaires. Ces dispositions étant souvent enfreintes, le gouvernement dut prendre d'autres mesures. En établissant le plan de production pour les principales branches de l'industrie, il accordait aux organes dirigeants de ces branches — par exemple à l'administration principale des charbonnages du Donètz — une avance de 50 pour cent sur les sommes destinées à la rétribution de la main-d'œuvre. Mais un certain nombre de conditions défavorables d'ordre technique réduisirent à néant l'effet de cette mesure. La fourniture d'avances aux administrations centrales ne permettait pas encore à celles-ci de procéder sur-le-champ au payement des salaires. La circulation fiduciaire en Russie soviétique est caractérisée par le fait que la plus grande partie des signes monétaires se trouve concentrée dans les grandes villes; aussi en province, et surtout dans les localités reculées, les moyens de paiement sont-ils très insuffisants.

Les avances étaient fournies sous forme de chèques, dont il fallait attendre le payement pendant des semaines. Etant donné que les salaires continuaient à être payés en roubles soviétiques, cette mesure ne pouvait garantir suffisamment les ouvriers contre une diminution de la valeur réelle de leurs salaires. Pendant le second semestre de 1923, ces avances furent, dans une large mesure, accordées aux entreprises sous forme de bons du Trésor à court terme, émis par le Commissariat des finances à partir du mois de mars 1923 pour fournir au Trésor des moyens de payement. Il en résultait de nouvelles difficultés quand les entreprises voulaient échanger ces bons contre des signes monétaires. Le change n'était pas toujours possible, les demandes de bons à court terme n'étant pas très nombreuses sur le marché. Les banques n'acceptaient ces bons en nantissement que jusqu'à concurrence de 60 pour cent de leur valeur, ce qui privait les entreprises d'une partie des sommes avancées par l'Etat. Une autre mesure prise par le gouvernement exerça encore une influence défavorable sur les salaires réels des ouvriers. Comme il n'arrivait que difficilement à placer l'emprunt-or émis en 1923, le gouvernement obligea les organes économiques à payer une partie des salaires en obligations de cet emprunt. Le gain quotidien réel de l'ouvrier subit une nouvelle réduction, car non seulement pour les ouvriers, mais pour les organes économiques eux-mêmes, il était souvent malaisé de réaliser ces obligations. « La réalisation de l'emprunt-or, déclare le commissaire aux Finances, se fait en grande partie aux dépens des salaires »[1].

Afin de soustraire les salaires des ouvriers aux conséquences de la chute du rouble, le Conseil suprême de l'Économie nationale essaya de les faire fixer en roubles tchervonèts (roubles-or), en calculant les tarifs maxima des salaires en tchervonèts, nouveaux billets émis par la Banque d'Etat (la valeur nominale d'un tchervonèts est de 10 roubles-or). En outre, le payement même des salaires a commencé à être effectué dans de nombreuses localités, à partir de la fin de 1923, en roubles tchervonèts. Mais l'application de cette dernière mesure n'a pas été finalement favorable pour les ouvriers. Pendant les derniers mois de l'année 1923, le pouvoir d'achat des tchervonèts — dont le montant en circulation avait passé de 200.000 (soit 2 millions de roubles-or) à 27 millions (soit 270 millions de roubles-or) pendant la première année de leur existence, du 1er décembre 1922 au 1er décembre 1923 — avait subi une certaine diminution. La circonstance la plus défavorable pour les ouvriers consiste dans le fait qu'il n'existe pas de coupure d'une valeur inférieure à 1 tchervonèts, ce qui dépasse de beaucoup le montant du salaire hebdomadaire d'un ouvrier.

La monnaie en tchervonèts, envoyée du centre dans les localités, pour être affectée au payement des salaires, comprend principalement des billets de 10 et de 25 tchervonèts (100 et 200 roubles-or). L'administration donne ces coupures en payement à tout un groupe d'ouvriers qui doivent se charger de les changer. Cette opération occasionne des pertes de temps et d'argent, et souvent les intéressés, ne parvenant pas à changer toute la somme, achètent des marchandises qui leur sont parfois tout à fait inutiles.

« Les spéculateurs qui vont dans des régions plus éloignées, et

---

[1] V. BAJANOFF. « Le maintien de la valeur réelle des salaires. » *Economitch. Jizn*, 1er janv. 1924. Rapport du Commissaire aux Finances à la première session du Comité exécutif central de la S. S. S. R. *Messager des Finances*, 23 nov. 1923.

même d'audacieux détenteurs de valeurs qui arrivent des villes voisines, spécialement au moment du payement des salaires, profitent des difficultés que soulève l'échange de l'argent et de l'absence d'institutions de crédit. Il en résulte que toutes les circulaires du pouvoir central prescrivant le maintien de la valeur réelle des salaires, et même l'envoi des sommes nécessaires à date fixe, ne suffisent pas à parer à la dévalorisation des salaires, en raison des conditions dans lesquelles les salaires sont payés[1] . »

Voilà donc comme se présentait pratiquement la question des salaires à la fin de 1923. Tous les faits que nous venons de citer prouvent que les salaires sont déterminés moins par les décrets et par la politique du gouvernement que par les conditions économiques générales du pays et, principalement, par la situation de l'industrie.

*
* *

De grandes modifications ont été également apportées à la législation réglementant le marché du travail et les conditions de vie des ouvriers.

Le droit d'embauchage et de congédiement libre permettant aux employeurs de recruter leur personnel à leur gré, à la seule condition d'observer les règlements du code du travail, et, d'autre part, la suppression du travail obligatoire, du recensement et de la répartition de la main-d'œuvre, ont soumis cette dernière de nouveau à la loi de l'offre et de la demande. La situation difficile de l'industrie a amené la « concentration » industrielle, c'est-à-dire une réduction du nombre des entreprises en activité. L'obligation de diminuer les dépenses de l'Etat entraîne la suppression de nombreux postes de fonctionnaires.

D'autre part, la crise alimentaire étant beaucoup moins intense qu'en 1921 et 1922, et les salaires ayant été relevés dans une proportion appréciable, il s'est produit un exode vers les villes.

Tout cela a déterminé un chômage intense qui s'est fait sentir dès le premier semestre de 1922. Pendant l'année 1923, le nombre des chômeurs a augmenté considérablement et atteint près de 500.000 avant le mois de juillet, soit une augmentation de 250 pour cent par rapport au 1ᵉʳ janvier. A la fin de l'année, ce nombre atteignait 870.000; actuellement, rien ne permet de prévoir une amélioration. Certains auteurs estiment même que le nombre effectif

---

[1] *Economitcheskaia Jizn*, 1ᵉʳ janv. 1924. V. l'art. cité.

des chômeurs est plus considérable que le chiffre fourni par les statistiques officielles, car il est absolument impossible que les statistiques des bourses du travail englobent toutes les personnes en quête de travail. Pendant le premier semestre de 1923 les offres de travail ne purent satisfaire que les deux tiers des chômeurs enregistrés. Parmi les chômeurs, le nombre des femmes est égal à celui des hommes, mais le nombre des emplois destinés à des femmes est inférieur au nombre de places disponibles pour les hommes (voir annexe V). Enfin, le pourcentage des adolescents parmi les chômeurs est considérable.

C'est dans les capitales, Petrograd et Moscou, que se trouve le plus grand nombre de chômeurs, soit 42 pour cent du nombre total des chômeurs enregistrés (Annexe V).

Les « employés soviétiques » fournissent le contingent le plus fort (27 pour cent); ces chômeurs sont en général de vieux employés, ayant en moyenne de sept à huit ans de service.

Le chômage atteint surtout les travailleurs intellectuels et les travailleurs les plus qualifiés. Près de 7/10 de tous les chômeurs ont perdu leur emploi par suite de la suppression de postes. Cette mesure étant devenue chronique en raison des conditions générales du pays que nous avons exposées plus haut, il en résulte que la durée individuelle du chômage est prolongéé. Elle atteint en moyenne huit mois, et souvent davantage (Annexe V).

Cette longueur de la période individuelle du chômage tient beaucoup à l'organisation défectueuse des bourses du travail, qui ne parviennent guère à accomplir toute la tâche qui leur incombe, en matière d'enregistrement et de placement des chômeurs; de plus, bien que le code du travail prescrive que les ouvriers doivent être embauchés uniquement par l'entremise des organes du Commissariat du travail, souvent les entreprises et les ouvriers n'en tiennent pas compte. Il faut voir dans cette tendance un résultat de la politique que les bourses ont pratiquée jusqu'au milieu de 1923. D'après le *Troud*, quoique le système du recensement et de la distribution de la main-d'œuvre fût supprimé, les anciens membres des comités de travail obligatoire, qui avaient été préposés à la direction des bourses du travail, étaient trop imbus de l'esprit de l'ancienne politique. Ces bourses ne se considéraient que comme intermédiaires entre les employeurs et la main-d'œuvre; elles plaçaient les travailleurs, non pas d'après leurs aptitudes pour le travail préposé, mais uniquement dans l'ordre chronologique des inscriptions et, parfois, d'après le degré d'indigence du chômeur.

L'activité insuffisante de la bourse du travail, écrit le même

journal, a contribué à en écarter les vrais chômeurs qui ne voient
en elle que le moyen d'obtenir du travail. Ils sont effrayés par des
formalités multiples, parfois très vexatoires. L'allocation n'attire
pas non plus les chômeurs, car elle ne permet d'acheter que quelques livres de pain. Ils préfèrent à des allées et venues inutiles,
à des enregistrements, vérifications et contrôles qui se succèdent
presque tous les deux jours, l'embauchage illégal, sans passer par
l'intermédiaire de la bourse.

Mais à côté de ces chômeurs il y avait tous ceux qui ne cherchaient que les avantages procurés par la carte de chômeur, sans
aucun désir de trouver du travail. Les multiples vérifications et
contrôles des listes de chômeurs ne donnèrent pas les résultats
voulus ; les chômeurs radiés des listes trouvaient toujours moyen
de se faire réinscrire d'une façon ou d'une autre, à la bourse du
travail. Ainsi, les employeurs ne trouvaient pas la main-d'œuvre
qu'il leur fallait. Ils étaient obligés, s'ils ne voulaient transgresser
les lois de s'entendre d'avance avec les travailleurs qui leur convenaient et de les désigner à la bourse ; c'est pour cette raison que
fut instituée la « demande individuelle » de main-d'œuvre, qui
s'est étendue à Moscou, par exemple, à tous les sans-travail enregistrés à la bourse, comme il ressort des données de l'annexe V.
Les entrepreneurs cherchaient de plus en plus, et par tous les
moyens possibles, à se passer de l'intermédiaire de la bourse du
travail, et ils finirent par en prendre l'habitude.

De tout cela il est résulté un grand mécontentement chez les
dirigeants des organes économiques, qui ont adressé des reproches
parfaitement justifiés à l'action des bourses du travail et ont, en
fin de compte, déclanché une attaque à fond contre le monopole
de ces bourses.

Ce monopole était du reste ruiné par les bourses elles-mêmes ;
tout en essayant de le sauvegarder, elles abandonnaient en fait
leurs fonctions d'intermédiaires et se transformaient en organes,
qui, sans intervenir directement dans la conclusion des contrats,
se contentaient de les sanctionner[1]

L'activité défectueuse des bourses du travail a conduit à l'abandon progressif des principes fondamentaux que leur avait imposés
la nouvelle politique économique. D'abord, il fut créé une exception en faveur d'un groupe considérable de travailleurs de qualification supérieure ou pourvus de postes de confiance. Ensuite, les
employeurs furent autorisés à faire des demandes individuelles de

---

[1] V. « Les bourses du travail en 1923. » *Troud*, 30 déc. 1923.

main-d'œuvre et à choisir sur les listes des bourses, d'après leur propre désir, les travailleurs qui leur convenaient le mieux. L'embauchage avec enregistrement ultérieur fut autorisé dans une plus large mesure. L'embauchage obligatoire par l'entremise des bourses du travail est devenu bien moins strict et le rôle même des bourses, en tant qu'intermédiaires, a été considérablement réduit.

Les formalités imposées aux chômeurs furent simplifiées ; ces derniers ne furent plus obligés de se présenter à la bourse qu'une fois par mois. Les dirigeants des bourses furent remplacés par des personnes plus compétentes.

Après la création des « comités de bourses du travail » et des sections. professionnelles, un nouveau danger menaça les bourses du travail. Les sections professionnelles, en contact trop étroit avec leurs syndicats respectifs, usurpent souvent les fonctions des dirigeants des bourses, en plaçant directement des sans-travail. Aussi les bourses, au lieu d'être des organes gouvernementaux où seraient représentés de façon paritaire les employeurs et les employés, deviennent parfois des organes particuliers des syndicats, tout comme autrefois les sous-sections du recensement et de la répartition de la main-d'œuvre[1]. L'activité des bourses du travail continue donc à être violemment critiquée par les organes économiques.

Le développement du chômage a rendu très difficile l'aide effective aux chômeurs. Comme le montre l'annexe V, 12 pour cent du nombre total des chômeurs inscrits obtiennent des allocations et 7 pour cent à peine sont employés à des travaux publics. D'après des données récentes, le montant total des subsides en argent et en nature alloués par l'Etat pour les travaux publics se monte à 1.360.033 roubles-or. Jusqu'au 1er août, le nombre des heures de travail ainsi effectuées atteignait 2.038.663. Dans 44 villes ont été créés des artels de chômeurs ; leur nombre était de 299 à la date du 1er juillet 1923 ; toutefois ils employaient à peine 25.000 personnes[2].

Le manque de fonds rend difficile pour l'Etat et les administrations locales l'assistance aux chômeurs. C'est aussi cette mauvaise situation financière qui rend difficile l'application de l'assurance sociale. Sous le régime de la « nouvelle politique », l'assurance sociale a subi une certaine évolution. Elle a été peu à peu restreinte à l'assurance obligatoire des salariés, et l'on a cherché

---

[1] A. ISSAËV. « Les écarts de la bourse du travail de Moscou. » *Questions du travail*, oct.-nov. 1923.

[2] *Questions du travail*, oct.-nov. 1923.

de plus en plus à réduire le nombre des personnes rentrant dans cette catégorie. Nous avons indiqué pourtant la grande difficulté que rencontraient les entreprises pour effectuer les versements à l'assurance. Finalement, le transport et l'industrie, qui traversaient une période difficile d'adaptation aux conditions créées par la nouvelle politique économique, se virent dans l'impossibilité de supporter les frais de l'assurance.

Les versements étant effectués très irrégulièrement, la situation financière des organes de l'assurance devint critique. Ainsi, au début de 1923, 30 à 35 pour cent seulement des versements étaient effectués; les organes économiques devaient encore aux services d'assurance sociale 38.842 milliards de roubles soviétiques. (Voir annexe VI, § II).

Il est évident que, dans ces conditions, au début de 1923, les pensions et allocations étaient insignifiantes; les allocations pour maladie étaient évaluées au taux du salaire, en roubles soviétiques, sans qu'il fût tenu compte de la dépréciation du rouble. En janvier 1923, les pensions aux invalides de la première catégorie ne dépassaient pas 32 pour cent, pour la deuxième catégorie 21 pour cent, et pour la troisième catégorie 17 pour cent du budget minimum. Les plaintes des assurés et des syndicats ne pouvaient recevoir satisfaction, en raison du peu d'importance des versements effectués pour l'assurance. Ce n'est qu'après que les tarifs des versements eurent été abaissés que les rentrées devinrent plus régulières. L'amélioration de la situation ressort clairement des chiffres relatifs à la période mars-août 1923, pendant laquelle 80 pour cent des sommes dues ont été versées par les entreprises. Au milieu de 1923, les versements faits aux trois fonds d'assurance avaient augmenté de deux fois et demie, comparativement au mois de janvier de la même année. Néanmoins, les dettes des entreprises s'élevaient encore à 25 pour cent du total des versements qu'elles avaient à effectuer. Les allocations se sont trouvées augmentées du fait qu'elles ont été calculées en roubles réels et non plus en roubles soviétiques. Les pensions aux invalides de la catégorie I ont été portées à 100 pour cent du budget minimum, et le nombre des chômeurs secourus s'est accru. Mais ces mêmes mesures ont provoqué une certaine aggravation de la situation des assurés et de l'état financier des organes de l'assurance. Le fonds A, c'est-à-dire le fonds des allocations-maladie, se trouve dans une situation critique, les ressources étant beaucoup moins importantes que les dépenses. Au milieu de 1923 ce fonds était presque entièrement épuisé.

La situation du fonds D (secours médicaux) est encore plus grave ; les rentrées étant considérablement inférieures aux allocations versées, ce fonds accuse un déficit chronique. Pour compenser quelque peu le déficit du fonds D, il fut même décidé de prélever une certaine somme sur le fonds B (assurance-invalidité), qui se trouve dans une situation légèrement meilleure, quoique les dépenses y atteignent 70 pour cent des recettes.

Malgré les améliorations survenues dans l'application de l'assurance sociale en 1923, les allocations versées aux chômeurs et aux invalides du travail ne dépassent pas en moyenne 60 pour cent du coût du budget minimum. Les ouvriers malades reçoivent des allocations supérieures mais qui ne dépassent pas 80 pour cent du budget minimum. Si l'on tient compte de ce que le budget minimum est au moins de 50 pour cent inférieur au salaire moyen réel de l'ouvrier, on voit que les allocations d'assurance sociale sont encore insignifiantes. Il ne peut y avoir amélioration que si la situation financière des organes de l'assurance s'assainit. Toutefois, cet assainissement dépend à son tour de la situation de l'industrie et des conditions économiques générales. L'expérience de l'année 1923 prouve clairement que l'assurance sociale ne peut s'améliorer qu'à mesure que se développe la nouvelle politique économique.

Les changements survenus dans les conditions générales du pays eurent aussi une influence sur l'activité de l'inspection du travail. Ce n'est qu'en 1922 que l'inspection commença à jouer un rôle effectif. Les données de l'annexe VII montrent qu'en 1920 et 1921, c'est-à-dire jusqu'à l'établissement de la nouvelle politique économique, le nombre des visites d'inspection était minime. Le nombre moyen des visites effectuées par inspecteur et par mois, qui était de 10,6 pendant le deuxième semestre 1919, tomba à 4,1 en octobre 1921, et ne commença à augmenter qu'en 1922, atteignant 15 en fin d'année. En 1921-1922, l'inspection du travail apportait une attention spéciale aux entreprises privées, et leur consacrait 47 pour cent de ses visites. Cela s'explique par le fait qu'en 1921-1922 il y avait une tendance politique générale à lutter contre le capital privé. La création d'entreprises privées faisait craindre qu'il ne régnât dans ces entreprises des conditions de travail moins favorables, et que l'exploitation de la main-d'œuvre y fût plus accentuée. On estimait donc que le contrôle exercé sur ces entreprises devait être très rigoureux.

L'organe officiel du Commissariat du travail écrit au sujet de cette activité de l'inspection : « Cette politique de l'inspection du travail était absolument justifiée pendant la première période de la nouvelle politique économique ; c'était la réaction naturelle de la part du travail contre les entrepreneurs privés ressuscités, qui s'efforçaient de réduire à néant toutes les conquêtes de la classe ouvrière dans le domaine de la législation du travail. Mais cette politique n'était justifiée que pendant la première période de la nouvelle politique économique, lorsqu'il fallait réprimer les appétits des employeurs privés, lorsque l'industrie d'Etat n'était pas encore solidement organisée et ne pouvait assurer une protection suffisante du travail[1]. »

En s'occupant principalement de l'industrie privée, l'inspection concentre toute son activité sur les petites entreprises, les seules, ou à peu près, que comprenne l'industrie privée : 80 pour cent des entreprises visitées appartenaient à la petite industrie. Ces entreprises n'occupaient qu'un nombre très restreint d'ouvriers : 10,5 pour cent du total, dont la plupart, soit 89,5 pour cent, ne tombaient pas sous le coup de l'inspection. Il est apparu, d'autre part, que les conditions de travail n'étaient nullement plus satisfaisantes dans les grandes entreprises d'Etat que dans l'industrie privée. Le IVᵉ Congrès des sections du travail, qui eut lieu en mars 1923, vota une résolution modifiant les directives de l'inspection du travail et lui enjoignant de consacrer plus d'attention à la grande industrie et à l'industrie moyenne. En 1923, ces nouvelles méthodes ont été à peine mises en pratique et dans un champ très restreint. Jusqu'à présent, l'activité de l'inspection ne s'est développée qu'à l'égard de l'industrie moyenne. Cela s'explique par le fait que les inspecteurs du travail sont généralement opposés à un contrôle plus strict de l'industrie d'Etat ; en outre, les organes économiques ne voient pas ce contrôle d'un bon œil ; enfin, dans bien des cas, les infractions aux lois sur la protection du travail sont réglées par un accord entre l'administration et les syndicats professionnels.

Les cadres de l'inspection du travail ont subi des changements considérables. C'est ainsi que le nombre des inspecteurs élus était beaucoup plus élevé en 1923 qu'en 1918, alors que l'inspection en était encore à ses débuts. Mais pendant l'année 1922 le nombre des inspecteurs avait diminué, passant de 1.150 à 808 ; ce sont les difficultés financières qui, à cette époque, avaient amené une réduction des cadres de l'inspection du travail. A la fin de 1922 on comptait parmi les inspecteurs élus par les ouvriers 75 pour cent d'ouvriers. Cette large proportion d'ouvriers rendait l'inspection

---

[1] *Questions du travail*, oct.-nov. 1923, p. 48.

peu apte aux tâches qui lui incombaient. De nouvelles élections d'inspecteurs furent organisées; cette fois des connaissances plus approfondies furent exigées des candidats. Ces derniers temps, on constate dans l'inspection du travail, comme d'ailleurs dans presque toutes les branches de l'administration soviétique, une diminution de la proportion des communistes et une augmentation du nombre des « sans-parti ». Le pourcentage des communistes est tombé de 77,8 en janvier 1919 à 63,3 en décembre 1922, tandis que le pourcentage des sans-parti passait pendant la même période de 11,12 à 34,82.

On constate des changements analogues dans l'inspection technique. Le 1er mai 1923, le nombre total des inspecteurs techniques était de 443, dont 250 inspecteurs techniques proprement dits et 193 inspecteurs sanitaires. Parmi les premiers on comptait 70 pour cent de personnes possédant une instruction technique supérieure, la plupart ayant à leur actif une durée de service considérable. Le rôle le plus important en matière de protection du travail incombe toujours aux inspecteurs désignés par les syndicats professionnels; ce sont donc les syndicats qui, en réalité, ont la haute main sur l'activité de ces inspecteurs.

*
* *

Depuis deux ans et demi qu'a été introduite la nouvelle politique, le rôle et l'activité des syndicats professionnels ont subi une évolution considérable. La réorganisation de l'industrie « à base commerciale », avec le rétablissement de la direction individuelle, au lieu de la direction collégiale, et de la responsabilité personnelle, transformèrent sensiblement le rôle des syndicats dans la direction des entreprises.

Le décret du 10 avril 1923 sur les « entreprises industrielles d'Etat, travaillant à base commerciale (trust) » remettait la gestion des entreprises nationalisées à des directions ou à des directeurs, nommés par le Conseil suprême de l'Économie nationale. Les directions (ou directeurs) avaient le droit de gérer toutes les affaires des trusts, de procéder à toutes opérations, de disposer des biens appartenant aux trusts, etc. Les syndicats professionnels n'étaient autorisés à se faire représenter qu'au sein de la commission de revision. L'application du décret du 10 avril consacra définitivement la tendance qui s'était fait jour jusque-là de restreindre la participation directe des syndicats à la gestion des entreprises. Le personnel dirigeant de l'industrie a été renouvelé dans une large mesure depuis deux ans. Le pourcentage des ouvriers parmi les directeurs d'entreprises, qui en 1920 atteignait 63,5, n'était plus en 1923 que de 33 dans la grande et de 46 dans la petite industrie. Parmi ces ouvriers, on comptait 35 pour cent de communistes dans les grandes entreprises et 29 pour cent dans les petites. Parmi les dirigeants des trusts, il se trouvait, en 1920, 51,4 pour cent d'ouvriers, et, en 1922, 29,2 pour cent; le pourcentage des communistes parmi eux était descendu de 61 en 1921 à 37,2 en 1922[1].

Au point de vue des connaissances techniques, il est important de noter que, parmi les directeurs communistes de trusts, de syndicats industriels et de sociétés par actions, 20 pour cent possédaient, en 1923, une instruction supérieure, alors que la proportion n'était que de 4 pour cent en 1922; 50 pour cent du total des directeurs communistes possèdent une instruction secondaire ou supérieure. Parmi les directeurs « sans-parti », 32 pour cent possédaient une instruction supérieure spéciale en 1922; en 1923 la proportion était de 70 pour cent[2]. Le *Troud* déclare que le rôle des syndicats professionnels dans la nomination des directeurs de groupements industriels — trusts et syndicats — n'est plus que consultatif. « Etant donné que les organes économiques qui ont le dernier mot dans la question sont fort peu enclins à écouter l'avis des syndicats, ceux-ci ont pris l'habitude d'éviter les conflits inutiles, de ne fournir aucune réponse ou d'enregistrer simplement la décision des organes économiques »[3].

Ce recul des syndicats dans le domaine de la direction des entreprises a suscité récemment de nombreuses protestations de la part de certains syndicalistes. La question a été vivement discutée dans la presse et dans de nombreuses réunions. Le bureau politique du parti communiste, qui a également abordé cette question dans sa séance du 29 décembre 1923, a adopté une résolution recommandant aux syndicats de préparer les cadres des futurs organisateurs de l'industrie, en développant les écoles et en convoquant des conférences où les représentants des organes économiques pourraient initier les syndiqués à la gestion des entreprises industrielles. Le président du Conseil suprême de l'Économie nationale estime que « les syndicats professionnels doivent être au courant de tout le travail de l'industrie, et doivent recevoir par voie d'informations

---

[1] *Troud*, 1er janv. 1924.
[2] *Gazette du Commerce et de l'Industrie*, 2 déc. 1923.
[3] *Troud*, 1er janv. 1924.

et de réunions mixtes avec les dirigeants de l'industrie toute la documentation concernant l'industrie ». Mais, « grâce à la vaste expérience qu'il a acquise pendant la période de réorganisation, le gouvernement des Soviets est arrivé à la conclusion que la gestion de l'industrie doit être confiée entièrement à des directions déterminées dans les entreprises, et qu'il est impossible de diviser les responsabilités ». Ainsi donc, « la responsabilité de la bonne marche des entreprises doit incomber exclusivement aux organes directeurs économiques de l'industrie et aux directions des entreprises. Une collaboration normale ne peut être établie avec les syndicats que si ceux-ci s'abstiennent de toute immixtion dans les dispositions d'ordre administratif et économique prises par les directeurs d'entreprises[1] ».

On peut dire que la tendance à restreindre l'activité des syndicats à la simple défense des intérêts ouvriers vis-à-vis de l'administration des entreprises et du gouvernement, et à la fixation des conditions du travail, sans les charger d'aucun rôle dans la gestion des entreprises, est allée se renforçant en 1922 et 1923, et qu'elle a conduit à une position définitive, reconnue tant par les syndicalistes que par les directeurs d'entreprises comme la meilleure politique syndicale pouvant être appliquée dans la Russie des Soviets.

Cette nouvelle orientation de la politique des syndicats professionnels a permis à ces derniers de concentrer leur attention sur deux nouvelles institutions créées en Russie en 1922 : les contrats collectifs et les organes de conciliation, destinés à régler les conflits entre l'administration de l'entreprise et les ouvriers.

Depuis que les salaires ne sont plus réglementés par l'Etat et que ce dernier assure de moins en moins le ravitaillement de l'industrie, les syndicats professionnels font une campagne très active en faveur des contrats collectifs ; grâce à cette propagande, le nombre des contrats collectifs généraux, affectant des branches entières de l'économie nationale, a atteint 72 en 1923, et le nombre des ouvriers et employés englobés par ces contrats, 1.823.700 (Voir annexe III). Le nombre des contrats locaux atteignait dans 50 départements (sans compter Petrograd et Moscou) environ 7.000 ; ces contrats intéressaient 28.426 entreprises, avec 1.330.936 ouvriers et employés.

Mais la campagne en faveur des contrats collectifs rencontre des difficultés considérables contre lesquelles doivent lutter les syn-

---

[1] J.-A. BOGDANOV. « La situation industrielle et ses perspectives. » *Gazette du Commerce et de l'Industrie*, 1er janvier 1924.

dicats. Les entreprises d'Etat et les organes économiques sont moins favorables à la conclusion de contrats collectifs que les entreprises privées. Ils observent moins régulièrement les conditions des contrats et demandent toujours que les contrats soient approuvés par le gouvernement. Parmi les entreprises qui ont conclu les contrats collectifs locaux en 1923, 42,6 pour cent sont des entreprises d'Etat, 44,5 pour cent des entreprises privées et 13 pour cent des coopératives. Toutefois, comme les entreprises d'Etat emploient un nombre relativement plus grand d'ouvriers, les travailleurs de ces entreprises ayant conclu des contrats collectifs constituent les neuf dixièmes de l'effectif total des ouvriers englobés par des contrats collectifs.

Le rôle des syndicats est aussi très considérable en matière de règlement des conflits, car un grand nombre de ceux-ci surgissent de l'application ou de l'interprétation des contrats collectifs. Les syndicats prennent une part active à l'organisation des institutions de conciliation. Les transformations qui eurent lieu pendant les années 1922 et 1923 dans l'administration des entreprises les obligèrent à modifier leur ancienne politique de règlement des conflits. Ils durent renoncer à un examen unilatéral des conflits par leurs propres commissions et laisser cette tâche aux organes de conciliation, organisés sur le principe de la représentation paritaire, et fonctionnant, non pas d'après les directives des syndicats, mais selon des conditions déterminées par les actes législatifs du gouvernement. Cette activité des syndicats a pris depuis deux ans une grande extension, car, après le rétablissement du contrat libre d'embauchage, les conflits industriels sont devenus assez fréquents. En 1922, ces conflits ont affecté plus de 3,5 millions de travailleurs; à Moscou et à Petrograd seulement, ils en ont affecté 600.000 en 1922 et 200.000 pendant le premier trimestre de 1923 (Voir annexe IV).

Jusqu'au début de 1923, les conflits étaient soumis principalement aux commissions des conflits, rattachées aux organes du Commissariat du travail, dans lesquels les syndicats, en relation étroite avec la Section du travail, jouaient un rôle important. Dans le courant de l'année 1922, la chambre de conciliation et les tribunaux d'arbitrage se sont aussi beaucoup développés. A mesure que les syndicats abandonnaient les méthodes antérieures d'examen unilatéral des conflits et que les administrations des entreprises prenaient de l'importance, le rôle des commissions syndicales apparaissait de plus en plus secondaire, si bien qu'on a commencé à les supprimer en 1923.

Leur rôle est assumé désormais par les tribunaux du peuple réunis en sessions spéciales : le représentant du syndicat, simple membre du tribunal, est chargé de défendre les intérêts des ouvriers et se trouve sur un pied d'égalité avec le représentant patronal.

L'activité des syndicats professionnels se concentre principalement sur l'inspection du travail, les questions de salaires et la solution des conflits, soit par voie de conciliation, soit par voie judiciaire.

Au cours des deux dernières années, le mouvement syndical a également dû modifier son attitude dans d'autres domaines.

Sous l'influence des conditions nouvelles créées par la nouvelle politique, les syndicats professionnels ont été obligés de renoncer au système de l'inscription automatique de tous les travailleurs dans les syndicats. Ce système avait amené une dégénérescence du syndicalisme et transformé les syndicats en unions « d'âmes mortes ». L'adhésion, obligatoire autrefois, devint facultative. Cette réforme en entraîna une autre, également importante. Tandis que jusque-là les ouvriers syndiqués ne versaient pas eux-mêmes leurs cotisations au syndicat, — c'étaient les entreprises qui devaient effectuer ces versements pour tous les travailleurs employés par elles, — la liberté accordée aux ouvriers en matière d'affiliation syndicale entraîna l'introduction du système des cotisations individuelles : chaque syndiqué, après avoir adhéré librement au syndicat, doit verser lui-même sa cotisation.

Ces changements provoquèrent une crise du syndicalisme, qui dure encore actuellement. Le nombre des syndiqués tomba de 8,4 millions au 1er juillet 1921, à 7,9 millions au 1er octobre de la même année, à 6,7 millions au 1er janvier 1922, à 5,8 millions au 1er avril, et à 4,4 millions au 1er octobre 1922 (Voir annexe VIII). Au début de 1923 on constate une légère augmentation du nombre des syndiqués, qui atteignait 4,8 millions le 1er avril 1923, soit 57 pour cent de l'effectif total des syndiqués enregistrés à la date du 1er juillet 1921, au moment de l'adoption de la nouvelle politique.

La diminution du nombre des syndiqués et une forte réduction des subsides de l'Etat ont provoqué de sérieuses difficultés financières pour les syndicats. Ces difficultés ont été aggravées par la dépréciation continuelle du rouble qui diminuait les ressources financières des organisations. Le système des cotisations individuelles n'a pas encore été introduit dans tous les syndicats; en juillet 1923 le nouveau système n'était encore que rarement appliqué : dans 36 sections départementales syndicales, sur un total de 138 sections examinées.

Dans les syndicats où ce système fonctionne, la rentrée des cotisations est plus régulière que dans les syndicats qui appliquent encore l'ancien système. Mais, dans les uns comme dans les autres, les versements restent très irréguliers. En Sibérie, par exemple, certaines administrations d'entreprises devaient aux syndicats, au début de 1923, 142.500 roubles-or. A Petrograd, les entreprises avaient encore à verser 25 pour cent de leurs contributions. Le trust métallurgique du Sud, « Yougostal », avait en juin 1923 une dette de 16.000 roubles-or envers les syndicats. En moyenne, les versements effectués en 1923 n'ont atteint que 60 ou 70 pour cent des sommes dues.

Les syndicats n'ont pas encore rompu avec l'habitude de compter sur des moyens financiers illimités provenant du Trésor d'Etat : les dépenses dépassent de beaucoup les recettes, de quatre à sept fois dans certains comités centraux. Le déficit est donc chronique et il est impossible de le combler par les versements individuels qui, dans les organes départementaux, ne dépassent pas 31 pour cent du total des dépenses.

Pendant la période du communisme, lorsque les syndicats assumaient les tâches les plus diverses, et que leurs finances dépendaient exclusivement du Trésor, l'appareil administratif des organisations s'était démesurément développé : on ne comptait pas moins de 11 fonctionnaires syndicaux par 1.000 syndiqués. La nouvelle situation financière obligea les syndicats à comprimer le nombre de leurs fonctionnaires. Les organisations intersyndicales, qui occupaient 4.074 personnes en janvier 1922, n'en employaient plus que 1.274 en 1923 ; de même, le nombre des fonctionnaires des comités centraux est descendu de 1.677 en janvier 1922, à 1.077 en mars 1923. Néanmoins, si l'on tient compte de l'activité réduite des syndicats et de leurs difficultés financières, ces cadres de fonctionnaires sont encore très exagérés.

La crise que traversent les syndicats russes n'est pas uniquement provoquée par leur situation financière. Elle est en grande partie causée par certains vestiges de la politique communiste : la politique de parti et une centralisation exagérée qui entraîne la bureaucratisation de l'administration syndicale et éloigne les organes syndicaux des masses ouvrières qui, tout en étant inscrites sur les registres des syndicats, ne prennent néanmoins aucune part active aux travaux de ceux-ci.

Le *Troud* estime que l'organisation actuelle des syndicats

n'accorde aux masses qu'une très faible influence sur la composition des organismes directeurs. Les ouvriers commencent à se plaindre que les comités d'entreprise comprennent des individus qui non seulement ne possèdent pas une autorité suffisante, mais ne sont même pas les meilleurs syndiqués de l'entreprise ; bien souvent on laisse à l'écart des gens qui comprennent mieux l'état d'esprit des ouvriers et défendent avec autorité leurs intérêts. « Souvent le désir de former des comités d'entreprise exclusivement communistes nous pousse — dit l'organe officiel du Comité central panrusse des syndicats — à interdire une action efficace à des groupes de sans-parti »[1].

« Les campagnes électorales partent toujours du même principe et tendent à assurer coûte que coûte le succès de la liste proposée par le syndicat »[2].

Le même système prévaut dans toute l'organisation syndicale. « Nos organisations syndicales primaires ne sont actuellement que des organes de transmission du centre à la périphérie. La plupart des questions intéressant la grande masse des syndiqués sont tranchées sans que les organisations syndicales inférieures et les syndiqués y prennent une part quelconque. L'activité et l'initiative des masses sont remplacées par des résolutions et des circulaires, qui ne sont en somme que des directives venues d'en haut. Ces circulaires sont répandues par les organisations syndicales inférieures et la masse des syndiqués s'habitue à les considérer comme des ordres qu'on ne peut discuter »[3].

L'activité des organes dirigeants du syndicalisme correspond à l'état de choses qui règne dans les organes inférieurs. Ces derniers se considèrent encore comme des organismes gouvernementaux responsables des actes du gouvernement, et par là même se font souvent les défenseurs et les exécuteurs des dispositions prises par les organes économiques. « Par tradition, les syndicalistes considèrent souvent, tout comme les communistes, qu'il est de leur devoir de prendre la défense ou de faire l'apologie de toutes mesures, bonnes ou mauvaises, prises par la bureaucratie et les fonctionnaires et d'excuser les dirigeants ou les organisations soviétiques qui ne tiennent pas compte des besoins des ouvriers. La grande masse « apolitique » ne reçoit pas de réponses simples et justes aux ques-

---

[1] V. KOSSIOR. « Le travail à la périphérie syndicaliste. » *Troud*, 23 déc. 1923.

[2] *Ibid.*

[3] *Ibid.*

tions qu'elle pose; elle ne comprend pas ce que font les syndicats pour améliorer sa situation et finit par perdre toute confiance en ·eux[1] » .

Partant de ces remarques, les syndicalistes estiment que le centre de gravité du mouvement syndical doit être déplacé vers l'ouvrier, qu'il faut aider, dont les intérêts économiques doivent être défendus, dont il faut assurer les besoins quotidiens et en faveur duquel il faut développer largement une propagande culturelle.

Tout ceci montre l'évolution profonde subie par le mouvement syndical en Russie, au cours de ces deux dernières années.

Ainsi, il n'est pas un seul domaine de la vie ouvrière où les nouvelles conditions économiques et sociales qui se sont établies en Russie depuis deux ans n'aient pas exercé une profonde influence.

Les conditions du travail en Russie sont actuellement déterminées, moins par les actes législatifs du pouvoir exécutif — dont les principes ont néanmoins subi une transformation considérable — que par les conditions économiques et sociales et, en particulier, par le développement considérable du capitalisme privé à côté du capitalisme d'Etat. Ce sont ces nouvelles conditions qui exercent maintenant une influence prépondérante sur l'établissement des salaires, les conditions d'embauchage et la situation du marché du travail en général, l'application de l'assurance sociale, les rapports entre employeurs et employés, et, enfin, la direction générale du mouvement ouvrier.

---

[1] V. KOSSIOR. « Le travail à la périphérie syndicaliste. » *Troud*, 23 déc. 1923.

ANNEXES

Les données statistiques et autres publiées dans les annexes sont destinées à illustrer l'application pratique de la législation et de la politique du gouvernement des Soviets dans le domaine du travail. Toutes ces données sont empruntées à des publications soviétiques et reproduites telles qu'elles ont paru. Nous avons, de préférence, pris nos statistiques dans les publications de l'Administration centrale de la statistique et dans la publication périodique du Bureau central de la statistique du travail (*Statistika Trouda* — La statistique du travail).

En outre, les données que nous citons sans qu'elles aient encore paru dans les publications statistiques systématiques sont empruntées à divers périodiques : *Viestnik Trouda* (Messager du travail) et *Troud* (Le travail), organes du Conseil central panrusse des syndicats professionnels ; *Voprossy Trouda* (Questions du travail), organe du Commissariat du travail ; *Economitcheskoié Obozrénié* (Revue économique) et *Economitcheskaïa Jizn* (Vie économique), organes du Conseil du travail et de la défense nationale.

La statistique de la Russie des Soviets, malgré les efforts d'amélioration tentés l'année dernière, présente encore bien des inexactitudes ; elle n'est pas suffisamment systématisée et les méthodes de calcul sont très diverses.

Presque toutes les administrations possèdent leurs services de statistiques, qui publient des recueils concernant non seulement l'activité de leur propre administration, mais d'autres domaines de l'économie nationale.

Malheureusement, comme du reste tous les périodiques et publications, ils n'emploient pas les mêmes méthodes de calcul et d'investigation, appliquent leurs recherches à des périodes diverses et présentent les résultats de façon différente.

Dans ces conditions, les données correspondant au même domaine et à la même période diffèrent souvent à un tel point qu'il est impossible de les systématiser et de les publier dans un même tableau. C'est pour cette raison que nous avons dû parfois présenter les données concernant la même question dans plusieurs tableaux, élaborés d'après des sources différentes. C'est pour cette raison également que des contradictions peuvent exister entre plusieurs tableaux relatifs au même fait et à la même période.

Aussi, les données publiées dans les annexes doivent-elles être considérées comme approximatives ; elles ne permettent pas une analyse exacte.

Les statisticiens soviétiques emploient actuellement quatre méthodes pour calculer les prix : 1° en roubles soviétiques ; 2° en roubles-or ; 3° en roubles d'avant-guerre (roubles-marchandises ou « roubles réels ») ; 4° en roubles « tchervonèts ».

Les calculs en roubles soviétiques étaient exprimés jusqu'au 1ᵉʳ janvier 1923 en roubles modèle 1922 (1 rouble 1922 = 10.000 roubles soviétiques). Depuis le 1ᵉʳ janvier 1923 on emploie le rouble 1923 (1 rouble 1923 = 1 million de roubles soviétiques).

Pour simplifier, nous calculons tous les chiffres donnés en roubles de 1922 et de 1923 en roubles soviétiques des émissions antérieures.

Les prix exprimés en roubles-or sont calculés d'après le cours officiel du rouble-or, par rapport au rouble soviétique. Les prix ainsi calculés sont obtenus en divisant la somme exprimée en roubles soviétiques par le chiffre exprimant la valeur du rouble-or, en roubles soviétiques, au cours du jour.

On obtient le « rouble d'avant-guerre » (ou « rouble réel », ou encore « rouble-marchandise ») en se servant des nombres-indices des diverses marchandises. Les prix exprimés en roubles soviétiques sont divisés par les nombres-indices ; le quotient obtenu est le prix exprimé en « roubles d'avant-guerre ».

Le rouble « tchervonèts » est calculé d'après la valeur au cours du jour (en roubles soviétiques) du tchervonèts, billet de banque d'Etat émis en vertu du décret du 11 octobre 1922 et représentant une valeur de 10 roubles-or.

Etant donné qu'actuellement, dans les publications soviétiques, les prix sont calculés soit en roubles-or, soit en « roubles d'avant-guerre », nous donnons dans une annexe spéciale les nombres-indices des prix et les cours du rouble-or.

Chaque fois qu'il n'est pas donné d'indication spéciale (« rouble-or » ou « rouble d'avant-guerre ») il s'agit de roubles-papier soviétiques.

ANNEXE I

Statistique des ouvriers[1].

Le nombre total des ouvriers et des employés occupés dans l'industrie russe s'élevait en 1913 à 2.885.000.

Pour les années 1921, 1922 et 1923, le recensement a porté sur un nombre différent d'entreprises ; il faut en tenir compte pour comparer les chiffres de ces années avec ceux de 1913. Le recensement le plus complet, après celui de 1913, a été effectué en 1923 ; il concerne plus de 95 pour cent de tous les travailleurs industriels.

En 1921 (le 1er juillet) on comptait, dans 3.371 entreprises, 832.966 ouvriers et employés ; en 1922 (le 1er juillet), 1.113.263 travailleurs dans 4.666 entreprises, et en 1923 (le 1er juillet), le nombre des ouvriers et employés, dans 8.188 entreprises, se montait à 1.794.379, soit 60 pour cent environ du chiffre de 1913. Il est à noter que, tandis que les effectifs des ouvriers ont diminué d'environ un million pendant les dix années 1913-1923, le nombre des employés s'est accru de 16 pour cent.

Dans les tableaux ci-après nous donnons des renseignements plus détaillés sur le nombre respectif des ouvriers et des employés par industrie, par sexe et par âge.

---

[1] D'après le recensement des ouvriers fait par l'Administration centrale de la statistique. *Bulletin de l'Administration centrale de la statistique*, n°s 67 et 69, 1922 ; les « Travaux de l'Administration de la statistique », vol. I, 1922 ; la *Statistique du Travail*, n°s 6 et 7, 1923, et la *Revue Economique*, n° 10, 1923.

1. — Nombre des ouvriers et des employés occupés dans les entreprises de la Russie soviétique.

Branches d'industrie	1921 (1er juillet)			1922 (1er juillet)			1923 (1er janvier)			1923 (1er juillet)		
	Nombre des entreprises	Nombre des ouvriers	Nombre des employés	Nombre des entreprises	Nombre des ouvriers	Nombre des employés	Nombre des entreprises	Nombre des ouvriers	Nombre des employés	Nombre des entreprises	Nombre des ouvriers	Nombre des employés
Mines	104	46 812	4.936	192	72.629	7.919	528	305.187	47.898	784	433.092	44.133
Métallurgie	600	200.834	44.130	800	242.270	53.437	1.136	265.417	53.662	1.173	282.566	53.969
Textile	379	161.794	17.324	605	285.592	29.446	608	347.892	30.500	590	373.235	29.872
Construction	68	6.555	1.120	174	22.048	3.413	71	11.509	1.952	»	»	»
Travail du bois	275	22.759	4.079	492	35.172	6.504	829	52.080	9.331	940	62.602	9.814
Produits chimiques	340	53.036	9 694	457	66.726	13.483	281	59.289	10.222	277	57.943	10.410
Papeterie	40	13.854	1.588	53	13.379	1.994	106	20.751	2.502	123	23.960	2.911
Alimentation	676	35.325	7.183	640	32.461	7.844	1.712	76.076	16.109	1.869	69.548	17.793
Sucreries	12	2.856	844	20	2.617	951	211	41.128	10.178	211	15.584	7.731
Tabac	33	14.293	1.575	16	8.766	1.354	82	19.393	2.217	87	19.318	2.307
Cuirs	330	30.784	4.825	405	29.043	5.084	440	31.199	4.946	421	35.133	4.759
Habillement	95	22.085	2.899	120	25.571	3.656	350	50.992	6.692	345	46.946	5.965
Imprimerie	282	38.422	4.358	323	30.028	3.729	525	46.176	5.640	575	54.454	7.189
Services communaux	40	4.758	834	124	14.112	2.327	297	27.078	6.214	317	30.704	6.927
Ateliers de chemins de fer et de tramways	97	44.658	19.782	227	85.318	26.415	203	85.849	34.085	»	»	»
Verrerie, ciment, faïence, etc.	»	»	»	»	»	»	366	52.125	6.515	426	74.267	7.344
Transformation de déchets animaux	»	»	»	»	»	»	40	2.796	454	50	3.411	492
Total	3.371	698.785	125.181	4.666	945.727[1]	167.556	7.785	1.494.937	249.117	8.188	1.582.763	211.616

[1] Ce total est manifestement faux.

II. — Répartition des ouvriers et des employés d'après les différentes catégories d'entreprises.

Nombre des entreprises et des travailleurs	Entreprises d'Etat		Entreprises privées et coopératives		Total des entreprises	
	1922	1923	1922	1923	1922	1923
Nombre d'entreprises..........	4.124	6.698	542	1.490	4.666	8.188
en %.....................	86,9	81,8	13,1	18,2	100	100
Nombre d'ouvriers et d'employés.	1.090.293	1.727.987	22.970	66.392	1.113.273	1.794.379
en %.....................	97,8	96,3	2,2	3,7	100	100

Nombre des entreprises et des travailleurs	Entreprises occupant jusqu'à 50 ouvriers et employés			Entreprises occupant de 51 à 500 ouvriers et employés			Entreprises occupant plus de 500 ouvriers et employés			Total pour toutes les entreprises		
	1921	1922	1923 (¹)	1921	1922	1923 (¹)	1921	1922	1923 (¹)	1921	1922	1923 (¹)
Nombre d'entreprises..	1.212	2.191	3.860	1.444	2.038	3.165	337	437	653	2.993	4.666	7.678
en %	40,5	46,9	50,3	48,3	43,7	41,2	11,2	9,4	8,5			
Nombre d'ouvriers et d'employés...	39.578	68.318	104.860	249.063	362.476	539.599	508.202	682.469	1.062.748	796.843	1.113.263	1.707.207
en %	4,9	6,1	6,1	31,3	32,5	31,6	63,8	61,4	62,3			

(¹)Chiffres au 1ᵉʳ janvier (moins les données pour l'Oural et la région mourmane, portant sur 107 entreprises, avec 26.966 ouvriers et 9.881 employés).

III. — CLASSIFICATION DU PERSONNEL D'APRÈS LES CATÉGORIES DE TRAVAILLEURS (OUVRIERS ET EMPLOYÉS).

A. *Dans les diverses industries (pourcentage¹).*

BRANCHES D'INDUSTRIE	OUVRIERS				EMPLOYÉS			
	1918 (Moy.)	1921 (I/VII)	1922 (I/VII)	1923 (I/I)	1918 (Moy.)	1921 (I/VII)	1922 (I/VII)	1923 (I/I)
Mines.........	90,1	90,5	90,2	86,3	9,9	9,5	9,8	13,7
Métallurgie	86,6	82,0	81,9	85,5	13,4	18,0	18,1	14,5
Textile........	94,5	90,3	90,9	91,8	5,5	9,7	9,1	8,2
Construction. ..	87,5	85,4	85,6	85,5	12,5	14,6	13,4	14,5
Travail du bois..	88,7	84,8	84,4	84,8	11,3	15,2	15,6	15,2
Produits chimiques........	89,1	84,5	83,2	85,3	10,9	15,5	16,8	14,7
Papeterie.......	91,6	89,7	87,0	89,2	8,4	10,3	13,0	10,8
Alimentation....	84,1	80,1	80,5	81,6	15,9	19,9	19,5	18,4
Sucreries	88,0	77,2	73,3	80,2	12,0	22,8	26,7	19,8
Tabacs.........	93,8	90,1	86,8	89,7	6,2	9,9	13,2	10,3
Cuirs	92,2	86,5	85,1	86,3	7,8	13,5	14,9	13,7
Habillement.....	92,9	88,4	87,5	88,4	7,1	11,6	12,5	11,6
Imprimerie......	90,7	89,8	89,0	89,6	9,3	10,2	11,0	10,4
Transports ferrov. et fluviaux....	—	68,8	67,0	—	—	31,2	33,0	—
Transports locaux	—	78,9	80,8	—	—	21,1	19,2	—
Services communaux........	73,8	85,0	85,8	84,8	26,2	15,0	14,2	15,2
Moyennes	91,3	84,8	85,0	85,7	8,7	15,2	15,0	14,3

(1) En 1913, dans l'industrie, sur 100 travailleurs on comptait en moyenne 93,6 ouvriers et 6,4 employés.

B. *Dans les diverses catégories d'entreprises (pourcentage).*

CATÉGORIE D'ENTREPRISES	1921		1922		1923	
	Ouvriers	Employés	Ouvriers	Employés	Ouvriers	Employés
Entreprises comptant jusqu'à 50 ouvriers et employés...........	79,8	20,2	79,4	20,6	73,7	26,3
Entreprises comptant de 51 à 500 ouvriers et employés...........	85,2	14,8	82,3	17,7	81,0	19,0
Entreprises comptant plus de 500 ouvriers et employés...........	85,1	14,9	86,9	13,0	85,9	14,1

IV. — Classification des ouvriers et des employés d'après le sexe.

A. *Dans l'ensemble de l'industrie (pourcentage).*

	OUVRIERS			EMPLOYÉS		
	1921 (I/VII)	1922 (I/VII)	1923 (I/I)	1921 (I/VII)	1922 (I/VII)	1923 (I/I)
Hommes	66,5	65,2	71,6	80,7	80,3	82,7
Femmes	33,5	34,8	28,4	19,3	19,7	17,3

B. *Dans les diverses industries (pourcentage).*

BRANCHES D'INDUSTRIE	OUVRIERS						EMPLOYÉS					
	HOMMES			FEMMES			HOMMES			FEMMES		
	1921	1922	1923	1921	1922	1923	1921	1922	1923	1921	1922	1923
Mines	81,3	77,5	87,1	18,7	22,5	12,9	87,0	85,4	83,1	13,0	14,6	16,9
Métallurgie	82,8	83,0	85,7	17,2	17,0	14,3	78,7	78,8	82,4	21,3	21,2	17,6
Textile	40,5	40,2	41,4	59,5	59,8	58,6	80,2	77,9	81,6	19,8	22,1	18,4
Construction	73,7	80,6	77,7	26,3	19,4	22,3	82,3	83,1	82,0	17,7	16,9	18,0
Travail du bois	73,1	78,7	82,0	26,9	21,3	18,0	84,8	86,2	89,3	15,2	13,8	10,7
Produits chimiques	64,1	68,6	68,5	35,9	31,4	31,5	78,5	77,3	75,5	21,5	22,7	24,5
Papeterie	62,5	63,1	69,3	37,5	36,9	30,7	82,3	83,0	86,0	17,7	17,0	14,0
Alimentation	78,9	73,3	84,2	21,1	26,7	15,8	88,6	82,8	87,4	11,4	17,2	12,6
Sucreries	92,0	92,8	86,8	8,0	7,2	13,2	89,2	89,7	90,0	10,8	10,3	10,0
Tabacs	28,1	70,8	33,3	71,9	29,2	66,7	62,7	62,3	70,3	37,3	37,7	29,7
Cuirs	73,5	77,7	78,7	26,5	22,3	21,3	78,9	83,4	88,1	21,1	16,6	11,9
Habillement	25,4	25,7	33,5	74,6	74,3	66,5	55,8	61,1	70,1	44,2	38,9	29,9
Imprimerie	63,7	72,9	73,3	36,3	27,1	26,7	56,8	65,7	68,8	43,2	34,3	31,2
Transports ferroviaires et fluviaux	93,0	92,0	—	7,0	8,0	—	92,8	90,1	—	7,2	9,9	—
Transports locaux	90,9	91,3	—	9,1	8,7	—	77,6	79,5	—	22,4	20,5	—
Services communaux	66,7	71,8	83,3	33,3	28,2	16,7	63,0	61,5	74,0	37,0	38,5	26,0
MOYENNES	66,5	65,2	67,7	33,5	34,8	32,3	80,7	80,3	82,7	19,3	19,7	17,3

C. *Dans les diverses catégories d'entreprises (pourcentage).*

a) D'après le nombre des travailleurs employés.

CATÉGORIES D'ENTREPRISES	OUVRIERS				EMPLOYÉS			
	HOMMES		FEMMES		HOMMES		FEMMES	
	1921	1922	1921	1922	1921	1922	1921	1922
Entreprises employant jusqu'à 50 travailleurs......	79,5	80,1	20,5	19,8	84,0	85,1	16,0	14,9
Entreprises employant de 51 à 500 travailleurs..	67,7	71,2	32,3	28,8	79,7	82,5	20,3	17,5
Entreprises employant plus de 500 travailleurs..	64,2	60,9	35,8	39,1	80,4	78,0	19,6	22,0

b) D'après les différentes catégories d'entreprises (pour 1922).

Entreprises d'Etat.	—	65,1	—	34,9	—	80,2	—	19,8
Entreprises privées et coopératives..	—	72,0	—	28,0	—	83,5	—	16,5

V. — CLASSIFICATION DES OUVRIERS ET DES EMPLOYÉS D'APRÈS L'AGE.

A. *Dans l'ensemble de l'industrie.*

Pourcentage des adolescents (moins de 18 ans) par rapport au

Années	nombre total des ouvriers			nombre total des employés			Nombre total du personnel
	Hommes	Femmes	Total	Hommes	Femmes	Total	
1918	2,1	6,0	8,3	6,9	1,4	—	12,8
1921	6,6	2,8	9,0	5,9	3,1	—	9,4
1922	3,8	1,6	4,3	2,8	1,5	—	5,2
1923	4,7	1,7	6,4	2,2	1,0	3,2	5,5

B. *D'après les différentes branches d'industrie*

Pourcentage des adolescents (moins de 18 ans) par rapport au nombre total des ouvriers et des employés.

BRANCHES D'INDUSTRIE	1918	1921	1922	1923
Mines	14,8	7,5	5,7	4,2
Métallurgie	10,4	10,9	6,2	5,9
Textile	12,4	9,2	5,0	6,4
Construction	12,3	7,9	3,4	4,7
Bois	11,9	10,7	5,6	4,7
Produits chimiques	18,1	10,7	5,3	7,5
Papeterie	12,9	10,9	5,4	4,7
Alimentation	10,8	7,0	4,1	3,3
Sucreries	12,8	5,7	3,2	2,6
Tabacs	14,7	5,4	2,3	3,3
Cuirs	14,0	9,6	5,0	4,7
Habillement	14,7	8,5	3,2	3,6
Imprimerie	17,5	12,7	7,3	7,3
Transports ferroviaires et fluviaux	—	6,1	3,7	—
Transports locaux	7,8	9,0	5,3	—
Services communaux	7,8	6,2	2,7	—
MOYENNES	12,8	9,4	5,2	5,9

C. *D'après les différentes catégories d'entreprises.*

Pourcentage des adolescents (jusqu'à 18 ans) par rapport au nombre total des travailleurs (1922).

OUVRIERS	Entreprises d'Etat	Entreprises privées et coopératives	EMPLOYÉS	Entreprises d'Etat	Entreprises privées et coopératives
			Total	4,3	3,3
Total	5,5	3,9	Hommes	2,8	2,5
Hommes	5,9	3,3	Femmes	1,5	0,8
Femmes	1,6	0,6	Moyenne totale du personnel	5,3	3,8

D. *D'après l'importance des entreprises.*

Pourcentage des adolescents par rapport au nombre total des travailleurs.

Catégories de travailleurs	Entreprises employant moins de 50 travailleurs	Entreprises employant de 51 à 500 travailleurs	Entreprises employant plus de 500 travailleurs
OUVRIERS			
Total	9,7	10,8	8,8
Hommes	7,6	7,5	6,1
Femmes	2,1	3,0	2,7
EMPLOYÉS			
Total	4,4	9,3	9,4
Hommes	6,2	6,3	6,0
Femmes	1,8	3,0	3,4
Moyenne totale des travailleurs	9,0	10,6	8,9

ANNEXE II

Les salaires.

I. — Salaires moyens mensuels d'un ouvrier dans l'industrie pour la période 1913-1922[1].

Années	Salaires en espèces			Salaires en nature								Salaire total	
	En roubles d'avant-guerre	En % par rapport au salaire en 1913	En % par rapport au salaire total	"Paiok"[2] en roubles d'avant-guerre	"Paiok" en % par rapport au salaire total	Vêtements pour le travail		Services communaux		Total		En roubles d'avant-guerre	En % par rapport au salaire en 1913
						En roubles d'avant-guerre	En % par rapport au salaire total	En roubles d'avant-guerre	En % par rapport au salaire total	En roubles d'avant-guerre	En % par rapport au salaire total		
1913	22,0	100	100	»	»	»	»	»	»	»	»	22,0	100
1914	22,4	102	100	»	»	»	»	»	»	»	»	22,4	102
1915	20,6	93,6	100	»	»	»	»	»	»	»	»	20,6	93,6
1916	21,6	98,2	100	»	»	»	»	»	»	»	»	21,6	98,2
1917	21,2	96,4	94,7	0,69	3,1	»	»	0,50	2,2	1,19	5,3	22,39	101,8
1918	4,73	21,5	52,6	1,47	16,4	0,80	8,9	1,99	22,1	4,26	47,4	8,99	40,9
1919	1,40	6,4	20,0	2,42	36,0	0,86	12,8	2,09	31,2	5,37	80,0	6,77	30,8
1920	0,49	2,2	6,9	2,62	36,8	1,83	25,7	2,18	30,6	6,63	93,1	7,12	32,4
1921	0,96	4,4	13,8	2,85	41,0	0,94	13,5	2,20	31,7	5,99	86,2	6,95	31,6
1922 (1er semestre)	2,63	11,9	32,0	3,99	48,6	»	»	1,60	19,4	5,99	68,0	8,22	37,2
— (2e semestre)	6,62	30,8	61,7	2,50	23,3	»	»	1,60	14,9	4,10	38,2	10,72	48,7

[1] *Sur les nouvelles voies*, Recueil d'articles sur les résultats de la nouvelle politique économique ; publié par le Conseil du travail et de la défense ; vol. III, Industrie, Moscou, 1923. — S. Stroumiline, *Les salaires et la productivité du travail dans l'industrie russe en 1913-1922*, Moscou, 1923.

[2] Ration normale de vivres.

II. — Revenus mensuels moyens de l'ouvrier russe.

(En roubles d'avant-guerre[1].)

Années	Revenus légaux (Salaires)		Revenus illicites[2]	Revenu total			
	En argent	En nature		En roubles	En % par rapport à l'année 1913 = 100	Total du salaire payé par l'Administration de l'entreprise pour le travail effectué	
						En roubles	En % par rapport au revenu total
1913........	22,0	—	—	22,0	100	22,0	100
1914........	22,4	—	—	22,4	102	22,4	100
1915........	20,6	—	—	20,6	93,6	20,6	100
1916........	21,6	—	—	21,6	98,2	21,6	100
1917........	21,2	1,19	—	22,39	101,8	21,2	94,7
1918........	4,73	4,26	1,50	10,49	47,7	4,73	42,5
1919........	1,40	5,37	1,70	8,47	38,5	1,40	16,5
1920........	0,49	6,63	1,70	8,82	40,0	0,49	5,6
1921........	0,96	5,99	1,70	8,65	39,3	2,04	23,6
1922 (1er semestre)....	2,63	5,59	1,00	9,22	41,8	6,62	71,8

[1] Voir *op. cit.*, page précédente,
[2] Sous « Revenus illicites » on comprend les revenus d'un ouvrier provenant de travaux effectués en dehors de l'entreprise qui l'emploie.

III. — Les salaires établis par l'Etat

A. — *Les salaires en 1921* [1]

1921	Salaires moyens mensuels en roubles soviétiques	Coût de la ration normale journalière (2.700 calories) en roubles soviétiques	Nombre de rations journalières pour un salaire mensuel
Janvier.....................	5.351	2.794	1,9
Février.....................	5.886	3.860	1,5
Mars.......................	7.036	5.277	1,3
Avril.......................	7.210	6.300	1,1
Mai........................	7.775	8.905	0,9
Juin.......................	9.778	12.095	0,8
Juillet.....................	16.896	13.120	1,3
Août.......................	33.165	11.700	2,8
Septembre..................	72.794	11.050	6,6
Octobre....................	191.687	12.250	15,6
Novembre..................	464.475	15.900	29,2
Décembre..................	689.932	27.650	25,0

[1] *Bulletin de l'Administration centrale de la statistique*, n° 64, 1922.

B. — *Les salaires en 1922 et 1923*

1. — Taux de salaires minima établis par l'Etat et montant du budget minimum en 1922-1923 (octobre-septembre)[1].

(En millions de roubles soviétiques).

Mois	Première zone	Deuxième zone	Troisième zone	Montant du budget minimum (le 1er de chaque mois)
1922				
Octobre............	26	19	15	54
Novembre.........	26	19	15	85.
Décembre.........	34	24,5	19,5	121.
1923.				
Janvier............	44	32	25	156
Février...........	60	45	35	200
Mars.............	88	65	55	228
Avril.............	100	75	60	288
Mai..............	130.	100	80	402
Juin.............	180	140	110	588
Juillet...........	360	280	220	865.
Août.............	540	420	330	1.433.
Septembre........	800	620	490	2.429

NOMBRES — INDICES.

Mois	Première zone	Deuxième zone	Troisième zone	Montant du budget minimum
1922				
Octobre...........	100	100	100	100
Novembre.........	100	100	100	157
Décembre.........	130	123	130	224
1923				
Janvier...........	169	167	166	288
Février..........	230	236	233	375
Mars.............	338	344	366	422
Avril............	384	394	400	533
Mai.............	500	526	533	744
Juin.............	692	736	733	1.088
Juillet...........	1.384	1.473	1.466	1.601.
Août.............	2.769	2.210	2.200	2.653
Septembre........	3.076	3.263	3.260	4.500

[1] *Economitcheskaïa Jizn* et *Troud* pour 1923.

Pourcentage des taux de salaires minima par rapport au montant du budget minimum.

1922		1923	
Octobre.............	37,0		
Novembre...........	23,5	Mars..............	30,0.
Décembre...........	21,4	Avril.............	21,6.
		Mai..............	21,2
1923		Juin.............	24,3.
		Juillet...........	40,8
Janvier............	21,5	Août.............	30,0
Février............	22,9	Septembre.........	26,0.

2. — Taux des salaires maxima établis par l'Etat [1].

En millions de roubles soviétiques.

1923	Première zone	Deuxième zone	Troisième zone
Février......................	2.600	2.350	2.100
Mars.......................	3.250	2.925	2.625
Avril......................	3.800	3.600	3.200
Mai.......................	5.350	4.900	4.400
Juin......................	7.200	6.600	6.000
Juillet.....................		14.694 moyenne pour les 3 zones	
Août......................		22.836 — — —	

NOMBRES — INDICES.

1923	Première zone	Deuxième zone	Troisième zone
Février......................	100	100	100
Mars.......................	125	124	125
Avril......................	146	153	152
Mai.......................	244	207	209
Juin......................	276	280	285
Juillet.....................		625 moyenne pour les 3 zones	
Août......................		967 — — —	

[1] Voir la note précédente.

3. — Pourcentage des taux de salaires maxima par rapport au montant du budget minimum et aux salaires minima.

1923	Pourcentage par rapport au montant du budget minimum	Pourcentage par rapport aux salaires minima		
		Première zone	Deuxième zone	Troisième zone
Février..........	1.157	4.333	5.222	6.000
Mars...........	1.269	3.693	4.500	4.774
Avril...........	995	3.800	4.800	5.333
Mai...........	1.006	4.115	4.900	5.500
Juin...........	1.120	4.000	4.071	5.454
Juillet...........	1.698	4.081	5.247	6.678
Août...........	1.593	4.229	5.437	6.920

IV. — Salaires moyens des ouvriers effectivement payés dans la grande industrie (1922 et premier semestre de 1923) [1].

Mois	Salaires nominaux (en milliers de roubles-papier)	Nombres-indices des prix de détail (1913 = 1) [2]	Salaires réels en roubles d'avant-guerre		Pourcentage des payements effectués en nature par rapport au salaire total	Nombres-indices des salaires réels (1er janvier 1922 = 100)	Pourcentage des salaires réels actuels par rapport à ceux d'avant-guerre [3]
			Total	De ce nombre payés en nature			
1922							
Janvier.....	3.025	545.000	5,55	4,30	77,5	100,0	25,2
Février.....	6.814	1.153.000	5,91	4,18	70,7	106,5	26,8
Mars.......	15.194	2 524.000	6,02	4,25	70,6	108,5	27,3
Avril.......	23.765	4.162.000	5,71	4,22	73,9	102,9	26,0
Mai........	33.625	5.087.000	6,61	4,08	61,7	119,1	30,0
Juin........	42.304	5.795.000	7,30	3,98	54,5	131,4	33,2
Juillet......	44.433	5.589.000	7,95	3,87	48,7	143,5	36,1
Août........	50.058	5.995.000	8,35	2,84	34,0	150,7	38,0
Septembre..	64.243	7.342.000	8,75	2,91	33,3	158,5	39,8
Octobre.....	94.453	11.561.000	8,17	2,61	31,9	148,0	37,1
Novembre..	152.234	16.440.000	9,25	2,31	24,9	167,6	42,0
Décembre...	223.041	21.242.000	10,50	2,27	21,5	190,5	47,8
1923							
Janvier.....	314.118	27.700.000	11,34	2,39	21,1	204,3	54,6
Février.....	367.913	31.100.000	11,83	2,33	19,7	213,2	53,8
Mars.......	520.980	39.260.000	13,27	2,84	21,4	239,1	60,3
Avril.......	631.699	54.740.000	11,54	2,39	20,7	208,0	52,5
Mai........	936.016	77.549.000	12,07	2,03	16,8	247,5	54,9
Juin........	1.504.883	117.569.000	12,80	2,03	15,9	230,8	58,2

[1] Dans les établissements industriels occupant au moins 250 ouvriers.

[2] D'après les prix du dernier jour du mois (le plus proche jour de paye).

[3] Le salaire moyen mensuel, en Russie, était de 22 roubles en 1913.

V. — SALAIRES MENSUELS MOYENS DES OUVRIERS INDUSTRIELS EN 1922 ET 1923 [1]

A. — *Salaires moyens évalués en roubles d'avant-guerre.*

1. — Pour toute la Russie.

Branches d'industries	1913	1922				1923	
		1er trim.	2me trim.	3me trim.	4me trim.	1er trim.	2me trim.
Moyenne pour toute l'industrie	22	5,80	6,50	8,50	9,50	12,10	12,05
Métallurgie	33	6,50	7,20	9,00	10,60	12,90	13,60
Textile	18	4,82	5,20	6,60	7,00	10,05	9,50
Produits chimiques	20	5,80	8,00	10,70	11,10	12,75	12,40
Cuirs	25	—	—	—	—	15,10	16,70
Imprimerie	29	—	—	—	—	19,20	17,20
Alimentation	16	—	—	—	—	15,30	13,90
Habillement	—	—	—	—	—	—	—
Papeterie	18	—	—	—	—	14,80	15,85

2. — Pour Moscou.

Branches d'industries	1913	1922				1923	
		1er trim.	2me trim.	3me trim.	4me trim.	1er trim.	2me trim.
Moyenne pour toute l'industrie	25	9,00	10,90	14,10	17,00	20,60	20,25
Métallurgie	33	9,40	12,70	16,40	20,20	23,10	23,30
Textile	22	8,60	8,60	11,00	11,30	15,80	14,70
Produits chimiques	23	9,30	11,90	16,10	18,00	22,10	19,15
Cuirs	26	—	—	—	—	21,00	26,10
Imprimerie	32	9,80	12,10	13,00	19,60	26,10	23,10
Alimentation	21	10,40	12,90	20,50	18,50	23,50	21,90
Habillement	22,5	—	—	—	—	13,80	17,30
Papeterie	—	—	—	—	—	—	—

3. — Pour Petrograd.

Branches d'industries	1913	1922				1923	
		1er trim.	2me trim.	3me trim.	4me trim.	1er trim.	2me trim.
Moyenne pour toute l'industrie	32,0	8,80	9,60	13,90	18,05	21,10	20,70
Métallurgie	43,0	8,60	10,10	13,00	18,50	22,30	22,40
Textile	22,5	6,70	8,30	10,90	14,40	16,60	16,20
Produits chimiques	28,8	10,10	12,30	19,30	18,50	20,50	19,50
Cuirs	32,0	—	—	—	—	21,20	21 75
Imprimerie	34,6	9,50	12,60	12,80	18,10	26,20	24,00
Alimentation	22,3	10,00	8,10	12,30	17,50	20,45	18,05
Habillement	22,7	—	—	—	—	13,40	14,70
Papeterie	—	—	—	—	—	—	—

[1] *Revue économique*, n°° 4 et 10, 1923. — L. MINZ : *Le marché du travail en Russie* (1922 et 1er semestre 1923) ; *L'économie nationale russe en 1921-22* (éd. Economitcheskaia Jizn) *Questions du travail,* n°° 6-7. — A. KHALATOV : *De la politique des salaires,* Moscou, 1923.

B. — Salaires mensuels moyens comparés au montant du budget minimum (= 100).

1. — Pour toute la Russie.

Branches d'industries	1922				1923	
	1er trim.	2me trim.	3me trim.	4me trim.	1er trim.	2me trim.
Moyenne pour toute l'industrie..	79,0	88,7	113,9	126,0	164,4	163,8
Métallurgie.....................	87,7	98,3	121,9	144,0	174,9	184,8
Textile........................	65,3	70,7	89,7	95,3	136,6	129,1
Produits chimiques.............	78,4	108,2	144,5	150,8	173,3	168,6
Cuirs..........................	—	—	—	—	204,5	226,6
Imprimerie.....................	—	—	—	—	260,7	233,8
Alimentation...................	—	—	—	—	207,9	189,1
Habillement....................	—	—	—	—	—	—
Papeterie......................	—	—	—	—	201,4	215,3

2. — Pour Moscou.

Branches d'industries	1922				1923	
	1er trim.	2me trim.	3me trim.	4me trim.	1er trim.	2me trim.
Moyenne pour toute l'industrie..	90,6	109,1	141,4	169,9	206,0	202,6
Métallurgie....................	94,1	127,1	163,6	201,8	230,8	233,3
Textile........................	85,5	85,6	109,8	113,0	157,9	146,7
Produits chimiques.............	93,3	118,6	160,6	179,8	221,1	191,3
Cuirs..........................	—	—	—	—	210,1	260,6
Imprimerie.....................	97,7	121,4	129,7	196,3	260,9	231,2
Alimentation...................	104,4	129,7	205,3	184,6	210,1	260,6
Habillement....................	—	—	—	—	138,2	173,1
Papeterie......................	—	—	—	—	—	—

3. — Pour Petrograd.

Branches d'industries	1922				1923	
	1er trim.	2me trim.	3me trim.	4me trim.	1er trim.	2me trim.
Moyenne pour toute l'industrie..	88,5	96,0	138,9	173,4	210,9	206,9
Métallurgie....................	85,9	100,9	130,1	185,3	223,8	224,4
Textile........................	66,7	83,4	109,3	144,3	166,2	162,0
Produits chimiques.............	101,3	123,1	193,0	184,8	205,3	195,4
Cuirs..........................	—	—	—	—	212,9	217,5
Imprimerie.....................	95,0	126,0	127,7	180,7	261,9	240,2
Alimentation...................	100,0	80,7	122,6	175,4	204,7	180,5
Habillement....................	—	—	—	—	134,1	146,9
Papeterie......................	—	—	—	—	—	—

C. — *Salaires mensuels moyens de 1922 et 1923 comparés
aux salaires de 1913 (= 100).*

1. — Pour toute la Russie.

Branches d'industries	1922				1923	
	1er trim.	2me trim.	3me trim.	4me trim.	1er trim.	2me trim.
Moyenne pour toute l'industrie.	26,4	29,5	37,7	43,2	55,0	54,8
Métallurgie	19,7	21,8	27,2	32,1	39,1	41,2
Textile	26,7	28,9	36,7	38,8	55,8	52,8
Produits chimiques	28,8	39,8	53,6	55,4	63,7	62,1
Cuirs	—	—	—	—	60,2	62,7
Imprimerie	—	—	—	—	66,2	59,4
Alimentation	—	—	—	—	95,6	87,0
Habillement	—	—	—	—	—	—
Papeterie	—	—	—	—	82,4	88,0

2. — Pour Moscou.

Branches d'industries	1922				1923	
	1er trim.	2me trim.	3me trim.	4me trim.	1er trim.	2me trim.
Moyenne pour toute l'industrie.	36,0	43,6	56,4	68,0	76,0	74,7
Métallurgie	28,5	38,5	49,7	61,2	69,9	70,7
Textile	39,1	39,1	50,0	51,4	71,5	66,7
Produits chimiques	40,4	51,7	70,0	78,3	96,1	83,2
Cuirs	—	—	—	—	80,8	100,2
Imprimerie	30,6	37,8	40,6	61,3	81,5	72,2
Alimentation	49,5	61,4	97,6	88,1	111,8	104,2
Habillement	—	—	—	—	61,4	76,9
Papeterie	—	—	—	—	—	—

3. — Pour Petrograd,

Branches d'industries	1922				1923	
	1er trim.	2me trim.	3me trim.	4me trim.	1er trim.	2me trim.
Moyenne pour toute l'industrie..	27,5	30,0	43,4	54,1	65,9	64,7
Métallurgie	20,0	23,5	30,3	43,0	52,0	52,2
Textile	29,7	36,9	48,4	64,0	73,8	72,0
Produits chimiques	35,1	42,7	67,0	64,2	71,2	68,1
Cuirs	—	—	—	—	66,5	68,6
Imprimerie	27,5	36,4	37,0	52,3	75,6	69,4
Alimentation	44,8	36,2	55,2	78,5	91,7	80,9
Habillement	—	—	—	—	58,9	64,6
Papeterie	—	—	—	—	—	—

VI. — SALAIRES FIXÉS PAR LES CONTRATS COLLECTIFS A PÉTROGRAD

(En roubles d'avant-guerre)

1922	Salaires minima fixés par l'Etat	Salaires fixés par la commission départementale du fonds de salaires	Salaires fixés par les contrats collectifs	Proportion (⁰/₀) entre les salaires fixés par contrats et ceux fixés par la commission départementale
Juin. ℓ............	9,16	11,01	12,00	109
Juillet............	9,13	10,87	11,93	110
Août.............	9,36	12,65	33,61	108
Septembre........	7,43	12,26	13,24	108
Octobre..........	4,31	9,12	10,22	112
Novembre........	3,58	14,42	16,29	113
Décembre........	3,47	12,63	14,32	113

VII. — SALAIRES RÉELS COMPARÉS AUX SALAIRES MINIMA FIXÉS PAR L'ETAT

1922	Salaires réels moyens dans l'industrie russe		Comparaison (en ⁰/₀) des salaires de la 6ᵐᵉ (moyenne) catégorie des ouvriers des industries métallurgique, textile, chimique et du bois, et du montant du budget minimum		
	En roubles réels	En ⁰/₀ du montant du budget minimum	Moyenne	Minimum	Maximum
Juin................	5,94	59,4	98	54	163
Juillet..............	6,03	60,3	98	50	148
Août..............	6,82	68,2	107	62	181
Septembre..........	6,32	63,2	102	74	308
Octobre............	7,03	70,3	107	43	244
Novembre..........	5,53	55,3	127	56	196

VIII. — PROPORTIONS (%) RELATIVES DANS LE SALAIRE TOTAL RÉEL, EN 1922, DES SALAIRES A L'HEURE ET DES SALAIRES AUX PIÈCES

1. — Pour toute la Russie.

Industries	Salaires à l'heure				Salaires aux pièces			
	Mars	Juin	Septembre	Décembre	Mars	Juin	Septembre	Décembre
Moyenne pour toute l'industrie.......	55,0	53,5	56,1	54,5	45,0	46,5	43,9	45,5
Métallurgie.......	50,5	49,2	53,7	51,0	49,5	50,8	46,3	49,0
Textile...........	49,3	49,9	52,3	51,3	50,7	50,1	47,7	48,7
Produits chimiques	78,3	64,5	64,1	62,6	21,7	35,5	35,9	37,4

2. — A Moscou.

Industries	Salaires à l'heure				Salaires aux pièces			
	Mars	Juin	Septembre	Décembre	Mars	Juin	Septembre	Décembre
Moyenne pour toute l'industrie.......	64,4	63,4	63,4	57,9	35,6	36,6	36,6	42,1
Métallurgie.......	38,8	50,7	42,1	41,1	61,2	49,3	57,9	58,9
Textile..........	67,2	64,4	71,3	65,8	32,8	35,6	28,7	34,2
Produits chimiques	81,1	65,0	59,8	53,2	18,9	35,0	40,2	46,8
Alimentation......	57,5	76,9	86,0	58,4	42,5	23,1	14,0	41,6
Imprimerie.......	88,0	90,2	94,0	96,4	12,0	9,8	6,0	3,6

3. — A Petrograd.

Industries	Salaires à l'heure				Salaires aux pièces			
	Mars	Juin	Septembre	Décembre	Mars	Juin	Septembre	Décembre
Moyenne pour toute l'industrie......	58,7	52,3	49,7	54,2	41,3	47,7	50.3	45,8
Métallurgie.......	69,6	47,1	46,5	50,9	30,4	52,9	53,5	49,1
Textile..........	65,9	64,8	62,7	58,2	34,1	35,2	37,3	41,8
Produits chimiques	54,7	54,3	56,3	52,9	45,3	45,7	43,7	47,1
Alimentation......	77,6	70,7	56,4	67,2	22,4	29,3	43,6	42,8
Imprimerie.......	88,3	59,7	84,4	83,4	11,7	40,3	15,6	16,6

IX. — DURÉE EFFECTIVE DE LA JOURNÉE DE TRAVAIL EN HEURES
Pour toute la Russie.

Industries	Mars	Juin	Septembre	Décembre	Moyenne pour 1922
Moyenne pour toute l'industrie........	7,9	8,0	8,0	7,9	7,9
Métallurgie.........	8,1	8,4	7,7	7,8	8,0
Textile.............	7,3	7,8	7,8	7,8	7,7
Produits chimiques...	7,7	8,3	7,7	8,1	7,9

X. — HEURES SUPPLÉMENTAIRES EN 1922
A. — *Pourcentage des heures supplémentaires par rapport au nombre total des heures de travail.*
1. — Pour toute la Russie.

Industries	Mars	Juin	Septembre	Décembre	Moyenne pour 1922
Moyenne pour toute l'industrie.........	3,4	3,4	3,8	3,4	3,4
Métallurgie.........	4,4	4,7	4,8	3,9	4,5
Textile.............	2,0	2,1	2,2	2,1	2,1
Produits chimiques...	6,4	3,7	5,1	4,5	4,9

2. — A Moscou.

	Mars	Juin	Septembre	Décembre	Moyenne pour 1922
Moyenne pour toute l'industrie..........	3,9	4,4	5,2	4,1	4,4

3. — A Petrograd.

	Mars	Juin	Septembre	Décembre	Moyenne pour 1922
Moyenne pour toute l'industrie..........	5,1	5,0	6,3	5,5	5,5

B. — *Pourcentage des ouvriers ayant effectué des heures supplémentaires par rapport au nombre total des ouvriers.*

1. – Pour toute la Russie.

Industries	Mars	Juin	Septembre	Décembre	Moyenne pour 1922
Moyenne pour toute l'industrie.........	20,9	18,7	22,9	23,9	21,6
Métallurgie..........	27,1	23,6	26,7	26,6	26,0
Textile..............	14,4	13,2	15,4	14,9	14,4
Produits chimiques...	29,4	18,5	27,5	32,7	27,0

2. — A Moscou.

Industries	Mars	Juin	Septembre	Décembre	Moyenne pour 1922
Moyenne pour toute l'industrie..........	27,7	25,5	31,2	30,5	28,7

3. — A Petrograd.

Industries	Mars	Juin	Septembre	Décembre	Moyenne pour 1922
Moyenne pour toute l'industrie..........	23,4	16,0	28,7	32,6	25,2

C. — *Nombre moyen des heures supplémentaires effectuées par ouvrier et par mois.*

1. — Pour toute la Russie.

Industries	Mars	Juin	Septembre	Décembre	Moyenne pour 1922
Moyenne pour toute l'industrie..........	30,8	31,6	29,6	26,5	29,6
Métallurgie..........	31,0	34,4	30,2	27,3	30,7
Textile..............	26,1	27,4	25,6	26,6	26,4
Produits chimiques....	42,0	37,0	33,5	25,8	34,6

2. — A Moscou.

Industries	Mars	Juin	Septembre	Décembre	Moyenne pour 1922
Moyenne pour toute l'industrie..........	26,3	31,1	29,8	25,7	28,2

3. — A Petrograd.

Industries	Mars	Juin	Septembre	Décembre	Moyenne pour 1922
Moyenne pour toute l'industrie..........	37,7	48,8	33,5	24,8	34,6

XI. — Salaires dans l'industrie d'Etat et dans l'industrie privée (premier semestre 1923)

A. — *Chiffres absolus* [1].

(En roubles réels)

BRANCHES D'INDUSTRIES	DANS TOUTE LA RUSSIE			A MOSCOU			A PETROGRAD		
	Entreprises d'Etat et coopératives	Entreprises privées	Comparaison des salaires dans les entreprises privées et dans les entreprises d'Etat (en %)	Entreprises d'Etat et coopératives	Entreprises privées	Comparaison des salaires dans les entreprises privées et dans les entreprises d'Etat (en %)	Entreprises d'Etat et coopératives	Entreprises privées	Comparaison des salaires dans les entreprises d'Etat et dans les entreprises privées (en %)
Moyenne pour toute l'industrie....	10,67	13,76	29,0	15,50	20,40	31,6	15,60	22,00	41,0
Métallurgie......................	10,75	13,09	24,6	17,70	19,70	11,3	16,20	23,80	40,7
Travail du bois..................	10,38	12,07	16,3	14,80	19,90	34,4	17,50	—	—
Imprimerie.......................	13,03	14,42	10,7	18,40	19,80	7,6	18,00	20,40	13,3
Textile [2].......................	10,67	23,18	48,3	15,00	21,50	43,3	14,40	—	—
Habillement......................	9,49	14,20	50,0	12,70	19,70	55,0	14,40	—	—
Cuirs............................	10,38	10,67	2,8	12,30	16,00	30,0	14,50	18,10	24,8
Produits chimiques...............	10,60	13,98	32,0	14,90	20,60	41,0	17,60	24,80	40,9
Alimentation.....................	10,16	13,10	29,0	15,10	16,60	99,0	15,40	20,20	33,3
Construction.....................	9,27	14,50	56,3	12,30	24,80	101,6	14,10	26,00	87,4

[1] *Messager du Travail (Viestnik Trouda)*, n° 6-7, 1923.

[2] Il n'est pas tenu compte pour les salaires des ouvriers du textile, payés par les entreprises de l'Etat, des facilités accordées en matière de loyers et des aliments vendus à prix réduits, ce qui augmente dans une certaine mesure la valeur réelle des salaires. La différence réelle entre les salaires payés dans l'industrie textile privée et l'industrie textile de l'Etat, est de 25 pour cent environ en faveur de l'industrie privée.

B. — *Pourcentage par rapport au budget minimum.*

BRANCHES D'INDUSTRIES	DANS TOUTE LA RUSSIE			A MOSCOU			A PETROGRAD		
	(1) Entreprises d'État et coopératives	(2) Entreprises privées	Comparaison des indices de la rubrique (2) et de la rubrique (1) en %	(1) Entreprises d'État et coopératives	(2) Entreprises privées	Comparaison des indices de la rubrique (2) et de la rubrique (1) en %	(1) Entreprises d'État et coopératives	(2) Entreprises privées	Comparaison des indices de la rubrique (2) et de la rubrique (1) en %
Moyenne pour toute l'industrie....	145	187	29	155	204	31,6	156	220	41
Métallurgie......................	146	182	24,6	177	197	11,3	162	238	40,7
Travail du bois..................	141	164	16,3	148	199	34,4	175	—	—
Imprimerie......................	177	196	10,7	184	198	7,6	180	204	13,3
Textile..........................	145[1]	215[1]	48,3[1]	150	215	43,3	144	—	—
Habillement.....................	129	193	50,0	127	197	55,0	144	—	—
Cuirs...........................	141	145	2,8	123	160	30,0	145	181	24,8
Produits chimiques..............	144	190	32,0	140	206	41,0	176	248	40,9
Alimentation....................	138	178	29,0	151	166	99,0	154	202	33,3
Construction....................	126	197	56,3	123	248	101,6	141	260	84,4

[1] Voir note [2] de la page précédente.

XII. — Nombre des travailleurs ravitaillés par l'Etat et fonds de salaires alloués par l'Etat[1].

A. — *Nombre de travailleurs ravitaillés par l'Etat.*

ANNÉES ET MOIS	TOTAL	Travailleurs de l'industrie	
		Nombre absolu	Pourcentage
1922			
Janvier.............	3.591.525	1.059.525	29,4
Février.............	3.380.391	1.132.000	33,4
Mars...............	3.444.803	1.220.000	35,4
Avril..............	3.583.035	972.131	27,1
Mai................	3.220.852	679.210	21,0
Juin...............	2.806.132	671.905	23,9
Juillet............	2.885.252	637.756	22,1
Août...............	2.889.366	646.130	22,3
Septembre..........	2.890.519	647.308	22,3
Octobre............	2.892.000	647.392	22,3
Novembre...........	2.090.555	87.170	4,1
Décembre...........	2.009.532	78.967	3,9
1923			
Janvier.............	1.762.277	64.133	3,6
Février.............	1.759.974	59.047	3,3
Mars...............	1.757.212	55.101	3,1
Avril..............	1.774.151	50.718	2,8
Mai................	—	—	—
Juin...............	1.773.200	62.000	3,4

B. — *Fonds de salaires alloués par l'Etat et évalués en espèces.*

ANNÉES ET MOIS	Fonds de salaires évalués en milliards de roubles	Salaires évalués en millions de roubles réels	Nombres-indices du montant du budget minimum (les prix de 1913=100)	Taux moyens des salaires alloués par l'Etat (en roubles d'avant-guerre)
1922				
Janvier.............	3.500	12,2	288.000	7,77
Février.............	5.000	9,1	545.000	6,24
Mars...............	11.500	9,9	1.153.000	5,13
Avril..............	16.000	6,3	2.524.000	3,44
Mai................	18.000	4,3	4.162.000	3,98
Juin...............	34.000	6,6	5.087.000	4,95
Juillet............	48.500	8,3	5.795.000	5,34
Août...............	66.000	11,8	5.589.000	5,64
Septembre..........	81.400	13,5	5.995.000	5,50
Octobre............	129.800	17,6	7.342.000	6,15
Novembre...........	136.200	11,8	11.561.000	5,33
Décembre...........	200.400	12,1	16.442.000	6,52
1923				
Janvier.............	317.000	14,9	21.200.000	8,49
Février.............	407.300	14,7	27.700.000	8,35
Mars...............	550.000	17,1	32.100.000	9,75
Avril..............	735.000	17,9	40.940.000	10,10
Mai................	1.067.690	20,3	66.059.000	—
Juin...............	1.578.320	21,7	95.904.000	12,20

[1] *Bulletin de l'Institut de recherches économiques*, n°° 5-6, 1923. — *Questions du travail*, n°° 7-8, 1923.

XIII. — Le plan de ravitaillement des ouvriers de l'industrie pour 1922-1923

Conformément à l'arrêté du Conseil du travail et de la défense des 8 et 15 septembre 1922, un fonds spécial comprenant 25 millions de pouds de vivres a été créé pour les entreprises industrielles ; il était destiné à garantir le ravitaillement moyen annuel d'un contingent de 653.000 ouvriers.

Ce contingent se répartit en Russie (y compris l'Ukraine) de la façon suivante :

Industries	Plan de 1921-1922	Plan de 1922-1923	Comparaison du plan de 1922-23 en $^0/_0$ par rapport au plan de 1921-22
Métallurgie	259.183	230.000	89,0
Mines	41.689	20.000	48,0
Industrie de guerre	150.204	90.000	60,0
Industrie électro-technique	27.572	20.000	74,0
Naphtes	51.946	50.000	96,5
Charbonnages	210.397	198.000	92,5
Produits chimiques	29 403	8.000	26,7
Construction	79.335	22.000	27,8
Tourbe	17.000	15 000	88,3
Total	866.729	653.000	75,3
Autres branches	379.485	—	—
Total	1.246.214	653.000	52,5

Les besoins annuels en farine des diverses branches d'industrie sont déterminés comme suit :

Branches d'industrie	Besoins annuels (calculés en pouds)	Moyenne annuelle par ouvrier (en pouds)
Métallurgie	7.436.950	32,1
Industrie de guerre	2.920.878	29,0
Industrie électro-technique	594.000	28,5
Matériaux de construction	90.000	30,0
Charbonnages	7.893.300	39,9
Naphtes	1.439.250	28,5
Produits chimiques	186.000	24,0
Mines	700.000	38,5
Construction	543.550	29,9
Tourbe	450.000	30,0
Total	22.253.928	34,4

Cette quantité se répartit comme suit par régions :

Ukraine	9,9	millions de pouds.
Oural	3,4	—
Sibérie	1,36	—
Moscou et Petrograd.........	1,10	— [1]
Autres régions	7,0	—

La répartition par mois est la suivante :

Octobre 1922	7.221.468	pouds.
Novembre —	5.449.643	—
Décembre —	3.825.839	—
Janvier 1923	1.819.524	—
Février —	1.013.234	—
Mars-juillet 1923...................	3.015.168	—

XIV. — RÈGLEMENT SUR L'UTILISATION DU FONDS DE VIVRES

Le Conseil du travail et de la défense a établi le règlement suivant pour l'utilisation du fonds de ravitaillement pour l'industrie [1], les transports et les P. T. T. :

1. Le contrôle du fonds de blé est effectué par le Commissariat du ravitaillement, qui alloue le fonds de vivre aux consommateurs, conformément au plan provisoire établi pour l'année et aux plans mensuels, qui sont fixés par le Commissariat du travail avec la participation des administrations intéressées.

2. Le fonds annuel est composé de 50.642.900 pouds répartis comme suit :

Commissariat des postes et télégraphes......	1.740.000	pouds.
Commissariat des transports	22.000.000	—
Conseil suprême d'économie nationale........	25.000.000	—
Fonds de réserve du Commissariat du travail..	1.902.000	—

3. Normes moyennes établies pour la distribution de farine par les organismes économiques :

a) pour les ouvriers et employés dépendant du Conseil suprême d'économie nationale : 3 pouds de farine par tête et par mois ;

b) pour les ouvriers du transport : 2 pouds et demi de farine ;

c) pour les travailleurs des postes et télégraphes : 2 pouds de farine.
La norme fixée pour chaque mois ou trimestre est déterminée par le Conseil supérieur des tarifs.

4. Les fonds de vivres sont alloués par le Commissariat du ravitaillement aux trois organes centraux : Conseil suprême d'économie nationale, Commissariat des transports et Commissariat des postes et télégraphes.
Le transport des fonds vers les lieux de consommation est effectué par le Commissariat des transports, à ses frais et conformément aux indications des organes consommateurs.

---

[1] Y compris les industries suivantes : textile, constructions, travail du bois, vins, cuirs, imprimerie, papeterie, sucreries, habillement et industrie du schiste.

5. Les conditions de payement sont réglées par des accords spéciaux que chaque Commissariat passe avec le Commissariat des finances.

Pour le Commissariat des transports, le coût des vivres consommés figure dans le budget ordinaire du Commissariat. Le Commissariat des postes et télégraphes paie au comptant, ou sinon reçoit les vivres à titre de prêt à court terme.

Le Conseil suprême d'économie nationale reçoit des vivres :

a) pour les entreprises qui sont entretenues entièrement aux frais de l'Etat : d'après le montant des sommes prévues pour cet entretien au budget de l'Etat ;

b) pour les entreprises recevant des subsides de l'Etat : à titre de subsides ;

c) pour toutes les autres entreprises : contre remboursement, ou à titre de prêt à court terme.

6. Lors du règlement financier entre le Commissariat du ravitaillement et le Commissariat des finances d'un côté et le Conseil suprême d'économie nationale, les Commissariats des postes et télégraphes et des transports, de l'autre, les prix des vivres livrés sont déterminés par des accords, conformément aux prix de gros locaux, réduits de 20 pour cent.

XV. — LES ÉCHELONS DE SALAIRES

Le nombre des échelons de salaires dans les diverses branches de l'industrie, qui était, en 1920, de 35, a été ramené par la suite à 17. Bien que ce dernier nombre soit généralement adopté, on constate actuellement une tendance à l'accroître. Certains auteurs ne voient là qu'un moyen détourné de relever les salaires eux-mêmes. A Pétrograd, il y a 24 échelons, à Tver 33, à Ivanovo-Voznessensk 31 [1].

La proportion du salaire attribué aux divers échelons est très variable suivant les branches. Entre l'échelon 1 (le plus bas) et l'échelon 17 on établit la proportion de 1 : 5, 1 : 6, 1 : 7, 1 : 8. Dans un rapport présenté au Conseil suprême d'économie nationale [2], on cite un cas où cette proportion atteint 1 : 9. La proportion qu'on tend généralement à adopter est de 1 : 8.

Pour la partie « ouvrière » de cette échelle, il existe aussi des différences sensibles. Cette partie s'étend de l'échelon 1 à l'échelon 9. La proportion généralement recommandée et adoptée est de 1 : 4.

Nous citons comme exemple le modèle de répartition recommandé par le Comité central du syndicat des ouvriers du textile et qui envisage jusqu'à vingt-neuf échelons, obtenus, il est vrai, en introduisant des sous-échelons.

Ce n'est là qu'une échelle-type, même pour le textile [4], car si dans les entreprises textiles d'Ivanovo-Voznessensk et à Kiev la proportion est de 1 : 9, à Petrograd, Kostroma et Vladimir elle est de 1 : 5. En

---

[1] *Troud*, 25 août 1922.

[2] *Ibid.*, 2 nov. —

[3] *Ibid.*, 18 oct. —

[4] *Economitcheskaïa Jizn*, 22 déc. 1922.

août 1922, à Samara, la proportion était également de 1:5, alors qu'à Tver elle était déjà de 1:8.

Nous reproduisons ci-dessous, d'après les données du *Troud* pour le mois d'août 1922, les proportions des salaires suivant les échelons actuellement en vigueur dans diverses branches d'industrie.

N° de l'échelon	Coefficient	N° de l'échelon	Coefficient	N° de l'échelon	Coefficient
1	1	6 1/2	3.2	12 1/2	5.7
2	1.2	7	3 5	13	6
2 1/2	1.4	8	3.7	13 1/2	6.2
3	1.6	9	4	14	6.5
3 1/2	1.8	9 1/2	4.3	14 1/2	6.7
4	2	10	4.5	15.	7
4 1/2	2.2	10 1/2	4.7	16	8
5	2.4	11	5	16 1/2	8.5
5 1/2	2.7	11 1/2	5.2	17	9
6	3	12	5.5		

NUMÉROS DE L'ECHELON	17 échelons		22 échelons coefficient 1 : 5
	coefficient 1 : 5	coefficient 1 : 8	
1	1	1	1
2	1.2	1.2	1.1
3	1.4	1.4	1.2
4	1.6	1.6	1.3
5	1.8	1.8	1.46
6	2	2	1.63
7	2.2	2.3	1.81
8	2.4	2.6	1.98
9	2.7	3	2.15
10	3	3.4	2.32
11	3.2	3.8	2.48
12	3.5	4.3	2.64
13	3.7	4.8	2.8
14	4	5.4	2.9
15	4.3	6	3
16	4.6	7	3.2
17	5	8	3.4
18	»	»	3.6
19	»	»	3.85
20	»	»	4.20
21	»	»	4.60
22	»	»	5

XVI. — LES MÉTHODES D'ÉTABLISSEMENT DES TAUX DE SALAIRES PAR LES SYNDICATS PROFESSIONNELS, LORS DE LA CONCLUSION DES CONTRATS COLLECTIFS.

Le V° Congrès panrusse des syndicats professionnels a proposé à tous les syndicats de prendre comme unité de calcul, lors de la conclusion de tous les contrats collectifs, le rouble réel d'avant-guerre, conformément à l'index budgétaire de la Statistique du Travail et du Gosplan. Cet index budgétaire est établi en roubles soviétiques et déterminé en divisant le coût sur le marché libre des produits composant le budget, à chaque date déterminée, par le coût de ces mêmes produits en 1913, dans la même localité.

Conformément à cet arrêté, le Conseil central panrusse des syndicats professionnels a donné les indications suivantes aux syndicats professionnels [1].

Le budget mensuel minimum est composé comme suit :

Farine de seigle	40	livres.
— de froment	20	—
Gruaux (froment)	7,5	—
Pommes de terre	40	—
Choux	9	—
Betteraves	4,5	—
Oignons	1	—
Viande	7,5	—
Beurre	1	—
Œufs	1/2	douzaine.
Huile végétale	1	livre.
Lait	2	bout. (de 1 lit. 1/4).
Harengs	1 1/8	livre.
Sucre	2	—
Sel	2	—
Bottes (1 paire)	0,06	paire par mois.
Indienne	2	archines.
Toile	0,6	—
Etoffe	0,1	—
Pétrole	6	livres.
Savon	0,7	—
Tabac	0,2	—
Allumettes	3	boîtes.
Bois	0 015	d'un sajène cube.

Les normes et les produits indiqués à l'index budgétaire correspondent aux besoins d'un ouvrier adulte et ont été fixés après de nombreuses expériences.

Le montant de ce budget était, à Moscou et à Petrograd, d'après les prix de 1913, de 10 roubles, et pour l'ensemble de la Russie, de 7,40 roubles (moyenne calculée d'après 97 villes). Ainsi, en divisant par 10 le montant de ce budget, à un moment donné, on obtient la valeur du rouble-marchandises (ou rouble réel) à la date en question.

Au début, les tarifs de salaires, lors de la conclusion de contrats collectifs, étaient fixés en roubles réels, déterminés par la méthode que nous venons d'indiquer. Ensuite, étant donné les variations de la valeur du rouble réel suivant les localités, une circulaire du Conseil central panrusse des syndicats professionnels et du Conseil suprême d'économie nationale (sans date, publiée dans le *Troud* du 24 février 1923) fixa les tarifs de salaires en pourcentage du budget minimum.

Un décret du Conseil des commissaires du peuple du 11 avril 1923, une instruction du Commissariat du travail du 15 mai 1923 et un ordre du Conseil suprême d'économie nationale du même jour confièrent à des commissions spéciales, dans les sections départementales du travail, le soin de déterminer la valeur du budget quatre fois par mois, le 1er, le 8, le 15 et le 22.

---

[1] *Troud*, 19 oct. 1922. — *Bulletin de l'Administration centrale de la statistique*, 9 sept. 1922.

L'échelle de valeurs du rouble réel est fixée par les parties au contrat collectif, conformément aux données publiées par les commissions précitées. C'est aux parties contractantes de décider si les tarifs de salaires doivent être établis en roubles réels locaux, ou en roubles réels fictifs (d'après la valeur de Moscou).

Conformément à un ordre du Conseil suprême d'économie nationale du 13 septembre 1923, le paiement des appointements aux tarifs fixés par l'Etat doit se faire en « roubles tchervontsy ».

La liste des produits compris dans le budget-type, liste établie par le Conseil central panrusse des syndicats professionnels, ne doit en aucun cas être considérée comme correspondant à un salaire minimum ni à un salaire moyen. Ce budget doit servir d'unité de calcul pour les salaires ; les salaires mêmes seront établis par un accord à intervenir entre les parties.

Dans le cas où l'entreprise livre aux ouvriers des vivres ou d'autres produits en nature, ces livraisons sont défalquées du salaire, indépendamment de la méthode de calcul du rouble réel, à des prix qui ne pourront dépasser les prix courants sur le marché libre, à l'époque du paiement du salaire.

ANNEXE III

Le développement des contrats collectifs.

Nous donnons ci-dessous des précisions sur les contrats collectifs conclus en 1922 et 1923.

I. — LES CONTRATS COLLECTIFS EN 1922 DANS TOUTE LA RUSSIE

1. *Contrats généraux.*

Nombre des contrats et nombre d'ouvriers englobés par ces contrats d'après les différents syndicats [1].

SYNDICATS	Nombre des contrats	Nombre d'ouvriers
I. — *Industrie :*		
Métallurgie	21	461.790
Produits chimiques	26	107.771
Travail du bois	13	24.802
Construction	7	16 758
Alimentation	6	37.429
Mines	2	40.707
Sucreries	2	66.625
Papeteries	1	7.558
TOTAL	78	763.440
II. — *Voies de communication :*		
Transports	2	1.630.776
Postes, télégraphe, téléphone	4	388.000
TOTAL	6	2.018.776
III. — *Employés :*		
Fonctionnaires soviétiques	21	225.063
Médecins, personnel sanitaire, etc	10	222.530
Instruction publique	1	200.000
TOTAL	32	647.593
IV. — *Agriculture*	6	10.006
TOTAL GÉNÉRAL	122	3.439.815

[1] *Statistique du travail,* n° 3, fév. 1923.

2. Contrats locaux.

Nombre de contrats, d'entreprises et de travailleurs englobés par ces contrats.

	Septembre (25 départements)	Octobre (25 départements)
Nombre de contrats conclus..........	426	641
Nombre d'entreprises................	1.733	1.701
Nombre d'ouvriers et d'employés......	92.236	121.931

La teneur des contrats.

Parmi les diverses stipulations des contrats collectifs, les retenues opérées sur le montant total du salaire, pour divers besoins, occupent une place importante. C'est ainsi que, pour l'entretien des comités d'usine, 22 contrats prévoient une défalcation de 2 pour cent, 2 contrats stipulent une défalcation inférieure à 2 pour cent, et 2 contrats une retenue supérieure à 2 pour cent. Pour les « besoins culturels » (instruction, éducation communiste, etc.), le pourcentage établi par 30 contrats collectifs varie entre 2 et 5 pour cent ; 4 contrats stipulent un prélèvement de plus de 5 pour cent ; un contrat seulement prévoit une retenue inférieure à 2 pour cent. Les congés annuels, prévus par les contrats collectifs, se présentent comme suit : 28 contrats (sur un total de 41) stipulent que la question des congés sera réglée conformément au code du travail [1] ; 11 contrats prévoient deux semaines de congé pour 5 mois et demi de travail, et 1 mois de congé pour 11 mois de travail ; les compensations pour les congés non utilisés sont établies par 21 contrats en conformité avec le code du travail [2] ; 2 contrats prévoient des compensations doubles des compensations légales, tandis que 18 contrats ne contiennent aucune clause sur ces compensations.

Le nombre des apprentis est limité dans 10 contrats collectifs à 5 pour cent du nombre total des ouvriers ; dans 8 contrats, à 8 pour cent et dans un seul contrat à plus de 10 pour cent ; 13 contrats collectifs ne stipulent rien en ce qui concerne les apprentis.

Sur 41 contrats collectifs, 36 prévoient que, lors de l'embauchage de nouveaux ouvriers, la préférence sera accordée aux ouvriers syndiqués; 19 contrats prévoient que, lors de la réduction des effectifs, les travailleurs non syndiqués seront renvoyés en premier lieu ; 20 contrats collectifs stipulent que les travailleurs non syndiqués pourront être remplacés par des syndiqués ; enfin, 7 contrats établissent qu'avant de recourir à la réduction du nombre des salariés, les entreprises devront réduire les heures de travail.

---

[1] Le code du travail, article 114, stipule que chaque travailleur a droit à un congé annuel de quinze jours ; les ouvriers mineurs (au-dessous de dix-huit ans) ont droit à un mois de congé.

[2] La compensation pour un congé non utilisé (à moins que ce congé ne soit reporté à l'année suivante) est prévue par l'article 91 du code. Cette compensation doit être égale au salaire moyen du travailleur pour une période égale à la durée du congé non utilisé.

II. — LES CONDITIONS DU TRAVAIL, D'APRÈS LES CONTRATS COLLECTIFS
EN 1922

L'enquête entreprise par le Commissariat du travail au sujet de 95 contrats, englobant 2 millions et demi d'ouvriers et d'employés, permet de juger de quelle manière sont traitées certaines questions du travail dans les contrats collectifs.

De l'aveu des personnes ayant participé à l'élaboration du compte rendu de cette enquête, certaines clauses contractuelles sont rédigées d'une façon si obscure qu'il est difficile d'en comprendre le sens [1].

Pour cette raison, l'enquête n'a pu porter que sur les points suivants :

Les avantages des syndicats et de leurs membres, lors des embauchages et des congédiements.

Plus des neuf dixièmes des contrats conclus prévoient que les travailleurs syndiqués seront embauchés de préférence aux non syndiqués; 41 pour cent stipulent que les non-syndiqués devront être congédiés avant les membres du syndicat.

Dans 30 pour cent des contrats collectifs, il existe une clause autorisant l'embauchage de non-syndiqués avant les travailleurs syndiqués. Tous les contrats conclus dans les transports accordent des avantages aux syndiqués.

Compensations lors du renvoi.

Près des deux tiers des contrats stipulent des compensations supérieures aux compensations prévues par le code du travail.

82 pour cent des ouvriers et employés bénéficient d'un salaire de deux semaines et d'un préavis de deux semaines également. Mais, si ces avantages sont accordés à tous les travailleurs des transports, ils ne le sont qu'à 10 pour cent de la main-d'œuvre industrielle et à 2 pour cent seulement de la main-d'œuvre agricole.

4 pour cent des travailleurs reçoivent un salaire d'un mois lors du renvoi ; 24 pour cent de ces travailleurs sont employés dans l'industrie.

Compensations lors de renvoi pour incapacité.

La plupart des contrats contiennent des clauses conformes aux dispositions du code du travail. Il n'y a guère que 30 pour cent des contrats qui prévoient des compensations supérieures au minimum légal.

Compensation lorsque le renvoi est exigé par le syndicat.

Une pareille compensation est prévue par 32 contrats, c'est-à-dire par 34 pour cent des contrats conclus.

Compensation lors du renvoi pour violation du contrat collectif.

Les contrats prévoyant cette compensation, sous forme d'un salaire de deux semaines, n'englobent pas plus de 8 pour cent des travailleurs dans l'industrie, 81 pour cent dans les transports et 60 pour cent dans l'agriculture.

---

[1] *Questions du travail,* n° 4, 1923.

Congés.

Sur la totalité des contrats collectifs, 41 pour cent, n'englobant pas plus de 6 pour cent de l'ensemble des ouvriers, fixent un congé plus long que le congé légal prévu par le code (en général, un mois au lieu de deux semaines).

Dans 39 contrats sur cent, englobant 5,2 pour cent des travailleurs, la compensation pour le congé inutilisé est établie conformément aux dispositions du code du travail.

III. — LES CONTRATS COLLECTIFS A MOSCOU [1]

Il a été conclu à Moscou, de septembre 1922 à janvier 1923, 1.341 contrats collectifs intéressant 482.925 ouvriers et employés. Les mois de décembre et janvier ont été marqués par le renouvellement de nombreux contrats collectifs intéressant principalement les entreprises importantes. Le tableau suivant montre comment a varié l'activité des syndicats en ce qui concerne la conclusion des contrats collectifs.

Dates	Nombre de contrats	Nombre de travailleurs intéressés
1922 Septembre	226	(pas de données)
— Octobre	346	80.438
— Novembre	281	(pas de données)
— Décembre	156	119.939
1923 Janvier	332	111.981

NOM DU SYNDICAT	Nombre de contrats	Nombre de travailleurs intéressés
Métallurgie	252	30.005
Administrations soviétiques	198	10.385
Industrie du cuir	168	9 015
Bâtiments et travaux publics	142	16.597
Industrie chimique	77	5.248
Agriculture	68	18.784
Industrie du bois	67	8.413
Alimentation	56	1.720
Habillement	48	16.353
Santé publique	42	22.723
Industrie textile	36	146.843
Transports locaux	28	8.927
Industrie minière	15	4.111
Services d'hôtellerie	14	811
Beaux-Arts	7	284
Chemins de fer	2	721
Mariniers	1	200

Dans les différents syndicats, le nombre et l'importance des contrats conclus sont très variables. Certains syndicats n'ont fait que renouveler des contrats existant déjà. Le syndicat de l'instruction publique en

---

[1] *Troud*, 2 mars 1923.

a renouvelé 39, intéressant 94.471 travailleurs ; celui des services municipaux, 28 (8.927), et celui de l'industrie sucrière, 6 (875). En outre, le syndicat des postes et télégraphes, en conservant le contrat collectif général conclu avec le Commissariat des postes et télégraphes, a établi 10 accords portant uniquement sur les taux de salaires. L'activité des autres syndicats est résumée dans le tableau précédent.

Avant d'entrer en vigueur, ces contrats ont dû être approuvés et enregistrés par le Conseil intersyndical du département de Moscou. Au mois de décembre, 39,1 pour cent des contrats présentés ont été refusés pour inobservation des dispositions légales en vigueur (à cette date, le nouveau code du travail venait de paraître et était souvent mal interprété). En janvier, cette proportion s'abaisse à 6 pour cent.

Actuellement, la direction des entreprises, privées ou publiques, manifeste une résistance marquée contre les exigences des syndicats. Certaines difficultés en résultent pour la conclusion des contrats collectifs. Les parties doivent souvent recourir à la décision des organismes chargés de résoudre les conflits. On a compté 38 recours de cette nature en septembre, 41 en octobre, 29 en novembre, 52 en décembre et 63 en janvier.

IV. — CONTRATS COLLECTIFS CONCLUS EN RUSSIE PENDANT LE PREMIER SEMESTRE DE 1923 [1]

Contrats collectifs généraux.

Au début de janvier 1923, 70 contrats collectifs généraux, englobant 1.684.000 travailleurs manuels et non-manuels, étaient en vigueur en Russie. 44 d'entre eux avaient été conclus par les syndicats industriels, 7 par les syndicats des ouvriers du transport et 19 par d'autres syndicats. A la fin de juillet, le nombre des contrats et celui des ouvriers intéressés avaient légèrement augmenté, ainsi qu'il ressort du tableau ci-dessous.

Contrats collectifs généraux conclus en 1923.

BRANCHES DE L'ECONOMIE NATIONALE	JANVIER		AVRIL		JUILLET	
	Nombre de contrats	Nombre d'ouvriers	Nombre de contrats	Nombre d'ouvriers	Nombre de contrats	Nombre d'ouvriers
Industrie	44	341.900	47	374.400	47	379.400
Transports, postes, télégraphe, téléphone	7	849.200	6	946.400	7	947.600
Autres syndicats (employés des Soviets, médecins, employés des hôpitaux, etc.)	19	493.100	18	506.800	18	501.700
TOTAL	70	1.684.200	71	1.827.600	72	1.828.700

Il convient de noter, dans ce tableau, un fait caractéristique : l'augmentation considérable, du mois de janvier au mois d'avril, du nombre

---

[1] *Viestnik Trouda*, n° 8, août 1923.

des ouvriers du transport soumis à des contrats collectifs. Cette augmentation est due au fait qu'un contrat supplémentaire a été conclu pendant cette période entre le Commissariat des voies et communications et le syndicat des marins. Dans les autres cas, les chiffres de janvier et juillet n'accusent pas une différence importante.

Contrats collectifs locaux.

Les contrats collectifs locaux jouent un rôle extrêmement important dans la réglementation des salaires. D'une façon générale, les contrats généraux signés par les syndicats prévoient la conclusion de contrats locaux ; néanmoins, plusieurs syndicats, ceux des ouvriers du textile, des ouvriers du cuir et des typographes par exemple, n'ont pas adopté la méthode des contrats généraux, de sorte que la réglementation des taux de salaire de leurs membres dépend entièrement des contrats collectifs locaux.

Les contrats collectifs locaux conclus par les sections départementales des syndicats sont soumis à un examen trimestriel du Bureau central des statistiques du travail, qui établit ensuite un rapport. D'après celui du 30 avril 1923, 6.723 contrats collectifs locaux englobant 28.426 entreprises qui comptaient 1.330.936 travailleurs manuels et

Répartition des contrats collectifs locaux.

GROUPEMENTS SYNDICAUX ET CATÉGORIES D'ENTREPRISES	Nombre de contrats	Nombre d'ouvriers	Nombre moyen d'ouvriers par entreprise	Nombre moyen d'ouvriers visés par un contrat
	En pourcentage du nombre total			
a) *Syndicats industriels :*				
Entreprises — d'Etat.................	26,4	93,5	221	661
Coopératives et publiques.................	7,4	2,2	50	54
Privées...............	56,2	4,3	15	20
TOTAL.........	100,0	100,0	133	257
b) *Syndicats non industriels :*				
Entreprises — d'Etat...............	48,8	86,7	24	248
Coopératives et publiques.................	18,7	9,6	32	72
Privées...............	32,5	3,7	5	16
TOTAL.........	100,0	100,0	21	139
c) *Total pour tous les syndicats :*				
Entreprises — d'Etat...............	42,6	91,1	59	424
Coopératives et publiques...............	13,1	4,8	36	72
Privées.............	44,3	4,1	9	18
TOTAUX........	100,0	100,0	48	198

non manuels, étaient en vigueur dans cinquante départements (à l'exclusion de Moscou et de Petrograd).

Nous reproduisons à la page précédente un tableau indiquant la répartition de ces contrats d'après la nature de l'entreprise : entreprises d'Etat, entreprises coopératives et entreprises privées.

Bien que 57,4 pour cent des contrats collectifs locaux eussent été conclus par des entreprises coopératives et par des entreprises privées, le nombre des travailleurs visés par ces contrats était peu élevé (8,9 pour cent) par rapport au nombre total des travailleurs soumis à l'ensemble des contrats. Cela montre que les syndicats sont appelés à déployer une activité considérable en ce qui concerne la réglementation des salaires dans les entreprises coopératives et privées.

Avant de poursuivre, il peut être utile d'évaluer le nombre d'ouvriers syndiqués visés par des contrats collectifs, en pourcentage du nombre total des membres des syndicats. Le tableau ci-dessous donne le pourcentage pour les contrats généraux et les contrats locaux.

Pourcentage des syndiqués visés par des contrats collectifs.

GROUPES SYNDICAUX	Contrats coll. locaux	Contrats coll. généraux	Total
Industrie..........................	69	20	89
Transports, postes, télégraphe, téléphone........................	8	90	98
Administrations soviétiques..........	31	37	68
Autres entreprises..................	48	—	48
Moyennes................	43	39	82

Il ressort de ce tableau que 82 pour cent de l'effectif total des syndiqués étaient visés par des contrats collectifs et que les contrats des ouvriers du transport englobaient presque tous les membres des syndicats.

Durée de validité des contrats collectifs.

En avril 1922, époque où furent signés les premiers contrats collectifs, la durée de validité de la plupart de ces contrats (80 à 90 pour cent) ne dépassait pas trois mois. Vers la fin de 1922 et au début de 1923 on commença à signer plus fréquemment des contrats conclus pour de plus longues périodes. Une enquête entreprise à la fin de janvier 1923 a montré que 37 pour cent des contrats conclus dans les provinces et 51 pour cent de ceux passés dans les grandes villes étaient applicables pendant plus de trois mois. A la fin du mois d'avril, ce pourcentage était monté à 57 pour les provinces et 59 pour les grandes villes.

Le tableau suivant, relatif aux contrats collectifs locaux en vigueur dans les provinces et les grandes villes à la fin des mois de janvier et d'avril, montre également la tendance à une augmentation de la période de validité des contrats collectifs qui s'est manifestée en 1923.

Classification des contrats collectifs locaux d'après la durée de leur validité.

Pourcentage du nombre total.

DURÉE DE VALIDITÉ	JANVIER		AVRIL	
	Nombre de contrats	Nombre d'ouvriers	Nombre de contrats	Nombre d'ouvriers
Provinces				
1 mois....................	16	34	11	10
2-3 mois..................	47	35	47	34
4-5 mois..................	17	17	17	27
6 mois et plus............	20	14	25	29
Grandes villes				
1 mois....................	3	5	2	3
2-3 mois..................	47	24	39	44
4-5 mois..................	9	9	12	14
6 mois et plus............	41	62	47	39

On voit que le nombre des contrats collectifs locaux conclus pour une durée d'un mois a diminué de janvier à avril dans les grandes villes et en province, tandis que les contrats conclus pour une période d'au moins six mois sont devenus plus fréquents pendant la même période.

Enfin, la durée de validité moyenne des contrats en vigueur en janvier était de 3,4 mois en province et de 4,4 mois dans les grandes villes ; en avril, elle était de 3,8 mois en province et de 4,6 mois dans les grandes villes.

V. — LES CONTRATS COLLECTIFS ET LES CONTRATS DE SALAIRES A PETROGRAD EN 1923 [1]

Le nombre total des contrats collectifs et des contrats de salaires à Pétrograd a été le suivant pendant les trois premiers mois de l'année :

MOIS	Nombre total des contrats collectifs et contrats des salaires	Nombre des entreprises ayant conclu ces contrats	Nombre des ouvriers et des employés englobés par ces contrats	
			Chiffres absolus	Pourcentage du nombre total des ouvriers et des employés de Petrograd
1er janvier........	747	3.990	190.731	67,8
1er février........	783	4.492	213.510	73,6
1er mars..........	866	4.923	225.788	76,4

[1] *Troud*, 16 juin 1923. Les contrats de salaires ne portent que sur les salaires ; ils ne règlent aucune autre des conditions du travail.

Au mois de mars, à Pétrograd, 76,4 pour cent des travailleurs étaient soumis à des contrats collectifs ou à des contrats de salaires. Le pourcentage le plus élevé du nombre des syndiqués englobés par les contrats se trouve dans le syndicat des postes, télégraphe, téléphone et celui des ouvriers du bâtiment où les contrats concernent 100 pour cent des syndiqués ; dans le syndicat des ouvriers du papier, le pourcentage est de 98 pour cent ; dans les syndicats des ouvriers du textile et des ouvriers de l'industrie du cuir, il atteint 97 pour cent ; chez les métallurgistes, il est de 93 pour cent, etc. Les chiffres les plus bas sont enregistrés, parmi les adhérents au syndicat des ouvriers forestiers et agricoles (34 pour cent) et au syndicat des travailleurs des beaux-arts (26 pour cent).

Le tableau suivant donne un aperçu de l'importance relative des contrats collectifs ainsi que des contrats de salaires.

Contrats collectifs et contrats de salaires en vigueur le 1ᵉʳ mars.

Nombre des contrats collectifs	665
— d'entreprises ayant conclu ces contrats	3.748
— d'ouvriers et employés englobés	148.174
Nombre des contrats des salaires	201
— d'entreprises ayant conclu ces contrats	1.175
— d'ouvriers et employés englobés	77.614

ANNEXE IV

Les conflits industriels.

I. — Grèves pendant la première moitié de 1922 [1]

Dans vingt et un départements et les deux capitales.

	DÉPARTEM.	CAPITALES
Agriculture et industrie forestière	1	30
Mines	19	7.006
Métallurgie	25	6.044
Travail du bois	9	1.024
Papeterie	—	—
Imprimerie	2	861
Textile	17	20.853
Habillement	4	1.729
Cuirs	3	75
Alimentation	3	329
Tabac	—	—
Produits chimiques	4	1.020
Bâtiment	2	116
Transports locaux	4	1.321
Chemins de fer	3	445
Transports fluviaux	1	180
Postes et télégraphes	2	1.000
Services municipaux	4	175
Ravitaillement	—	—
Santé publique	1	30
Instruction publique	5	1.265
Artistes	—	—
Employés soviétiques	—	—
Totaux	109	43.503

Parmi les membres des syndicats professionnels, 1,6 pour cent ont participé à des grèves.

Le nombre moyen des ouvriers ayant participé à chaque grève a été, pour l'ensemble des départements, de 426,5 ; il a été de 720,9 pour le département de Moscou et de 433,9 pour celui de Pétrograd.

II. — Les conflits industriels soulevés en 1922 par l'application des contrats collectifs [2]

Au cours de la période envisagée, 57 conflits concernant 3.569.782 ouvriers et employés ont été soumis à la Chambre centrale de conciliation et au Tribunal d'arbitrage. Sur ces 57 conflits, 7 intéressaient 2.888.856 travailleurs, alors que les 50 autres ne concernaient que 680.926 personnes. Ces conflits n'ayant été causés que par l'application de contrats collectifs conclus par les différentes organisations ouvrières, l'écart dans le nombre des travailleurs intéressés à

---

[1] *Compte rendu du Conseil central panrusse des syndicats professionnels pour la période de mai à août 1922.* Moscou, 1922.

[2] *Statistique du travail,* n° 3, fév. 1923, et *Questions du travail,* n° 3, 1923.

chacun des conflits est dû uniquement à l'étendue plus ou moins grande du champ d'application de chacun des contrats conclus par les différentes organisations. Il est évident en effet que lorsqu'il s'agissait de contrats généraux, les conflits intéressaient un plus grand nombre de travailleurs que lorsque les contrats, dont l'exécution soulevait un différend, n'avaient qu'un caractère local.

En ce qui concerne les 7 conflits les plus importants par le nombre des travailleurs intéressés, 3 ont intéressé les services de transport, 3 la métallurgie et l'industrie chimique et un les employés soviétiques ; 16 (sur 57) conflits se produisirent au cours de la période avril-juillet et 41 pendant la période août-décembre. 31 conflits furent soumis directement à la chambre de conciliation et 26 au tribunal d'arbitrage ; 12, qui ne purent être tranchés par la chambre de conciliation, furent renvoyés par la suite au tribunal d'arbitrage. En définitive, 50 conflits furent résolus, dont 14 par la chambre de conciliation et 36 par le tribunal d'arbitrage.

Le tableau ci-dessous indique la répartition des conflits sus-mentionnés d'après les organisations ouvrières :

INDUSTRIES ET ORGANISATIONS	Nombre de conflits	Nombre de travailleurs intéressés	Pourcentage du nombre total de travailleurs intéressés
I. — *Industrie :*			
Métallurgie.....................	13[1]	402.165	11,3
Industrie chimique............	7[1]	96.168	2,7
Alimentation..................	1	34 209	0,9
Bâtiment......................	4	10.337	0,3
Imprimerie....................	2	5.625	0,2
Travail du bois...............	1	750	0,0
II. — *Transports et communications :*			
Transports....................	4	2.360.548	66,1
Postes et télégraphes.........	4	291.849	8,2
III. — *Etablissements publics et gouvernementaux :*			
Administration soviétique.....	15	93.988	2,7
Santé publique...............	4	61.780	1,7
Enseignement.................	1	200.000	5,6
IV. — *Agriculture*..........	4	12.363	0,3
Totaux...........	57	3.569.782	100,0

[1] Trois conflits intéressant collectivement les organisations des travailleurs de la métallurgie et de l'industrie chimique sont compris dans les statistiques relatives à ces deux organisations.

Nous ne possédons pas d'informations complètes sur les causes de ces 57 conflits ; toutefois, le tableau ci-dessous, qui porte sur 43 de ces conflits, donne une idée générale des principaux points litigieux dans l'application des contrats collectifs en 1922. Il y a lieu de tenir compte du fait que l'un quelconque de ces conflits peut avoir eu pour cause un ou plusieurs des points litigieux indiqués ci-après .

Les conflits industriels soulevés en 1922 par l'application des contrats collectifs.

POINTS LITIGIEUX	Nombre de conflits causés par chacun des points litigieux indiqués dans le tableau	Nombre de travailleurs intéressés par chacune des ormes de litige	POURCENTAGE DU NOMBRE DES TRAVAILLEURS INTÉRESSÉS PAR CHACUNE DES FORMES DE LITIGE			
			par rapport au nombre total des travailleurs affectés par les conflits	par rapport au nombre total des travailleurs de chacune des principales catégories		
				Industrie	Transports et communications	Etablissements publics
Salaires	41	2.381.000	99,9	99,6	100,0	100,0
Retenues sur les salaires effectuées pour l'entretien des Comités d'usines et des organismes culturels	15	1.331.000	56,0	61,6	58,7	2,3
Difficultés d'ordre juridique : (engagements, renvois, vacances, etc.)	12	1.084.000	45,5	31,7	52,2	8,1
Assistance médicale, mesures de sécurité, fourniture de vêtements spéciaux	6	959.000	40,6	19,0	52,2	1,0
Portée ou période de validité des contrats et contrats locaux supplémentaires	12	1.817.000	75,0	11,2	100,0	25,1
Raisons diverses	22	2.104.000	—	—	—	—
TOTAUX	43	2.583.000	—	—	—	—

Il ressort de ce tableau que les questions de salaires constituent la cause principale des conflits : sur les 43 conflits étudiés, 41 ont trait, dans une mesure plus ou moins grande, à des questions de ce genre, et 19 sont dus uniquement à cette cause. Viennent ensuite les questions relatives aux retenues opérées sur les salaires pour l'entretien des comités d'usine et des organismes culturels. Si cette cause de conflits a été d'une importance négligeable en ce qui concerne le personnel des services administratifs, elle a joué un rôle très considérable dans l'industrie et dans les services de transports.

Il est également intéressant d'examiner les résultats qu'a donnés, pour les parties intéressées, le système d'arbitrage. Le tableau ci-dessous fournit des informations complètes à ce sujet : il indique le pourcentage du nombre des conflits qui ont été tranchés en faveur, soit des organisations ouvrières, soit des entreprises ou des institutions gouvernementales, ainsi que le pourcentage des conflits dont la solution a été obtenue par compromis :

Pourcentage des conflits réglés.

Branches de l'économie nationale	En faveur des organisations	En faveur des entreprises et institutions gouvernementales	Par compromis
Nombre total de conflits	29	28	43
Industrie......................	29	23	48
Services des transports	11	53	36
Administration soviétique	39	28	33

Les chiffres ci-dessus montrent que c'est dans les services du transport que les organisations de travailleurs ont dû céder le plus fréquemment ; les résultats de l'arbitrage ont été plus favorables aux organisations ouvrières de l'industrie et aux travailleurs de l'administration soviétique.

On trouvera, dans le tableau ci-dessous, des informations sur la nature des décisions prises par les organismes d'arbitrage relativement aux conflits ayant trait uniquement aux salaires.

Pourcentage des conflits réglés.

NATURE DES CONFLITS	En faveur des organisations ouvrières		En faveur des entreprises ou institutions gouvernementales		En faveur des deux parties
	sans compromis	par compromis	sans compromis	par compromis	
Questions relatives au paiement des salaires...............	16,7	19,7	19,7	28,8	15,1
	36,4		48,5		
Questions relatives aux échelles de salaires...............	11,4	22,8	14,3	37,2	
	34,2		51,5		14,3

III. — LES CONFLITS INDUSTRIELS A MOSCOU ET A PÉTROGRAD EN 1922 [1]

Le nombre des conflits enregistrés par les syndicats professionnels pendant les neuf premiers mois de 1922 s'est élevé à 6.250, et celui des conflits enregistrés par les sections du travail (organes locaux du Commissariat du travail) à 1.835.

Le nombre des ouvriers englobés dans les conflits était, dans le premier cas, de 81.170, dans le second cas, de 42.367. Le tableau suivant montre le développement des conflits industriels par trimestre :

1922	Nombre des conflits	Nombre des ouvriers engagés dans les conflits
1ᵉʳ trimestre......................	754	9.526
2ᵉ trimestre......................	3.313	34.428
3ᵉ trimestre......................	4.018	79.583
TOTAUX.................	8.085	123.537

Le nombre moyen des personnes intéressées dans chaque conflit était en 1919 (1ᵉʳ semestre) de 6,2 ; en 1919 (2ᵉ semestre) de 3,7 ; en 1920 (2ᵉ semestre) de 2,9 ; en 1922 (1ᵉʳ semestre) de 11,0.

Au point de vue du nombre de travailleurs impliqués dans les conflits dans les différents syndicats professionnels, c'est le syndicat des employés soviétiques qui tient la première place. Les employés soviétiques impliqués dans les conflits constituent 26,5 pour cent du nombre total. Les métallurgistes occupent la deuxième place : 12,3 pour cent du nombre total ; viennent ensuite : les travailleurs des transports locaux, 12,2 pour cent ; les ouvriers du bâtiment, 8,6 pour cent ; les ouvriers de l'industrie du papier, 6 pour cent ; ceux de l'habillement et de l'industrie du cuir, 5,3 pour cent.

D'après les différentes catégories d'entreprises, le nombre des conflits et le nombre des personnes impliquées dans ces conflits se répartissent de la façon suivante :

Catégories d'entreprises	Proportion des conflits en %	Proportion des personnes impliquées dans les conflits en %
Entreprises d'Etat................	55,0	58,7
— coopératives..........	12,3	27,0
— privées..............	32,7	14,3

Les causes des conflits sont avant tout des questions de salaires (88 pour cent du nombre total des conflits et 93 pour cent du nombre total des personnes impliquées dans les conflits). La plus grande partie des conflits ont été résolus en faveur des ouvriers. Les conflits dont la solution a été favorable aux ouvriers constituent 91,5 pour cent du nombre total des conflits et intéressent 95 pour cent du nombre des personnes impliquées.

---

[1] *Statistique du travail*, n° 1, décembre 1922.

IV. — La solution des conflits industriels en 1923

Les données ci-dessous se rapportent au premier trimestre 1923. Elles concernent 41 départements et l'activité de trois institutions pour la solution des conflits du travail : les commissions des conflits, les chambres de conciliation et les tribunaux d'arbitrage. Dans les cas où il a été possible de le faire, les chiffres de 1923 sont comparés à ceux des trimestres précédents [1].

Le nombre des conflits soumis à l'arbitrage de janvier à mars 1923 se répartit comme suit : . .

Règlement des conflits en 1923

MOIS	Nombre de conflits soumis à l'arbitrage	Répartition par départements			Nombre moyen de conflits par département	
		Moscou	Petrograd	Autres départements (39)	Moyenne générale	Non compris Moscou et Petrograd
Janvier....	958	253	93	612	23	16
Février...	1.187	368	92	727	29	19
Mars......	1.260	334	97	829	31	21
Totaux...	3.405	955	282	2.168	83	56

Le tableau ci-dessous établit une comparaison entre le nombre moyen d'ouvriers intéressés à chaque conflit dans les grandes villes et en province, en 1922 et 1923 :

Périodes	Moscou	Petrograd	Province	Moyenne générale
3ᵉ trimestre 1922.............	88	65	35	61
4ᵉ trimestre —	103	116	69	88
1ᵉʳ trimestre 1923............	71	71	48	55

En ce qui concerne le nombre des travailleurs intéressés, l'importance des conflits a donc considérablement diminué pendant le premier trimestre de 1923 par rapport aux deux trimestres précédents.

Nous donnons ci-après le nombre des conflits examinés par les organismes d'arbitrage pendant le premier trimestre 1923 et le nombre des travailleurs intéressés. Les chiffres des deux trimestres précédents sont également reproduits en vue de permettre une comparaison :

Périodes	Nombre des conflits examinés	Nombre des travailleurs intéressés
3ᵉ trimestre 1922.......................	1.698	115.901
4ᵉ trimestre —	2.112	205.462
1ᵉʳ trimestre 1923................	2.982	175.672

[1] *Statistique du travail*, n° 6, 1923.

Pendant le premier trimestre de 1923, la majorité (55,8 pour cent) des conflits examinés étaient sans importance et ne concernaient chacun qu'un seul ouvrier. D'autre part, 11,2 pour cent seulement du nombre total des conflits englobaient plus de cinquante personnes.

Par rapport à leur nombre total, le pourcentage des conflits résolus par chacun des organismes compétents, de juillet 1922 à mars 1923, a été le suivant :

PÉRIODES	Nombre de conflits pour lesquels des rens. existent	Nombre total des ouvriers intéressés	Pourcentage du nombre total des conflits résolus par		
			les commissions de conflits	les chambres de conciliation	les tribunaux d'arbitrage
3ᵉ trimestre 1922.....	1.770	118.315	83,2	12,2	4,6
4ᵉ trimestre —	2.182	213.444	78,8	13,5	7,7
1ᵉʳ trimestre 1923.....	2.976	172.587	78,3	13,2	8,5

L'importance relative des différentes causes de contestation n'a presque pas varié de janvier à mars 1923 par rapport au trimestre précédent, les salaires continuant à constituer l'élément prédominant. Le tableau ci-dessous donne le pourcentage des conflits dus à chaque cause de contestation, de juin 1922 à mars 1923, par rapport à leur nombre total.

Objets des conflits.

PÉRIODES	Nombre de conflits pour lesquels des rens. existent	Pourcentage du nombre total des conflits dus			
		aux salaires	à des congédiements	à des contraventions aux lois de protection du travail	à d'autres causes
2ᵉ semestre 1922......	3.321	72,8	21,2	1,3	4,7
1ᵉʳ trimestre 1923....	2.982	74,2	18,1	1,2	6,5
Objets des conflits d'après les différentes catégories d'entreprises.					
1ᵉʳ trimestre 1923 :					
Entr. d'Etat........	1.766	67,9	22,8	1,3	8,0
Entr. coopératives et privées..........	1.216	83,5	11,3	1,0	4,2

Le nombre des conflits dus à des congédiements a été beaucoup plus élevé pour les entreprises d'Etat que pour les entreprises privées.

Les conséquences des sentences arbitrales pour les parties intéressées sont indiquées dans le tableau ci-après.

Le pourcentage de cas jugés dans lesquels les demandes des ouvriers ont été repoussées a été plus élevé pour les entreprises d'Etat que pour les entreprises privées. Néanmoins, d'une façon générale, une grande partie des sentences arbitrales prononcées étaient en faveur des travailleurs.

Résultats des conflits.

PÉRIODES	Nombre de conflits pour lesquels des rens. existent	Pourcentage des sentences prononcées		
		en faveur des ouvriers		contre les ouvriers
		Entièrement	En partie	
2e semestre 1922..............	3.324	66,8	16,7	16,5
1er trimestre 1923.............	2.893	62,9	20,3	16,8

Résultat des conflits d'après les différentes catégories d'entreprises.

1er trimestre 1923 :				
Entr. d'Etat.................	1.710	62,1	17,9	20,0
Entr. coopératives et privées..	1.183	64,2	23,6	12,2

V. — Activité de la Commission centrale des conflits près le Commissariat du travail [1]

Activité de la Commission en 1922.

La Commission centrale des conflits fonctionne depuis mars 1922 en tant qu'instance supérieure au-dessus des commissions départementales des conflits.

Il a été recouru contre 353 jugements des commissions départementales à la Commission centrale des conflits.

En mars et avril 1922, la Commission centrale examina 7 affaires, en mai, 17, et en octobre, 58. Le chiffre moyen mensuel des affaires examinées par la Commission était :

2e trimestre 1922	16
3e — —	24
4e — —	50

38,2 pour cent des affaires examinées avaient été renvoyées à la Commission centrale par des ouvriers, 6,8 pour cent par les syndicats et 55 pour cent par les employeurs (dont 22 pour cent étaient des employeurs privés) ; 42,5 pour cent de ces affaires concernaient des employés, 31 pour cent des ouvriers, et 26,5 pour cent des ouvriers et des employés.

Sur 100 conflits, 40 avaient éclaté dans des institutions et administrations, 36,7 dans l'industrie.

La grande majorité des conflits (65 pour cent) étaient des conflits individuels ; les conflits collectifs concernant plus de 50 travailleurs chacun ne constituaient pas plus de 6 pour cent du total.

---

[1] *Questions du travail*, nᵒˢ 5-6, 1923.

Répartition des conflits d'après les différentes causes de litige.

CATÉGORIES D'ENTREPRISES	NOMBRE TOTAL des CONFLITS		NOMBRE DES CONFLITS SOULEVÉS PAR CHACUNE DES CAUSES DE LITIGE INDIQUÉES CI-DESSOUS												
			QUESTIONS DE SALAIRES								Congédiements		Autres	
			Nombre total		Insuffisance des salaires		Retard de payement		Payement lors du congédiement					
	Nombre absolu	Pourcentage	Nombre absolu	Pourcentage	Nombre absolu	Pourcentage	Nombre absolu	Pourcentage	Nombre absolu	Pourcentage	Nombre absolu	Pourcentage	Nombre absolu	Pourcentage
Entreprises d'Etat............	191	100	114	59,7	17	8,9	24	12,6	44	21,5	72	37,7	5	2,6
Entreprises coopératives.......	42	100	26	61,9	2	4,8	2	4,8	15	35,7	13	30,9	3	7,2
Entreprises privées...........	36	100	29	80,6	6	16,7	5	13,9	17	47,2	6	16,7	1	2,7
TOTAL.............	269	100	169	62,8	25	9,3	31	11,4	73	27,1	91	33,8	9	3,4
Conflits soulevés par :														
les ouvriers.................	97	100	51	52,6	9	9,3	6	6,2	20	20,6	42	43,3	4	4,1
les entrepreneurs.............	160	100	112	70,0	15	9,4	24	15,0	52	32,5	43	26,9	5	3,1
Nombre moyen des ouvriers affectés par chaque conflit....	52	—	86.5	—	59.2	--	72	—	24.9	—	1.6	—	1.6	

55,6 pour cent de toutes les affaires jugées en dernier ressort par la Commission centrale des conflits ont été réglées en faveur des ouvriers.

En tant qu'instance de cassation, la Commission centrale a tempéré la pression exercée par les commissions locales sur les entreprises privées.

Les recours adressés à la Commission centrale contre les décisions des commissions départementales ont reçu une solution favorable aux entrepreneurs privés dans 25,7 cas sur 100, et en faveur des ouvriers dans 22,7 cas.

VI. — Activité des organismes de conciliation en 1922

L'activité des diverses institutions pour la conciliation des conflits s'est fortement développée depuis leur création (avril 1922) jusqu'à la fin de l'année 1922, ainsi que le montrent les données suivantes[1] :

Organes centraux près le Commissariat du travail.

1922 (trimestre)	NOMBRE DE CONFLITS LIQUIDÉS PAR			
	la Commission des conflits		la chambre de conciliation et le tribunal d'arbitrage	
	Nombres absolus	Nombres-indices	Nombres absolus	Nombres-indices
Avril-juin	58	100	7	100
Juillet-septembre	92	159	14	200
Octobre-décembre	169	291	33	471
Totaux	319		54	

Organes locaux.

1922 (Avril-décembre)	NOMBRE DE CONFLITS LIQUIDÉS PAR LES			
	commissions des conflits	chambres de conciliation	tribunaux d'arbitrage	Total
Moscou et Pétrograd	2.759	115°	108	2.982
31 sections départementales du travail	2.677	267	204	3.148
Totaux	5.436	382	312	6.130

En % par rapport au nombre total des conflits.

	commissions des conflits	chambres de conciliation	tribunaux d'arbitrage	Total
Moscou et Pétrograd	93,0	3,9	3,1	100
31 sections départementales du travail	85,5	8,5	6,5	100
Totaux	88,6	6,2	5,2	100

[1] *Questions du travail*, n°3, 1923.

Ces chiffres montrent que la plupart des conflits ont abouti à un accord dans les commissions de conflits et que seul un nombre très restreint de conflits (15 pour cent dans les institutions centrales et 11,4 pour cent dans les organes locaux) ont été liquidés par voie de conciliation. Les conflits ont donc été le plus souvent résolus par voie d'arbitrage obligatoire.

Néanmoins, il faut souligner que les organismes de conciliation manifestent une activité plus étendue en province ; cette activité tend d'ailleurs à se développer de plus en plus, comme on peut en juger d'après le tableau suivant, qui indique le nombre des conflits soumis aux différents organismes :

RÉGIONS et PÉRIODES	Commissions de conflits		Chambres de conciliation et Tribunaux d'arbitrage		TOTAL	
	Chiffres absolus	Augmentation (en %)	Chiffres absolus	Augmentation (en %)	Chiffres absolus	Augmentation (en %)
31 Sections départementales du travail :						
Jusqu'au 1ᵉʳ octobre 1922......	184	100	11	100	195	100
1ᵉʳ octobre-31 décembre 1922...	268	146	72	655	340	174
Moscou et Petrograd :						
Jusqu'au 1ᵉʳ octobre 1922......	133	100	9	100	142	100
1ᵉʳ octobre-31 décembre 1922...	457	343	40	444	497	350
Commissariat du travail :						
Jusqu'au 1ᵉʳ octobre 1922......	18	100	4	100	22	100
1ᵉʳ octobre-31 décembre 1922...	53	294	11	275	64	291

VII. — L'ARBITRAGE DES CONFLITS INDUSTRIELS DANS LE DÉPARTEMENT DE MOSCOU DE FÉVRIER 1922 A MAI 1923 [1]

La Commission des conflits de la section du travail du département de Moscou a été fondée le 18 janvier 1922 par décret du Conseil des commissaires du peuple. Elle est entrée en fonctions vers la fin du mois de février suivant et a été définitivement supprimée le 15 mai 1923, par décret du Soviet de Moscou, ses fonctions étant transférées à la juridiction des tribunaux du peuple.

Au cours de ses quinze mois d'existence, la Commission des conflits a examiné 4.192 conflits englobant 60.349 travailleurs. Le nombre des conflits qui lui ont été soumis chaque mois a été :

1922			*1922 / 1923*	
Février	25		Octobre	303
Mars	94		Novembre	300
Avril	120		Décembre	320
Mai	190		*1923*	
Juin	234		Janvier	380
Juillet	257		Février	454
Août	231		Mars	602
Septembre	298		Avril	392
			Mai	12

[1] *Bulletin des statistiques du travail du département de Moscou,* n° 3, 1923.

On voit d'après ces chiffres que le nombre des conflits soumis à l'examen de la Commission des conflits a augmenté progressivement jusqu'en avril 1923, pour décroître ensuite rapidement, en raison de l'organisation de sessions spéciales des tribunaux du peuple chargés de s'occuper des conflits, et, d'autre part, en raison de la dissolution imminente de la Commission.

Sur les 4.192 conflits soumis à la Commission, 2.086 englobant 50.478 personnes avaient éclaté dans des entreprises d'Etat et 2.106, intéressant 9.871 personnes, étaient survenus dans des entreprises privées. Ainsi, dans les entreprises d'Etat, les conflits furent moins nombreux que dans les entreprises privées, mais englobèrent un nombre de travailleurs représentant 80 pour cent des travailleurs intéressés dans la totalité des conflits. 37 pour cent, intéressant 39 pour cent du nombre total d'ouvriers intéressés furent soit écartés (23,7 pour cent), soit déférés (13,3 pour cent) à d'autres organismes. Le nombre des conflits ayant donné lieu à une mesure de cette nature a été particulièrement élevé en 1923, à l'époque où la dissolution de la Commission était imminente. La Commission a rendu une solution définitive pour 2.640 conflits, dont le caractère et les causes sont analysés dans le tableau de la page suivante.

Il ressort de ce tableau que 72,5 pour cent de la totalité des conflits ayant donné lieu à une solution définitive étaient dus à des questions de salaire, 24,8 pour cent à des questions de congédiement et 2,7 pour cent seulement à des causes d'autre nature (durée journalière du travail, contraventions aux lois de protection ouvrière, refus de conclure un contrat collectif, etc.). Le nombre des conflits dus à des questions de salaires a été plus élevé dans les entreprises privées que dans les entreprises d'Etat. Dans ces dernières, bien que les salaires aient été la cause prédominante des conflits, un grand nombre d'entre eux sont également survenus à la suite de contestations concernant en fait les conditions de congédiement.

Le tableau ci-dessous montre les conséquences de l'arbitrage de la Commission pour les parties intéressées :

CATÉGORIES D'ENTREPRISES	Nombre des conflits ayant donné lieu à une sentence définitive	Nombre et pourcentage des conflits résolus			
		en faveur des travailleurs		contre les travailleurs	
		Nombre	Pourcentage du nombre total	Nombre	Pourcentage du nombre total
Entreprises d'Etat :					
Nombre de conflits..	1.378	397	28,8	981	71,2
Nombre d'ouvriers intéressés..........	30.149	2.268	7,5	27.881	92,5
Entreprises privées et entreprises coopératives :					
Nombre de conflits...	1.262	192	15,2	1.070	84,8
Nombre d'ouvriers intéressés..........	6.340	579	9,1	5.671	90,9
Totaux :					
Nombre de conflits...	2.640	589	22,3	2.051	77,7
Nombre d'ouvriers intéressés..........	36.489	2.847	7,8	33.642	92,2

Classification d'après leurs causes des conflits tranchés par la Commission.

| CATÉGORIE D'ENTREPRISE DANS LAQUELLE EST SURVENU LE CONFLIT | Nombre de conflits ayant donné lieu à une sentence définitive | CONFLITS INTÉRESSANT | | | | CAUSES DES CONFLITS | | | | | | | | | | | |
| | | 10 ouvriers au maximum | | plus de 10 ouvriers | | Salaires | | Congédiements | | Durée du travail | | Contraventions aux lois de protection ouvrière | | Refus de conclure un contrat collectif | | Autres causes | |
		Nombre	Pourcentage du nombre total	Nombre	Pourcentage du nombre total	Nombre	Pourcentage du nombre total	Nombre	Pourcentage du nombre total	Nombre	Pourcentage du nombre total	Nombre	Pourcentage du nombre total	Nombre	Pourcentage du nombre total	Nombre	Pourcentage du nombre total
Entreprises d'Etat :																	
Nombre de conflits......	1.378	1.192	87,2	186	12,8	869	63,1	463	33,6	—	—	2	0,1	43	3,1	1	0,1
Nombre d'ouvriers intéressés...............	30.149	2.065	6,8	28.084	93,2	26.872	89,1	920	3,1	—	—	85	0,3	2.262	7,5	10	0,0
Entreprises privées et entreprises coopératives :																	
Nombre de conflits......	1.262	1.169	92,6	93	7,4	1.045	82,8	191	15,1	1	0,1	5	0,4	15	1,2	5	0,4
Nombre d'ouvriers intéressés...............	6.340	2.003	31,6	4.337	68,4	4.974	78,5	546	8,6	18	0,3	586	9,2	79	1,2	137	2,2
Totaux :																	
Nombre de conflits......	2.640	2.361	89,4	279	10,6	1.914	72,5	654	24,8	1	0,0	7	0,3	58	2,2	6	0,2
Nombre d'ouvriers intéressés...............	36.489	4.068	11,1	32.421	88,9	31.846	87,3	1.466	4,0	18	0,0	671	1,8	2.341	6,4	147	0,5

Ainsi, dans 77,7 pour cent des conflits, la sentence a été prononcée en faveur des travailleurs ; le pourcentage des sentences défavorables aux ouvriers a été relativement peu élevé (7,8 pour cent) par rapport au nombre des personnes intéressées dans la totalité des conflits. La proportion de conflits résolus en faveur des travailleurs a été plus élevée dans les entreprises privées (84,8 pour cent) que dans les entreprises d'Etat (71,2 pour cent).

VIII. — L'ACTIVITÉ DU TRIBUNAL DU TRAVAIL A MOSCOU [1]

Nombre des poursuites engagées devant le tribunal du travail.

MOIS	Nombre d'affaires soumises	Nombre d'affaires jugées
1922 Novembre..........................	69	66
— Décembre..........................	99	82
1923 Janvier..........................	85	52
— Février..........................	68	51
— Mars..........................	134	90

La plupart des affaires ont été soumises au tribunal du travail par les inspecteurs du travail. La grande majorité des affaires ont été provoquées par : 1° l'embauchage des ouvriers sans l'intermédiaire des Bourses du travail ; 2° le non-paiement des versements d'assurances; 3° la prolongation illégale de la journée de travail ; 4° la violation des lois de protection ouvrière : état anti-hygiénique des locaux, travaux de nuit, accidents ; et 5° les infractions aux contrats collectifs.

MOIS	Peines infligées pour les infractions aux lois				Acquittements (nombre d'affaires)
	Travaux forcés et amendes (nombre d'affaires)	Prison et amendes (nombre d'affaires)	Amendes seulement		
			Nombre d'affaires	Somme totale (en roubles-or)	
1922 Novembre......	9	16	15	13.450	8
— Décembre.......	11	10	26	15.400	13
1923 Janvier........	1	4	»	14.825	6
— Février........	1	»	10	2 650	4
— Mars..........	5	24	43	30.500	5

Nombre des conflits soumis au tribunal.

MOIS	Nombre total des conflits	Nombre des conflits résolus	
		en faveur des ouvriers	en faveur des entrepreneurs
1922 Novembre........	1	1	»
— Décembre........	7	7	»
1923 Janvier..........	12	12	»
— Février.........	35	25	1
— Mars..........	128	121	2

Au mois de mars, 52 pour cent des conflits soumis au tribunal étaient survenus dans des entreprises privées, 40 pour cent dans des entreprises d'Etat et 8 pour cent dans des coopératives.

[1] *Troud*, 22 mai 1923.

ORGANISME COMPÉTENT	Entreprises et Institutions	NATURE DU CONFLIT				
		Conflits surgissant dans des entreprises et institutions ayant conclu des contrats collectifs.			Conflits surgissant dans ces entreprises et institutions n'ayant pas conclu de contrat collectif.	
		Lors de la conclusion ou de la modification des contrats collectifs.	Lors de l'interprétation des contrats collectifs (sans qu'il y ait violation du contrat).	En cas de la violation du contrat collectif	Conflits concernant toute l'entreprise ou conflits exigeant l'intervention de l'Etat.	Conflits individuels (violation du contrat de travail).
Commissions paritaires (pour la fixation des salaires et la solution des conflits).	d'Etat.	Incompétent.	Obligatoire.	Obligatoire.	Obligatoire s'il y a des commissions paritaires dans ces entreprises.	
	privées ou d'utilité publique	*Idem.*	*Idem.*	*Idem.*	*Idem.*	*Idem.*
Chambres de conciliation (près les organes du Commissariat du travail.)	d'Etat.	Seulement si les parties en litige sont d'accord.	Seulement si les parties en litige sont d'accord.	Seulement d'un commun accord entre les parties en litige.	Seulement d'un commun accord entre les parties en litige.	Incompétent.
	privées ou d'utilité publique	*Idem.*	*Idem.*	*Idem.*	Incompétent	*Idem.*
Tribunal arbitral près le Commissariat du travail. — D'un commun accord des parties. (Si le conflit n'a pas été résolu par la Chambre de conciliation ou s'il n'a pas été soumis à cette Chambre).	d'Etat.	Seulement d'un commun accord entre les parties.	Seulement si les parties en litige sont d'accord.	Seulement d'un commun accord entre les parties en litige.	Seulement d'un commun accord entre les parties en litige.	Incompétent.
	privées ou d'utilité publique	*Idem.*	*Idem.*	*Idem.*	*Idem.*	*Idem.*
Arbitrage obligatoire (après examen de la Chambre de conciliation ou sans passer par cette Chambre). Sur demande du Syndicat (art. 171 du Code du travail).	d'Etat.	Obligatoire (conformément à la décision du Ve Congrès des syndicats).	Obligatoire.	Obligatoire.	Obligatoire.	Incompétent.
	privées ou d'utilité publique	*Idem.*	Incompétent.	Incompétent.	Incompétent.	*Idem*
Sur indication de l'organe gouvernemental suprême (art. 171 du Code du travail).	d'Etat.	Compétent.	Compétent.	Compétent.	Compétent.	Compétent.
	privées ou d'utilité publique	*Idem.*	*Idem.*	*Idem.*	*Idem.*	*Idem.*
Commissions des conflits près les organes du Commissariat du travail.	d'Etat.	Incompétent.	Incompétent.	Seulement sur la demande des syndicats.	Seulement sur la demande des syndicats.	Compétent.
	privées ou d'utilité publique	*Idem.*	*Idem.*	Compétent.	Compétent.	*Idem.*
Tribunaux du travail (tribunaux du peuple réunis en sessions extraordinaires conformément aux articles 168 et 169 du Code du travail).	d'Etat.	Incompétent.	Incompétent.	*Idem.*	*Idem.*	*Idem.*
	privées ou d'utilité publique	*Idem.*	*Idem.*	*Idem.*	*Idem.*	*Idem.*

Le Marché du Travail [1]

I. — Etendue du chômage pendant la période 1918 a 1923

Toute la Russie.

Pour 100 demandes de travail.

ANNÉES	Nombre d'emplois disponibles.	Nombre d'ouvriers placés.
1918	62,2	51,1
1919	114,9	53,4
1920	167,8	94,9
1921	144,8	96,1
1922	64,4	56,4
1923 (1er semestre)	63,0	62,1

Pour 100 demandes de travail.

Nombre d'emplois disponibles dans cinquante-deux départements.

MOIS	1918	1919	1920	1921	1922	1923
Janvier	32,0	90,0	149,5	276,4	78,1	63,9
Février	32,0	103,1	128,5	185,5	73,7	53,6
Mars	32,0	107,6	101,7	203,5	75,8	54,9
Avril	32,0	226,2	141,5	166,5	65,8	51,9
Mai	36,8	103,0	166,2	217,2	51,7	69,1
Juin	62,6	116,1	168,7	147,9	54,3	83,8
Juillet	73,7	137,9	176,7	152,3	73,7	101,4
Août	86,7	113,4	158,9	104,4	69,4	92,8
Septembre	71,6	125,6	170,3	92,9	70,0	84,5
Octobre	75,2	127,9	246,5	93,3	71,7	67,4
Novembre	77,5	121,3	168,8	87,7	65,6	
Décembre	83,5	160,1	148,9	78,7	62,8	

[1] *Troud*, 19 janv. 1922. — *Bulletin de l'Administration centrale de la statistique*, n° 67, 9 sept. 1922. — *Messager du travail*, n° 2, 1922. — *Statistique du travail*, n°ᵇ 1-3, 1923. — *Documents de la statistique du travail*, n° 14, 1922. — *Revue Économique*, n°ˢ 2, 4, 5, 6, 7 et 9, 1923. — *Bulletin de la statistique du département de Moscou*, n°ˢ 1-2, 1923. — *Questions du travail*, n°ˢ 1-3 et 12, 1923. — *Economitcheskaïa Jisn*, 27 oct. 1923.

II. — Nombre des chômeurs a la fin du mois dans cinquante-deux chefs-lieux de départements

MOIS	HOMMES (en milliers)	Pourcentage par rapport au total des chômeurs	FEMMES (en milliers)	Pourcentage par rapport au total des chômeurs	TOTAL (en milliers)
1922					
Janvier.............	32.1	47,7	35.6	52,3	67.1
Février.............	39.8	45,1	48.2	54,9	88.3
Mars...............	39.5	42,6	53.1	57,4	92.6
Avril...............	43.1	40,5	63.3	59,5	106.4
Mai................	64.8	39,6	98.6	60,4	163.4
Juin...............	70.4	41,2	100 6	58,8	170.9
Juillet.............	75.2	40,9	108 3	59,1	183.5
Août...............	84.8	40,7	123.3	59,3	208.1
Septembre.........	92.4	41,3	131.0	58,7	223.4
Octobre............	103.2	42,0	142.5	58,0	245.7
Novembre..........	120.8	44,1	153.2	55,9	274.0
Décembre..........	134.7	46,1	157.1	53,9	291.8
1923					
Janvier.............	133.8	47,3	149.0	52,7	282.8
Février.............	152.9	49,0	158.7	51,0	311.6
Mars...............	197.5	51,1	189.8	48,9	387.3
Avril...............	229.4	51,8	213.6	48,2	443.0
Mai................	247.1	51,1	232.6	48,9	479.7
Juin...............	247.4	50,5	242.0	49,5	489.4
Juillet.............	222.8	49,1	231.8	50,9	454.6
Août...............	224.7	49,4	230.4	50,6	455.1

III. — Répartition des chômeurs par régions

(D'après les données de soixante-quinze bourses du travail).

RÉGIONS	NOMBRE ABSOLU			POURCENTAGE		
	1er décembre 1922	1er février 1923	1er juin 1923	1er décembre 1922	1er février 1923	1er juin 1923
Région du Nord........	4.172	5 089	8.049	1,2	1,5	1,4
— des Lacs........	6.587	6.208	8.418	1,9	1,8	1,4
— occidentale.....	11.116	9.699	17.945	3,3	2,8	3,2
— industrielle de Moscou..............	36.984	33.039	52.694	10,9	9,6	9,3
Région de l'Oural......	11.239	11.299	14.562	3,3	3,3	2,6
— du Volga.......	34.006	35.016	56.231	10,0	10,1	9,9
— agricole du centre...................	10.104	11.285	19.450	3,0	3,3	3,4
Caucase..............	20.623	14.384	31.557	6,1	4,2	5,5
Crimée..............	4.862	4.060	5.950	1,4	1,2	1,0
Sud-Est..............	20.658	22.351	28.221	6,1	.6,5	5,0
Sibérie..............	10.819	11.393	25.484	3,2	3,3	4,5
Kirghizie.............	2.464	5.449	3.788	0,7	1,6	0,7
Ukraine..............	36.515	39.613	49.985	10,8	11,5	8,8
Turkestan............	2.557	2.077	5.785	0,7	0,6	1,0
Moscou (ville).........	55.353	53.702	102.123	16,3	15,5	17,9
Pétrograd............	71.373	81.245	139.160	21,1	23,2	24,4
Totaux [1]........	**339.432**	**345.879**	**569.099**	**100**	**100**	**100**

[1] Ces totaux diffèrent quelque peu des chiffres du tableau n° 2 dont les données ne concernent que cinquante-deux bourses du travail.

IV. — RÉPARTITION DES CHÔMEURS PAR PROFESSIONS
(Pourcentage)

Dans 75 chefs-lieux départementaux.

PROFESSIONS	1er décembre 1922	1er février 1923	1er juin 1923
Employés soviétiques...........	32,7	31,1	27,2
Manœuvres....................	18,7	19,8	25,3
Métallurgistes................	5,7	6,8	6,1
Ouvriers, du textile.............	3,0	2,8	2,8
Maçons......................	1,2	1,9	3,2
Autres.......................	38,7	37,6	35,4

Dans les districts.

PROFESSIONS	1er décembre 1922 (335 districts)	1er février 1923 (302 districts)	1er juin 1923 (184 districts)
Employés soviétiques...........	26,6	26,3	21,5
Manœuvres....................	23,5	20,2	28,1
Métallurgistes................	6,2	7,1	7,6
Ouvriers du textile.............	12,7	11,5	10,1
Maçons......................	1,4	1,8	3,1
Autres.......................	29,6	33,1	29,6

V. — LE CHÔMAGE A MOSCOU ET A PÉTROGRAD EN 1922 ET 1923
Pour 100 demandes de travail

MOIS	MOSCOU Nombre des emplois disponibles			MOSCOU Nombre des placements effectués	PETROGRAD Nombre des emplois disponibles			PETROGRAD Nombre des placements effectués
	Hommes	Femmes	Total		Hommes	Femmes	Total	
1922								
Janvier...........	89,1	36,0	73,2	79,3	94,0	36,0	72,8	61,9
Février...........	93,3	28,5	73,3	71,7	95,0	44,0	71,2	63,9
Mars.............	71,0	21,3	52,1	62,9	164,0	43,0	108,7	59,6
Avril.............	91,5	15,1	57,8	54,0	89,0	28,0	57,7	47,6
Mai..............	64,5	16,2	43,7	44,1	66,4	14,1	37,0	33,4
Juin..............	71,1	26,6	59,1	48,1	49,3	9,5	25,4	24,8
Juillet...........	92,0	41,3	73,7	66,0	73,8	37,2	57,0	52,6
Août.............	96,6	51,7	82,3	73,3	91,8	36,7	66,4	48,1
Septembre........	87,7	45,1	73,5	69,4	90,2	39,6	68,3	61,2
Octobre..........	86,3	35,2	68,8	66,8	89,1	63,3	78,8	72,5
Novembre........	83,8	49,6	75,3	77,4	72,7	50,0	70,7	64,7
Décembre........	98,7	69,8	92,5	75,0	67,8	38,5	57,4	62,3
1923								
Janvier...........	102,0	74,0	96,0	51,7	60,9	32,0	50,6	23,2
Février...........	71,6	54,5	67,4	51,7	45,2	15,5	31,7	23,2
Mars.............	71,0	36,0	60,9	51,7	57,0	20,8	4,23	23,2
Avril.............	59,2	25,9	48,0	81,5	49,7	23,5	38,3	42,0
Mai..............	74,1	33,1	61,6	81,5	61,1	30,5	49,7	42,0
Juin..............	87,2	52,0	77,6	81,5	113,1	35,1	84,2	42,0

VI. — Nombre absolu des chômeurs en 1923

(En milliers)

MOIS	Demandes de travail			Nombre d'emplois disponibles			Nombre de chômeurs à la fin du mois		
	Hommes	Femmes	Total	Hommes	Femmes	Total	Hommes	Femmes	Total
Moscou									
Janvier...	12,9	3,4	16,3	13,1	2,6	15,7	27,1	26,6	53,7
Février...	19,1	5,4	24,5	13,5	3,0	16,5	32,4	27,3	59,7
Mars......	25,0	9,8	34,8	17,8	3,4	21,2	37,3	31,5	68,8
Avril.....	26,9	13,6	40,5	15,9	3,5	19,4	47,1	37,7	84,8
Mai.......	—	—	48,3	—	—	29,7	55,8	46,3	102,1
Juin......	—	—	42,1	—	—	32,6	58,7	51,2	109,9
Petrograd									
Janvier...	9,2	5,0	14,2	5,5	1,6	7,1	29,7	51,5	81,2
Février...	14,2	11,8	26,0	6,4	1,8	8,2	—	—	—
Mars......	12,1	8,4	20,5	6,9	1,7	8,6	44,7	63,7	108,4
Avril.....	14,1	10,9	25,0	7,0	2,6	9,6	52,8	72,5	125,3
Mai.......	—	—	26,4	—	—	13,1	59,8	79,3	139,1
Juin......	—	—	28,4	—	—	23,9	58,9	80,1	139,0

VII. — Répartition des chômeurs d'après les causes du chômage à Petrograd (janvier-février 1923)

PROFESSIONS	Nombre total	Pourcentage par rapport au nombre total de chaque groupe.			
		Réduction du personnel.	Liquidation des entreprises.	Chômeurs volontaires.	Maladie.
Ouvriers métallurgistes...............	4.523	67,9	13,3	12,3	3,3
Tailleurs...........	2.393	66,3	15,7	9,6	5,2
Travailleurs de l'alimentation.........	1.011	64,5	23,8	6,7	1,9
Ouvriers des tabacs..	605	80,2	13,4	4,5	1,7
Employés soviétiques	16.872	71,9	14,0	8,4	3,1
Manœuvres..........	22.297	73,3	11,7	8,7	3,2
Total et moyennes[1]..	64.759	69,6	14,9	9,0	3,3

VIII. — Répartition des chômeurs d'après la durée du chômage à Petrograd

PROFESSIONS	Durée moyenne du chômage à partir du jour de congédiement.		Durée moyenne du chômage à partir de l'enregistrement à la Bourse du travail.	
	Mois	Jours	Mois	Jours
Ouvriers métallurgistes.......	5	8	2	22
Tailleurs...................	7	2	2	26
Travailleurs de l'alimentation.	6	29	4	1
Ouvriers des tabacs..........	7	17	6	29
Employés soviétiques........	9	1	6	10
Manœuvres.................	9	6	3	14
Moyennes générales.......	8	6	4	13

[1] Ce total et ces moyennes concernent l'ensemble des professions, et non pas seulement celles qui sont mentionnées dans les colonnes de gauche.

IX. — DEMANDES INDIVIDUELLES DE MAIN-D'ŒUVRE

A. *Demandes individuelles de main-d'œuvre à Moscou en 1922.*

MOIS	Nombre d'emplois disponibles	Nombre des demandes individuelles	Pourcentage du nombre des demandes individuelles par rapport au nombre total des emplois disponibles
Mai..................	17.247	10.472	60,7
Juin..................	17.847	10.402	58,3
Juillet..............	19.944	7.761	38,9
Août.................	27.432	9.800	35,7
Septembre...........	29.366	12.252	41,7
Octobre..............	27.075	14.167	52,3
Novembre............	25.743	15.006	58,3
Décembre............	19.818	10.190	51,4

B. *Demandes individuelles de main-d'œuvre en 1923.*

(Pourcentage par rapport au nombre total des demandes de main-d'œuvre)

PROFESSIONS	Petrograd		Moscou	
	Janvier	Février.	Janvier	Février
Travailleurs qualifiés (pourcentage moyen),	81,4	79,5	28,8	42,5
dont :				
Métallurgistes..............	75,4	81,8	49,6	59,8
Ouvriers du bâtiment.......	83,9	88,4	2,2	22,9
Travailleurs non qualifiés.....	53,6	53,8	30,3	42,2
Travailleurs auxiliaires.......	85,0	87,8	66,7	72,5
Travailleurs intellectuels (pourcentage moyen),	95,6	94,3	72,4	74,8
dont :				
Fonctionnaires soviétiques...	96,7	93,2	85,5	79,6
Artistes, etc................	99,2	100,0	0,0	0,0
Personnel de l'instruction publique...................	100,0	100,0	100,0	97,2
MOYENNES générales.....	79,0	77,6	44,5	54,7

X. — LES OUVRIERS SYNDIQUÉS PARMI LES CHÔMEURS ENREGISTRÉS AU Ier AVRIL 1923

RÉGIONS	Nombre total des chômeurs	Nombre des chômeurs membres de syndicats.	
		Nombre absolu	Pourcentage par rapport au nombre total des chômeurs
Moscou.....................	58.816	17.209	29,0
Pétrograd..................	89.648	31.533	35,2
84 chefs-lieux de départements.	114.831	36.779	32,0

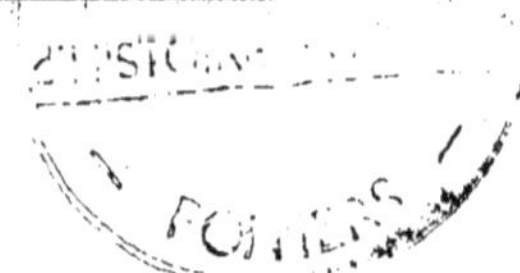

XI. — Nombre des chômeurs recevant des allocations

RÉGIONS	Nombre des chômeurs enregistrés	Chômeurs recevant des allocations	
		Nombre absolu	Pourcentage
Russie (6o chefs-lieux de départements).......................	469.062	52.489	11,2
Russie Blanche (Minsk).......	5.410	1.581	29,2
Caucase (Tiflis et Bakou).....	29.006	4.685	16,1
Ukraine (6 chefs-lieux de départements)....................	45.895	9.814	21,4
Totaux...............	549.373	69.569	12,6

XII. — Secours aux chômeurs

Commission pour la lutte contre le chômage.

Cette commission a été créée près le Comité central exécutif. Elle est composée de représentants du Commissariat du travail, du Conseil central panrusse des syndicats professionnels, du Commissariat de l'agriculture et du Conseil suprême d'économie nationale. Sa tâche principale est d'organiser les travaux publics. Elle a obtenu de la Commission centrale pour la lutte contre les suites de la famine 1.350.000 pouds de seigle, pour la période de janvier-mars 1923, dans les localités où sont effectués les travaux publics.

Organisation des travaux publics.

Des travaux publics furent exécutés en 1922 dans les villes suivantes : Pétrograd, Moscou, Samara, Saratov, Kazan, Minsk, Oufa et dans les départements et districts de Tver, Vitebsk, Simféropol, Sébastopol, Don, Théodosie, Yalta, Eupatoria, Kertch.

Les travaux publics exécutés variaient suivant les régions et les localités : En Crimée : améliorations de différents genres et réparation de routes et de chaussées ; à Pétrograd : nettoyage et réparations des installations sanitaires (canalisation, etc.) dans les rues et les places de la ville, démontage et enlèvement des maisons ruinées, réparation des chemins de fer et du port ; à Minsk et à Moscou : réparation de la canalisation, etc., déblayage des maisons en ruine ; à Krasnokokchaïsk: construction de dépôts pour le ravitaillement et de baraques ; dans les départements d'Oufa et de Samara (comme en 1921) : préparation de combustibles ; à Tver : travaux de jardinage.

En Crimée, les travaux publics étaient organisés surtout pour parer à la famine et en partie seulement pour remédier au chômage. Ils étaient exécutés aux frais du « Pomgol » (comité pour lutter contre la famine), sous la direction d'une commission spéciale. Les travailleurs employés à ces travaux recevaient du « Pomgol », en plus d'un salaire en espèces, une certaine quantité de farine. En tout, il fut dépensé pour ces travaux 2.728 pouds de farine et 16.856.669 roubles. On ne possède pas de données sur le nombre total des travailleurs ainsi employés. On sait seulement que dans les districts de Yalta, d'Eupatoria et de

Kertch leur nombre atteignait 2.764. En ce qui concerne les districts de Simféropol, de Sébastopol, de Djankoï et de Théodosie, le nombre des journées d'ouvriers a été de 16.217 et celui des journées de cheval de 1.841.

A Pétrograd, les travaux publics furent institués en juillet 1922. Le 4 novembre, 5.008 chômeurs étaient employés à ces travaux. Pendant les mois d'août et juillet, ils effectuèrent 60.062 journées de travail. Les sommes nécessaires à ces travaux furent accordées en juillet par le Conseil du travail et de la défense. Elles se montaient à 3.000 milliards de roubles et furent allouées par fraction, ce qui rendit l'exécution des travaux plus difficile. Ces travaux sont dirigés par les sections du port, de l'économie communale, et par d'autres organismes économiques. Pour la direction générale fut créé un bureau des travaux publics.

A Moscou, les travaux publics ont été institués au mois d'août. Les sommes nécessaires, se montant à 1.250 milliards de roubles, furent accordées également par le Conseil du travail et de la défense. Jusqu'au 1er octobre, la bourse du travail avait envoyé à ces travaux 2.500 chômeurs. Le nombre des chômeurs employés chaque jour varie entre 300 et 1.000. Pour la direction générale des travaux il fut créé un bureau des travaux publics. On ne possède pas de données sur le nombre des journées de travail.

A Minsk, les travaux publics étaient institués aux frais de la commune. Vingt-cinq chômeurs seulement étaient employés à ces travaux. A Krasnokokchaïsk, les travaux étaient financés par la Conférence économique. Le nombre des chômeurs enployés était de 300. Les salaires étaient payés en nature (en tout 650 pouds de vivres). A Oufa, 240 chômeurs étaient employés aux frais du comité départemental des forêts. Dans le département de Samara, les travaux publics étaient financés par le comité exécutif départemental. On ne possède pas de données sur le nombre des chômeurs employés et des salaires payés. Le nombre des journées de travail exécutées a été de 21.551 dans le département de Tver, où 100 chômeurs étaient employés. Il n'existe pas de données officielles sur les rétributions payées aux chômeurs employés, ainsi que sur la provenance des crédits nécessaires. A Vitebsk, on comptait 25 chômeurs employés et 10.000 à Tchéliabinsk. Au total, 18.397 chômeurs étaient employés à des travaux publics dans les localités sus-mentionnées. En outre, on a enregistré 97.826 journées de travail effectuées par d'autres chômeurs dont le nombre est inconnu.

En 1923, le gouvernement des Soviets et le Comité pour la lutte contre les suites de la famine ont accordé 7.000.000 de roubles soviétiques et 2.015.000 pouds de seigle pour l'orgnisation des travaux publics destinés à secourir les chômeurs. Une enquête officielle, entreprise en mars 1923, a révélé que les ressources mises à la disposition des autorités locales par l'Etat ont été souvent à peine utilisées ; les travaux organisés n'occupent qu'un nombre extrêmement réduit de chômeurs. Sur 70.000 chômeurs à Moscou et 60.000 à Pétrograd, les travaux publics n'en occupaient que 520 dans la première et 732 dans la seconde capitale, soit, en moyenne, moins de 1 %[1].

Dans d'autres villes, les travaux n'ont souvent même pas été organisés, et les fonds accordés n'ont pas été employés ou ont été affectés à d'autres besoins. A Saratov, par exemple, 250.000 millions de roubles et 400.000 pouds de seigle sont restés inutilisés pendant deux mois

---

[1] *Economitcheskaia Jizn*, 14 mars 1923

et demi. Ce n'est qu'en mars 1923 qu'une commission a été créée pour les travaux publics, mais, jusqu'au moment de l'enquête, aucun travail n'avait été organisé. A Tver, la situation est identique, de même qu'à Ivanovo-Voznessensk. A Kazan, les travaux publics se limitent à la construction d'un petit pont sur la rivière Kazanka.

A Toula, Vologda, Yaroslavl et Viatka, où les travaux publics devaient être organisés aux frais du Comité pour la lutte contre les suites de la famine, au moment de l'enquête, en mai 1923, il n'y avait encore rien d'organisé. A Vladimir et à Astrakhan, l'organisation des travaux ne faisait que commencer [1].

En Ukraine, au printemps de 1923, le nombre des chômeurs employés aux travaux publics n'était en moyenne que de 3.166, alors que le total des ouvriers sans travail était de 100.000 environ. A Kiev, sur 1.300 chômeurs, 700 seulement étaient employés aux travaux publics. En Ukraine, comme ailleurs, les fonds des autorités locales ne suffisaient pas pour organiser les travaux publics ; ceux-ci furent financés par le Comité ukrainien pour la lutte contre le chômage, lequel recevait les crédits nécessaires du gouvernement soviétique (en espèces) et du Comité pour la lutte contre la famine (en nature, principalement du seigle) [2].

En Russie Blanche, 150 chômeurs seulement étaient employés aux travaux publics pendant l'hiver de 1923 [3].

L'Etat a alloué pour les travaux publics, pendant les sept premiers mois de l'année 1923, 8.294.312 millions de roubles soviétiques, 115.000 roubles-or et 1.536.500 pouds de seigle, le tout représentant une valeur de 1.360.033 roubles-or. Jusqu'au 1er août, des crédits atteignant 1.283.000 roubles-or ont été attribués aux autorités locales pour l'organisation de travaux publics. Sur cette somme, 551.208 roubles-or ont été dépensés. Le nombre de journées de travail effectuées par les chômeurs occupés à ces travaux a été de 2.038.663 du 1er janvier au 1er août. Sur la somme totale affectée aux travaux, 302.444 roubles-or furent employés à des travaux communaux, 103.686 à des travaux d'amélioration dans l'agriculture, 62.855 à des travaux forestiers et 137.120 à la réparation des ponts et chaussées.

Actuellement, les travaux publics se trouvent sensiblement restreints; en effet, les travaux agricoles ont pris fin et la mauvaise saison empêche de poursuivre les travaux de construction.

En moyenne, 5 à 7 pour cent des chômeurs ont été employés à ces travaux [4].

Artels.

L'organisation des artels ne commença à se propager qu'en 1922, sous l'influence du chômage toujours croissant. D'après les données officielles, on comptait, le 1er octobre 1922, 114 artels organisés dans vingt-huit départements : 26 artels de production et 88 de travail. Le nombre des personnes occupées par ces artels était de 15.616.

Il existe des artels dans les départements suivants : Homel, Viatka, Kostroma, Tambov, Minsk, Petrozavodsk, Orel, Vitebsk, Pskov, Tver, Rostov, Saratov, Riazane, Krasnoyarsk, Ijevsk, Novo-

---

[1] *Troud*, 23 mai 1923.
[2] *Ibid*, 20 et 26 juillet 1923.
[3] *Ibid*, 27 février 1923.
[4] *Ibid*, 16 septembre 1923.

Nicolaëvsk, Tcheboksary, Penza, Petrograd, Novgorod, Kazan, Tchéliabinsk, Voronèje, Moscou, Yaroslavl et Tioumen.

Les artels sont composés comme suit, au point de vue professionnel :

Manœuvres	11.496
Chargeurs, débardeurs	998
Maçons, etc.	140
Tailleurs	139
Cordonniers	55
Blanchisseurs	72
Artisans (Koustari)	173
Jardiniers	167
Travailleurs de la tourbe	120
Agriculteurs	208
Travailleurs sur cuir	26
Relieurs	52
Ouvriers du textile	17
Travailleurs de l'industrie de la saccharine	28
Ouvriers employés aux réparations	1.617
Travailleurs des postes	24
Métallurgistes	179
Ouvriers employés à des travaux d'amélioration	800
Forestiers	25
Divers	280
TOTAL	15.616

Dans la grande majorité des cas, les artels sont organisés par les bourses du travail ou les syndicats professionnels. En règle générale, c'est sous la direction de ces organes que fonctionnent les artels. Les sommes nécessaires à leur organisation sont en général imputées sur les budgets locaux, car le pouvoir central n'a pas alloué de crédits spéciaux. En province, on emploie toutes les sommes disponibles : fonds de l'assurance, fonds venant des conférences économiques, sommes allouées par le Commissariat du travail pour le déplacement de la main-d'œuvre, etc.

Malgré tous les efforts faits, le développement des artels est très difficile faute de ressources. Dans beaucoup de cas, les autorités locales déclarent que les conditions seraient favorables à la création d'artels, mais que les ressources financières manquent pour leur organisation. C'est ce qui oblige souvent à abandonner la création d'artels déjà projetés.

En février 1923 il existait 62 artels ayant occupé 17.758 chômeurs (d'après les données de trente-huit bourses du travail).

Vingt-quatre artels ont été créés pendant février pour 1.024 chômeurs (données incomplètes).

En moyenne, 5 pour cent des chômeurs sont employés dans les artels. En tout, 10 pour cent sont employés aux travaux publics[1].

A Odessa, il existait, à fin mars 1923, 13 artels occupant 522 chômeurs. 12 artels ont reçu des subsides se montant à 110.000 millions de roubles. A Nikolaëv, à la même date, 700 chômeurs travaillaient dans divers artels. A Elisabethgrad, 3 artels (boulangers, maçons et producteurs de céramique) occupaient 130 chômeurs. A Nikolaëv, à Kherson et à Elisabethgrad, il a été créé des « Maisons des adoles-

---

[1] *Troud*, 13 mai 1923.

cents », pour 130 adolescents chômeurs[1]. A Tver on a organisé, de décembre 1922 à avril 1923, 16 artels qui occupaient 1.050 personnes[2]. En Ukraine, 4.771 personnes, soit environ 4 pour cent de l'effectif total des chômeurs, travaillaient dans les artels au début de 1923[3].

Cantines pour chômeurs.

Dans la ville de Riazan, le Conseil départemental d'asssurance sociale a ouvert une cantine pour 50 chômeurs[4].

A Tver, on a installé, en novembre 1922, une cantine qui pouvait nourrir 300 personnes par jour, sur un total de plus de 4.000 chômeurs. Pendant les cinq premiers mois, cette cantine a délivré 29.227 repas gratuits[5].

A Pétrograd, le bureau spécial des travaux publics a ouvert, le 16 décembre 1922, une cantine pour les chômeurs. Jusqu'au 1er mars 1923, cette cantine a servi 41.327 repas gratuits[6].

En Ukraine, 10.125 chômeurs (sur un total de 95.000 en moyenne). avaient été nourris pendant l'hiver 1922-23 par les cantines spéciales pour chômeurs[7].

A la date du 1er juillet 1923, dans vingt-cinq chefs-lieux de département, on ne comptait en tout que vingt et une cantines, pouvant nourrir 7.400 personnes par jour.

Environ 25 pour cent des chômeurs seulement sont secourus aux frais de l'Etat[8].

---

[1] *Troud*, 15 avril 1923.
[2] *Ibid*, 9 juin 1923.
[3] *Ibid*, 26 juillet 1923.
[4] *Ibid*, 12 janvier 1923.
[5] *Ibid*, 9 juin 1923.
[6] *Economitcheskaia Jizn*, 14 mars 1923.
[7] *Troud*, 26 juillet 1923.
[8] *Ibid*, 16 septembre 1923.

ANNEXE VI

Assurances sociales.

I. — ORGANISATION DES CAISSES D'ASSURANCE

Les premières caisses d'assurance ont été organisées en mars 1922, mais aucune n'a commencé ses opérations avant le mois d'avril. D'après les *Izvestia* du 8 septembre 1922, sur 999 caisses projetées, 500 fonctionnaient déjà en septembre. La *Statistique du travail* de février 1923 (n° 3) donne sur le développement des caisses les détails suivants :

Date d'ouverture des caisses en 1922

RÉGIONS	D'avril à juin	De juillet à septembre	D'octobre à décembre	TOTAL
Centrale industrielle..........	20	33	48	101
Centrale agricole............	33	24	25	82
Nord......................	16	31	11	58
Ouest.....................	8	21	5	34
Volga.....................	11	21	38	70
Oural.....................	8	21	14	43
Sibérie....................	3	11	6	20
Sud-Est...................	—	6	10	16
TOTAUX..............	99	168	157	424

Ces chiffres ne sont pas tout à fait complets car, d'après la *Statistique du travail* de décembre 1922 (n° 1), il existait déjà, en novembre 1922, 549 caisses d'assurance englobant 60.315 entreprises et 2.587.345 travailleurs. A la fin de 1922, il existait en outre 228 caisses d'assurance pour les travailleurs des transports [1].

La *Statistique du travail* (n° 7) donne, pour le milieu de 1923, le nombre des caisses territoriales (caisses des transports non comprises). (V. tableau ci-après).

Où et comment sont organisées ces caisses d'assurances ? D'après la *Statistique du travail* (n° 3), les types les plus fréquents sont : la caisse dite de quartier et la caisse de district.

Sur 570 caisses connues, 13 seulement sont des caisses urbaines, c'est-à-dire des caisses dont la compétence s'étend sur une ville entière, 231 sont des caisses de quartier (elles existent généralement dans les chefs-lieux de département) et 280 ont pour ressort un district entier, y compris son chef-lieu.

Les caisses urbaines comptent généralement un nombre assez élevé d'assurés (jusqu'à 40.000 et plus).

---

[1] *Izvestia*, 27 février 1923.

Nombre de caisses et d'assurés en 1923.

RÉGIONS	Nombre d'entreprises et exploitations	Nombre de caisses ([1])	Nombre des assurés	Moyenne d'assurés par caisse.
Centre industriel..	29.783	101 (101)	937.207	9.279
Centre agricole...	23.071	114 (113)	417.955	3.699
Nord............	15.197	67 (67)	442.178	6.600
Ouest...........	8.598	37 (37)	122.542	3.312
Volga...........	14.789	89 (89)	398.534	4.477
Oural...........	12.261	71 (66)	359.987	5.454
Sibérie..........	9.068	36 (35)	169.864	4.853
Sud-Est.........	9.986	35 (34)	177.592	5.223
Kirghizie........	2.559	21 (21)	55.818	2.658
Turkestan.......	2.892	24 (24)	55.396	2.308
Crimée..........	785	7 (7)	45.139	6.448
Sibérie orientale..	1.064	10 (9)	20.125	2.235
Ukraine.........	25.352	168 (128)	621.299	4.853
Russie Blanche...	5.136	7 (7)	35.983	5.140
Transcaucasie....	1.935	53 (53)	155.469	2.933
TOTAUX......	162.476	840 (791)	4.015.078	5.075

[1] Nous donnons, entre parenthèses, le nombre des caisses dont on connaît l'effectif des membres.

Les caisses de quartier et de district ont une moyenne d'assurés moins élevée (environ 5.000), bien que, dans certains cas, elles comptent plusieurs dizaines de milliers de membres.

D'après la *Statistique du travail* (n° 7), sur un total de 840 caisses, le nombre d'assurés est :

De moins de 2.000 dans 240 caisses	....	(35,5 %)
De 2.000 à 3.000 — 126 —	....	(17,9 %)
De 3.000 à 5.000 — 129 —	....	(18,4 %)
De 5.000 à 10.000 — 111 —	....	(15,8 %)
De 10.000 à 20.000 — 55 —	....	(7,9 %)
De 20.000 à 30.000 — 14 —	....	(2,0 %)
De 30.000 à 40.000 — 10 —	....	(1,4 %)
De plus de 40.000 — 8 —	....	(1,1 %)

Pour le reste des caisses, soit 138, il n'existe pas de données.

La plupart des assurés se trouvent dans les entreprises d'Etat. D'après un rapport de Niemtchenko[1], sur 100 assurés, il y en a 83 dans des entreprises d'Etat, 10 dans des entreprises coopératives et publiques et 7 dans des entreprises privées. Presque tout le personnel des entreprises est assuré. Niemtchenko évalue à 80 ou 90 pour cent la proportion des assurés.

En ce qui concerne les caisses d'assurance sociale pour les travailleurs des transports, on comptait en septembre 1922 : 4 caisses régionales, 22 caisses de ligne, 256 caisses de section, 21 bureaux de ligne, 31 bureaux locaux, soit au total 362 organes.

---

[1] *Questions d'assurance*, n° 13, 1923, p. 12.

En septembre 1923, il existait : 2 caisses régionales, 23 caisses de ligne, 14 caisses de section, 207 bureaux de ligne, 17 bureaux de section, 203 bureaux locaux, soit au total 466 organes.

Au cours de l'exercice 1922-1923 on s'est efforcé de développer le réseau existant et, d'autre part, de grouper certaines caisses d'importance secondaire.

Le nombre des personnes assurées à ces caisses était, à la fin 1922, de 958.955 [1]. Il a peu varié depuis : en septembre 1923 : il était de 968.128 [2].

II. — SITUATION FINANCIÈRE

Au point de vue financier, l'organisation des assurances sociales a passé par trois phases principales :

Jusque vers la fin de 1922, la situation financière, bien que favorable, était caractérisée par son irrégularité. Les recettes étaient très inférieures aux prévisions ; mais, d'autre part, la notion d'assurance sociale étant encore très peu répandue, les dépenses étaient presque nulles.

D'après un article des *Questions d'assurances* du 5 mars 1923, les recettes ont varié de la façon suivante depuis mai 1922 :

Recettes de l'assurance sociale en milliards de roubles soviétiques.

MOIS	Recettes effectives	Pourcentage des recettes par rapport aux sommes dues
1922 Mai....................	481	1,76
— Juin....................	1.360	4,72
— Juillet....................	4.025	8,45
— Août....................	5.821	13,27
— Septembre....................	17.008	35,75
— Octobre....................	19.987	33,95
— Novembre....................	37.121	39,74
— Décembre....................	41.419	29,97
1923 Janvier....................	61.955	35,51

Ainsi donc, plus des deux tiers des sommes dues n'ont pas été payées. Ces arriérés provenaient surtout des entreprises d'Etat, qui se heurtaient à des difficultés financières inextricables.

Le même article donne les chiffres suivants au sujet des arriérés dus à certains organismes économiques (en milliards de roubles) :

Gomza (métallurgie)	1.920
Industries de guerre	18.320
Glavryba (pêcheries)	675
Postes et télégraphes	1.017
Comité des tourbières	10.410
Trust textile d'Ivanovo	6.500
TOTAL...........................	38.842

---

[1] *Court exposé du développement de l'assurance sociale en 1922*, p. 4.
[2] *Messager du travail*, octobre 1923.

Ce n'était là qu'une partie des arriérés car, d'après un rapport d'Andreev au Conseil central panrusse des syndicats[1], le montant global des paiements en retard atteignait, en septembre 1922, 90.000 milliards (Ukraine non comprise).

Il est à remarquer que les arriérés dans le paiement des cotisations d'assurance provenaient principalement des entreprises d'Etat qui, d'après le *Messager du Travail* d'octobre 1923, « ne pouvant se mettre en règle, préféraient ne rien payer du tout et multipliaient les demandes d'exemption auprès des organes législatifs ». A Pétrograd, en août 1922, 39,9 pour cent des paiements ont été effectués par les entreprises privées, 23,4 par les entreprises coopératives, 14,2 par les entreprises affermées, et 6,1 pour cent seulement par les entreprises d'Etat[2]. De même, à Moscou, les arriérés en août 1922 n'étaient attribuables qu'aux entreprises d'Etat[3]. A Simbirsk, au 15 juillet 1922, sur 240 entreprises astreintes aux versements, 31 seulement — et c'étaient les plus petites entreprises — avaient payé leurs cotisations[4]. Dans le Don[5], les arriérés se montaient pour les entreprises d'Etat à 222 milliards ; pour les coopératives à 42 milliards ; pour les entreprises privées à 5 milliards ; et pour les syndicats à 2 milliards.

A Bakou, au 17 juillet 1922, ils atteignaient pour les entreprises d'Etat : 238 milliards ; pour les coopératives : 28 milliards ; pour les entreprises privées : 29 milliards[6].

A Pétrograd[7], jusqu'en juin 1922, aucun trust n'a opéré de versements. Après cette date, la situation était la suivante :

ENTREPRISES	Nombre d'entreprises astreintes à payer	Nombre d'entreprises ayant payé
Entreprises d'Etat	1.748	399
— coopératives	281	69
— affermées	211	80
— privées	1.500	836

En octobre 1922, les entreprises d'Etat ne versèrent que le 16 pour cent des sommes dues ; en novembre, 10 pour cent, alors que les entreprises privées versèrent 90 pour cent. Il en résulte que, pour les seuls trusts, l'arriéré était de 1.465 milliards, c'est-à-dire aussi élevé que celui de toutes les autres entreprises.

Mais, comme nous l'avons dit plus haut, au début de la constitution des caisses d'assurances sociales, les dépenses ont été très faibles. Cela s'explique par le fait que les organes d'assurance ne développant que lentement leur activité, les allocations versées aux assurés étaient très peu nombreuses. Les chiffres suivants[8], relatifs à la période octobre 1922-février 1923, pour l'assurance invalidité temporaire (fonds A), montrent que les dépenses ont été très inférieures aux recettes qui,

---

[1] *Economitcheskaia Jizn*, 13 septembre 1922.
[2] *Ibid*, 1er septembre 1922.
[3] *Ibid*, 13 septembre 1922.
[4] *Troud*, 29 août 1922.
[5] *Ibid*, 1er novembre 1922.
[6] *Ibid*, 11 août 1922.
[7] *Ibid*, 19 décembre 1922.
[8] *Questions d'assurance*, n° 21, 1923, pp. 6-7.

néanmoins, n'étaient en réalité que le tiers de ce qu'elles auraient dû être.

Pourcentage des dépenses par rapport aux recettes.

DÉPARTEMENTS	1922			1923	
	Octobre	Novembre	Décembre	Janvier	Février
Pétrograd............	—	14,8	21,3	25,9	28,1
Moscou.............	—	—	—	34,8	42,4
Ivanovo-Vozniessensk	39,7	35,0	43,2	—	—
Viatka.............	—	—	24,3	19,0	—

Dans ces conditions, il a été possible de constituer des fonds de réserve. Une enquête faite dans 14 départements, comprenant 1.400.000 assurés, montre l'importance des réserves ainsi constituées [1].

*Valeur des fonds de réserve par rapport aux dépenses
des mois précédents.*

(Pourcentage)

MOIS	Fonds A	Fonds B	Fonds C
1922			
1ᵉʳ Novembre................	240	520	240
1ᵉʳ Décembre................	370	550	180
1923			
1ᵉʳ Janvier................	200	315	150
1ᵉʳ Février................	140	380	170
1ᵉʳ Mars................	100	380	240
1ᵉʳ Avril................	110	312	210
1ᵉʳ Mai................	100	307	250

La situation financière des institutions d'assurance sociale, pendant cette première période, paraissait donc être, à première vue, tout à fait satisfaisante. Il n'y a rien d'étonnant à ce que toute une campagne ait été menée par les organismes économiques pour faire abaisser les cotisations d'assurance, qui pesaient lourdement sur le budget des entreprises.

C'est alors que commence la seconde phase, phase véritablement critique, du développement des assurances sociales.

D'une part, la situation financière commence à devenir moins satisfaisante. Si l'on se reporte au tableau ci-dessus, on voit qu'à partir de janvier les fonds de réserve diminuent d'importance. Pour le fonds A (incapacité temporaire), le plus important de tous, la réserve ne couvre plus en somme, à partir de mars, qu'un mois de dépense. Pour le fonds B, la période couverte est de trois mois, pour le fonds C, de deux mois et demi.

---

[1] *Questions d'assurance*, n° 24, 1923, p. 3.

Dans certains cas, la situation devient nettement inquiétante. Pour le fonds A, à Moscou, la situation est la suivante :

MOIS	Pourcentage des dépenses par rapport aux recettes
1922 Novembre	10,1
— Décembre	69,5
1923 Janvier	84,1
— Février	89,9
— Mars	105,8

On pourrait penser que les recettes ont diminué du fait que le montant des cotisations a été réduit ou que les paiements ont été moins réguliers. Il n'en est rien. D'après les chiffres relatifs à dix-huit départements, les recettes en février augmentent de 52 pour cent par rapport à janvier ; en mars, elles augmentent encore de 21 pour cent.

Mais les dépenses s'accroissent beaucoup plus vite. Les assurés prennent l'habitude de réclamer leurs allocations. Si, dans les premiers mois, le nombre de jours de maladie payés fut insignifiant, il s'éleva très vite au début de 1923. Dans les départements de Kalouga, Oural, Moscou, Tambov, Tver, Yasroslavl, Ivanovo-Voznessensk, pour 100 assurés, il est payé en janvier : 59,4 journées ; en février : 68,6 ; en mars : 89,5.

De plus, les salaires augmentant, le taux des allocations s'élève dans la même proportion. Aussi, bien que le nombre de jours de maladie pour cette même région ne croisse en janvier que de 15 pour cent, en février de 30 pour cent, les dépenses augmentent de 45 à 46 pour cent.

Donc, financièrement, la situation s'aggrave; mais c'est justement ce moment-là que les dirigeants des entreprises et des organismes économiques de l'Etat choisissent pour faire abaisser les tarifs de cotisation d'environ 30 pour cent. Ils obtiennent gain de cause et, le 12 avril 1923, sont fixés de nouveaux tarifs de cotisation pour l'assurance sociale.

Etant donné la situation qui prévalait alors, les spécialistes des assurances sociales se préoccupèrent vivement du régime financier. Les tarifs avaient été établis en 1922[1], soit d'après l'organisation des insti-

---

[1] M. Steinberg évaluait ainsi le montant des cotisations pour incapacité temporaire et allocations supplémentaires. Pour 100 assurés, on compte comme journées d'allocations :

Genre du secours	Moyenne des cas	Durée du secours	Total (avec 20 pour cent de diminution pour les jours fériés)
Maladie	50.0	Vingt jours.	800
Maternité	2.8	Seize semaines de salaire.	252
Soins à l'enfant de l'assuré	2.8	Un mois de salaire.	47
Allaitement par l'assurée	2.8	Un quart du salaire mensuel pendant neuf mois.	85
Décès	1.0	Un mois de salaire.	17
Soins pour enfants	3 5	Un mois de salaire.	51
Allaitement des enfants	3.5	Un quart du salaire pendant neuf mois.	106
Décès de membres de la famille	1.5	Salaire mensuel.	25
		Unités de salaire	1.383

Si on suppose que 100 ouvriers travaillent 297 jours par an et reçoivent 29.700 de ces unités, le pourcentage de salaire pour le fonds A doit être :

$$\frac{1.383 \times 100}{29.700} = 4.62$$

Pour les dépenses d'organisation, on table au début sur 20 pour cent des frais d'allocation = 0.93 pour cent du salaire, au total 5.61 pour cent. — *Troud*, 27 et 29 octobre 1922.

tutions étrangères, soit d'après l'expérience réduite des caisses de maladie de Pétrograd en 1917-1918. Mais, au début de 1923, ces observations pratiques, portant déjà sur une période de plus d'un an, permettaient de calculer plus exactement les besoins des organismes d'assurance.

Pour le fonds A (incapacité temporaire), en tablant sur 90 à 95 cas d'incapacité par mois pour 100 assurés, et sur le nouveau tarif (6 pour cent des salaires), on considère comme nécessaire de percevoir un minimum de 85 pour cent des cotisations légalement dues[1].

Pour le fonds B, en tablant sur 250.000 cas, dont 25.000 dans des maisons spéciales, 125.000 pensionnés et 100.000 membres de familles d'invalides ayant droit à des secours et sur le tarif actuel (3,6 pour cent des salaires), on juge indispensable de recouvrer au minimum 80 pour cent des cotisations légalement dues[2].

Pour le fonds C (chômage), il est difficile de faire des prévisions, étant donné l'encombrement actuel du marché du travail.

Pour le fonds D (secours médicaux), les anciens tarifs eux-mêmes (5,5 à 7 pour cent), réduits encore le 12 avril 1923, ne pouvaient en aucun cas couvrir les dépenses ; par suite, il apparaissait nécessaire de faire appel aux autres fonds d'assurance, fonds A et B[3].

Il fallait donc procéder à un assainissement de la situation financière, en se basant sur des versements individuels plus faibles, mais effectués strictement et en temps voulu.

Les efforts faits dans cette direction n'ont pas été complètement couronnés de succès. D'après un rapport de Niemtchenko, à la session de septembre 1923 du Conseil central des syndicats, la situation financière générale de l'assurance sociale peut se résumer ainsi : pour le fonds d'incapacité temporaire, la situation s'équilibre avec peine ; pour le fonds d'invalidité et pour le fonds de chômage, elle est satisfaisante; pour le fonds des secours médicaux, la situation est partout et fortement déficitaire. Au total, de janvier à juin, les recettes totales de l'assurance ont été de 27.323.266 roubles réels et les dépenses de 23.983.845 roubles réels[4].

Pour le fonds A, les dépenses ont atteint 73 pour cent des recettes en janvier ; 67 pour cent en février ; 79 pour cent en mars ; 68 pour cent en avril ; 77 pour cent en mai ; et 102 pour cent en juin.

Niemtchenko reconnaît que le relèvement des dépenses en juin est une « indication menaçante », mais pense que c'est là un phénomène passager dû à l'épidémie estivale de malaria et à l'insuffisance du contrôle exercé pour dépister les simulateurs.

Pour le fonds B, les dépenses ont atteint 52 pour cent des recettes en janvier ; 72 pour cent en mai ; et 69 pour cent en juin.

Pour le fonds C (chômage), la proportion a été de 70 pour cent en janvier et de 60 pour cent en juin.

En ce qui concerne plus spécialement les recettes, alors qu'en janvier il était perçu environ 30 pour cent des sommes dues, il en est perçu maintenant environ 75 pour cent. Mais il faut remarquer que ces 75 pour cent portent sur des évaluations réduites d'environ un tiers depuis la publication du décret du 12 avril.

---

[1] *Questions d'assurance*, n° 21, 1923.
[2] *Ibid*, n° 23.
[3] *Ibid*, n° 16.
[4] *Messager du travail*, octobre 1923.

C'est ce qui ressort du tableau suivant [1] :

Recette de l'assurance sociale dans trente-deux départements en 1923.

MOIS	TOTAL des salaires payés (roubles réels)	A percevoir sur les salaires		Recette réelle (roubles réels)	Pourcentage des sommes perçues
		Pour-centage	Montant en roubles réels		
Janvier.......	22.247.732	21,0	4.672.022	1.473.173	31,5
Février.......	23.665.450	21,0	4.969.745	2.243.495	45,1
Mars.........	24.781.852	15,5	3.841.187	2.775.667	72,3
Avril........	27.756.459	15,5	4.302.251	2.767.417	64,3
Mai..........	23.828.795	15,0	3.574.319	2.869.895	80,3
Juin.........	25.590.270	15,0	3.838.541	2.553.927	66,5

Il résulterait de ces chiffres que le système d'assurances sociales fonctionnerait à peu près normalement, sauf en ce qui concerne les secours médicaux alloués aux assurés. Mais encore faudrait-il examiner les dépenses et vérifier si le montant des allocations versées aux ayants droit est conforme aux règles établies. Le tableau suivant donne de plus amples détails à ce sujet.

Nombre de journées d'incapacité payées mensuellement en 1923 (pour 100 ouvriers).

RÉGIONS	Janvier	Février	Mars	Avril	Mai	Juin
Bachkirie..................	12,9	18,3	27,9	19,0	32,7	35,0
Voronèje..................	17,2	28,9	39,4	36,0	42,1	48,4
Viatka....................	53,2	73,0	84,6	62,4	88,3	69,3
Gomel....................	34,2	44,0	52,7	43,4	61,6	62,7
Don......................	35,4	49,5	61,0	53,2	73,7	91,3
Ivanovo-Voznessensk........	95,3	99,5	142,5	97,3	108,9	118,1
Kalouga..................	25,8	31,5	40,8	34,6	43,7	41,0
Circassie.................	13,9	37,5	26,1	25,9	35,5	54,8
Kostroma.................	59,0	108,6	88,5	66,0	88,5	98,4
Koursk...................	16,6	22,3	29,6	41,9	31,9	45,7
Moscou...................	55,6	67,0	89,6	66,8	88,5	102,3
Commune allemande........	33,7	31,2	58,5	47,7	52,9	107,5
Nijni-Novgorod............	62,6	68,8	74,9	59,6	81,5	95,5
Perm.....................	17,2	24,8	22,5	24,1	61,3	62,1
Riazan....................	20,6	43,3	38,0	37,7	42,2	50,5
Simbirsk..................	40,4	51,8	60,5	53,5	81,8	75,6
Smolensk.................	26,9	39,2	37,9	40,0	43,9	43,4
Tambov...................	32,2	45,1	50,6	40,0	57,8	52,9
Tatarie...................	51,8	51,2	89,5	78,4	74,9	104,5
Tver.....................	59,0	68,7	82,2	76,4	68,0	81,4
Terek....................	14,2	14,9	28,3	23,5	35,9	63,8
Toula....................	31,2	56,8	87,0	49,0	73,2	71,3
Tcheliabinsk..............	40,3	36,4	43,1	40,6	66,5	64,1
Tsaritsyne................	74,9	72,7	67,9	83,5	94,7	99,7
Yaroslavl.................	72,3	82,8	94,1	65,2	75,8	79,9
MOYENNES.............	51,7	60,8	75,9	57,1	73,3	81,1

[1] *Messager du travail,* octobre 1923.

En ce qui concerne le fonds A (incapacité temporaire), on peut remarquer d'abord que le nombre des bénéficiaires est assez élevé : il faut compter environ 10 jours d'incapacité par assuré et par an, alors que, d'après les données de 1919, le chiffre correspondant était 7 [1].

D'après le Code du travail, l'assuré en état d'incapacité doit recevoir une allocation égale à son salaire complet. En fait, les allocations effectives sont toujours inférieures. Généralement, elles sont versées à l'assuré au bout d'un certain temps, et, par suite de la dépréciation journalière du rouble, ne correspondent plus à leur montant nominal. Le tableau suivant montre quelle est la proportion entre le versement pour incapacité temporaire et le salaire réel de l'assuré.

Montant de l'allocation et du salaire réel
par rapport au budget minimum en 1923.

(Pourcentage)

MOIS	EN PROVINCE			A MOSCOU		
	Allocation moyenne	Salaire moyen	Rapport (pourcentage) entre l'allocation et le salaire	Allocation moyenne	Salaire moyen	Rapport (pourcentage) entre l'allocation et le salaire
Janvier	92,5	144,3	64,1	138,0	191,4	72,1
Février	102,5	150,0	68,3	168,2	200,3	82,9
Mars	116,1	164,6	70,5	178,2	226,3	78,7
Avril	119,3	148,6	80,3	182,0	183,5	99,2
Mai	122,1	153,8	79,4	198,3	209,6	94,6
Juin	134,5	160,0	84,1	197,5	211,9	93,2

La plus grande partie des dépenses, pour le fonds A, est destinée à couvrir les jours de maladie, comme le montre le tableau suivant :

Répartition des sommes dépensées sur le fonds A, pour les cas
d'incapacité temporaire et les formes complémentaires
d'assurance en 1923.

(Pourcentage)

MOIS	Incapacité temporaire	FORMES COMPLÉMENTAIRES		
		Allocations de naissance	Allocations d'allaitement	Allocations pour funérailles
Janvier	88,0	3,9	6,0	2,0
Février	88,3	4,0	6,0	1,7
Mars	85,4	5,2	7,4	2,0
Avril	84,7	5,3	7,8	2,2
Mai	87,3	4,4	6,8	1,5
Juin	86,1	4,6	7,5	1,8

[1] *Statistique du travail*, n° 7, 1923.

Pour le fonds B (invalidité permanente), les allocations sont également incomplètes pour les mêmes raisons.

Montant des pensions des invalides du travail comparé au budget minimum dans quarante-deux départements et à Moscou en 1923.

(Pourcentage)

MOIS	EN PROVINCE				A MOSCOU			
	Catégorie			Moyenne	Catégorie			Moyenne
	I^e	IIe	IIIe		I^e	IIe	IIIe	
Janvier.........	31,9	21,0	15,6	24,9	42,4	28,3	21,2	—
Février.........	33,1	22,1	16,4	27,7	47,8	31,8	23,9	—
Mars..........	42,4	28,3	21,2	34,4	57,9	38,6	28,9	39,0
Avril..........	45,5	30,7	23,0	34,2	55,7	37,1	27,9	37,5
Mai..........	52,1	35,0	26,0	38,0	70,0	65,0	35,0	60,2
Juin...........	55,0	36,2	26,0	40,0	99,0	70,1	33,0	63,7

Le montant des pensions se relève donc sans interruption pendant tout le semestre. C'est à Moscou que les invalides du travail ont le traitement le plus avantageux .

Pour le fonds Ç (chômage), il y a, en somme, fort peu de chômeurs à bénéficier des allocations (51.000 en juin). La proportion varie beaucoup suivant les villes, mais en moyenne elle est de 12 à 15 pour cent. En juin, une circulaire du Commissariat du travail a bien recommandé d'étendre le système des allocations de chômage, mais il n'est pas encore possible de connaître l'effet de cette circulaire.

Montant des allocations de chômage, par catégorie, en proportion du budget minimum en 1923.

MOIS	En province				A Moscou			
	Catégories			Moyenne	Catégories			Moyenne
	Ire	IIe	IIIe		Ire	IIe	IIIe	
Janvier...........	20,3	13,2	7,3	13,4	26,5	17,8	8,7	14,3
Février...........	22,9	14,8	7,7	15,1	35,8	23,9	11,9	19,6
Mars............	27,8	18,8	10,0	21,8	28,9	19,3	9,6	16,0
Avril............	28,2	18,5	9,8	21,6	39,8	26,5	—	30,7
Mai.............	31,0	20,7	12,0	25,6	36,8	27,6	—	40,1
Juin.............	34,2	21,3	11,7	26,5	61,0	40,6	—	46,1

[1] Il n'existe pas de renseignements précis sur le nombre de pensionnés. D'après NIEMTCHENKO, en septembre, le nombre de pensionnés dans trente départements était passé, de 30.000 en janvier, à 41.500 en juin 1923. Pour toute la Russie, dans *Questions d'assurance*, n° 23, NIEMTCHENKO évalue à 250.000 le nombre des personnes bénéficiant du fonds B.

III. — Activité des caisses d'assurances de Moscou de janvier a juillet 1923[1].

Recettes et dépenses générales.

MOIS	Recettes (roubles réels)	Dépenses (roubles réels)	Proportion des dépenses par rapport aux recettes (Pourcentage)	Pourcentage par rapport aux chiffres de janvier.	
				Recettes	Dépenses
Janvier............	665.258	434.568	65,3	100,0	100,0
Février............	829.296	617.630	74,5	124,6	142,1
Mars..............	1.088.346	689.916	63,4	163,6	158,7
Avril..............	1.041.175	604.310	58,0	156,5	139,0
Mai...............	1.028.657	706.414	68,7	154,6	162,5
Juin..............	903.631	904.363	100,1	135,8	208,1
Juillet............	1.039.151	952.037	91,6	156,2	219,1

Fonds A (incapacité temporaire).

1. Recettes et dépenses (versements au fonds de réserve déduits)

MOIS	Recettes (roubles réels)	Dépenses (roubles réels)	Proportion des dépenses par rapport aux recettes (Pourcentage)	Pourcentage par rapport aux chiffres de janvier.	
				Recettes	Dépenses
Janvier............	179 083	142.377	79,5	100,0	100,0
Février............	226.177	196.988	87,1	126,3	138,4
Mars..............	307.532	189.685	94,2	171,7	203,5
Avril..............	315.548	215.997	68,4	176,2	151,7
Mai...............	327.900	309.211	94,3	183,1	217,2
Juin..............	298.066	353.678	198,6	166,4	248,4
Juillet............	345.213	389.246	112,7	192,8	274,4

2. Sommes disponibles en fin de mois, comparées aux dépenses du mois précédent.

MOIS	Solde en fin de mois (roubles réels)	Dépenses du mois (roubles réels)	Rapport entre le solde et les dépenses (Pourcentage)
Janvier............	112.024	142.377	78,7
Février............	163.551	196.988	83,0
Mars..............	152.075	289.685	52,5
Avril..............	145.518	215.997	67,4
Mai...............	184.663	309.211	59,7
Juin..............	170.945	353.678	48,3
Juillet............	109.420	389.246	28,1

[1] *Questions d'assurances*, nᵒˢ 39-40, 1923.

3. Nombre de jours d'incapacité payés.

MOIS	Nombre de journées	Pourcentage par rapport aux chiffres de janvier.	Moyenne mensuelle par assuré
Janvier.............	181.819	100,0	0,56
Février.............	235.364	122,7	0,68
Mars................	309.172	161,2	0,90
Avril...............	240.432	120,1	0,67
Mai.................	306.032	159,5	0,89
Juin................	352.749	183,9	1,0
Juillet.............	339.493	177,0	1,0

4. Montant de l'allocation mensuelle, comparé au salaire moyen.

MOIS	Allocation mensuelle (roubles réels)	Salaire moyen (roubles réels)	Pourcentage de l'allocation par rapport au salaire
Janvier.............	13,79	18,28	75,44
Février.............	16,83	14,87	84,70
Mars................	17,85	22,28	80,12
Avril...............	18,17	18,27	99,45
Mai.................	19,82	20,28	97,73
Juin................	19,75	21,16	93,34
Juillet.............	19,75	21,16	93,34

Fonds B (invalidité permanente).

I. Recettes et dépenses (versements au fonds de réserve déduits).

MOIS	Recettes (roubles réels)	Dépenses (roubles réels)	Pourcentage des dépenses par rapport aux recettes	Pourcentage par rapport aux chiffres de janvier	
				Recettes	Dépenses
Janvier.............	201.295	141.388	70,2	100,0	100,0
Février.............	257.401	170.203	66,1	127,9	120,4
Mars................	320.898	135.546	42,2	159,4	95,9
Avril...............	281.324	105.260	37,4	139,7	74,4
Mai.................	235.546	117.765	50,0	117,0	83,3
Juin................	198.690	185.384	93,0	98,7	131,1
Juillet.............	221.516	143.218	64,6	110,0	101,3

2. Sommes disponibles en fin de mois, comparées aux dépenses du mois précédent

MOIS	Solde en fin de mois (roubles réels)	Dépenses du mois précédent (roubles réels)	Pourcentage du solde par rapport aux dépenses
Janvier.....................	87.394	141.388	61,8
Février.....................	116.262	170 203	68,3
Mars.......................	187.423	135 546	138,3
Avril......................	350.636	105.260	333,1
Mai........................	385.151	117.765	327,1
Juin.......................	401 176	185.384	216,4
Juillet....................	248.937	143.218	173,8

Fonds C (chômage).

1. Recettes et dépenses (versements au fonds de réserve déduits).

MOIS	Recettes (roubles réels)	Dépenses (roubles réels)	Pourcentage des recettes par rapport aux dépenses	Pourcentage par rapport aux chiffres de janvier	
				Recettes	Dépenses
Janvier.............	68.033	21.422	31,5	100,0	100,0
Février.............	87.800	43.970	50,4	128,3	205,3
Mars...............	116.070	41.016	35,3	170,6	191,5
Avril...............	117.241	39.859	34.0	172,3	186,1
Mai................	116.679	58.793	50,4	171,5	274,4
Juin...............	100.535	70.233	69,9	147,8	327,9
Juillet.............	113.432	159.150	140,3	166,7	742,9

2. Sommes disponibles en fin de mois, comparées aux dépenses du mois précédent

MOIS	Solde (roubles réels)	Dépenses (roubles réels)	Pourcentage du solde par rapport aux dépenses
Janvier.......................	101.199	21.422	472,4
Février.......................	125.123	43.970	284,6
Mars.........................	144.741	41.016	352,9
Avril.........................	197.259	39.859	494,9
Mai..........................	200.197	58.793	340,5
Juin.........................	199.360	70.233	283,8
Juillet.......................	146.792	159.150	92,2

ANNEXE VII.

Inspection du Travail [1]

I. — IMPORTANCE NUMÉRIQUE ET CARACTÈRE DU CORPS DES INSPECTEURS ÉLUS.

Le nombre des inspecteurs élus de 1918 à 1923 a varié de la façon suivante :

Dates	Nombre d'inspecteurs élus
Fin 1918	127
Juillet 1919	212
Août 1920	535
Mars 1921	812
Novembre 1921	1.457
Décembre 1922	1.150

Le nombre des inspecteurs du travail élus par les syndicats professionnels s'était fortement accru au début, en passant de 127 à la fin de 1918 à 535 en août 1920 et à 1.457 en novembre 1921. En 1922, par contre, on constate une certaine diminution. D'après le *Troud* du 19 mai, il y avait en tout 1.150 inspecteurs élus en décembre 1922. D'après la *Revue économique* (n° 5, 1923), leur nombre était de 1.125 au début de 1922 et de 808 seulement en octobre de la même année. Il est certain, en tout cas, qu'il y a eu diminution. Elle est due principalement aux réductions de personnel opérées dans toutes les administrations soviétiques.

D'après leur position sociale les inspecteurs du travail se répartissent comme suit :

Pour 100 inspecteurs du travail.

Catégories	Janvier 1919	Mars 1921	Décembre 1922
Ouvriers	50	65,5	72,3
Employés	25	29,5	26,8
Personnel technique	15	5,0	—

Comme on le voit, le nombre des ouvriers a considérablement augmenté, ce qui s'explique par le fait que les inspecteurs sont désignés par les syndicats professionnels ; parmi les inspecteurs ouvriers les métallurgistes occupent une place prépondérante.

La composition sociale du corps des inspecteurs est en rapport avec

---

[1] *Questions du travail*, n°s 5-6, 1923. — *Revue économique*, n° 5, 1923. — *Troud*, 7 mars 1922 et 19 mai 1923. — *Documents des statistiques du travail*, n° 14, 1922. — *Statistiques du travail*, n°s 1, 2 et 6, 1923. — *Messager du travail*, n°s 1-12, 1922 et n°s 1-7, 1923.

leur instruction générale. En effet, parallèlement à l'augmentation du nombre des ouvriers, le niveau général de l'instruction tend à baisser toujours davantage, de sorte qu'en décembre 1922 pas un seul inspecteur élu ne possédait une instruction supérieure, comme le montre le tableau suivant :

Pour 100 inspecteurs.

INSTRUCTION	Janvier 1919	Novembre 1921	Décembre 1922
Elémentaire	2,2	6,6	7,4
Primaire	52,7	70,1	76,4
Secondaire	38,5	18,6	14,7
Universitaire	6,6	2,5	—
Autre	—	2,2	1,5

Une circulaire du Conseil central panrusse des syndicats professionnels et du Commissariat du travail (*Izvestia*, 19 mai 1923) a prescrit une réélection générale des inspecteurs du travail avant le 1ᵉʳ septembre 1923. La circulaire attire l'attention des syndicats sur la nécessité de veiller à ce que l'instruction des inspecteurs soit suffisante, notamment à ce qu'ils sachent lire et écrire et qu'ils aient travaillé pendant un an au moins dans les syndicats professionnels.

Enfin, en ce qui concerne l'opinion politique des inspecteurs du travail, on constate une diminution croissante du nombre des communistes.

Pour 100 inspecteurs du travail.

Opinion politique	Janvier 1919	Novembre 1921	Décembre 1922
Membres du parti communiste..	77,8	65,1	63,3
N'appartenant à aucun parti....	11,1	32,1	34,8
Membres de partis autres que le parti communiste	11,1	2,8	1,9

II. — IMPORTANCE NUMÉRIQUE ET CARACTÈRE DU CORPS DES INSPECTEURS TECHNIQUES.

Dès la création du corps des inspecteurs techniques on a fait appel aux anciens « inspecteurs de fabriques ». D'après le programme établi pour 1918 il devait y avoir 141 inspecteurs techniques. A la fin de 1918 on n'en comptait encore que 88, dont : 72 ingénieurs techniques ; 2 ingénieurs des mines ; 3 ingénieurs civils ; 6 économistes diplômés de l'Institut commercial ; 5 mécaniciens spécialistes.

Sur ces 88 inspecteurs, 62 étaient d'anciens inspecteurs de fabriques et 10 appartenaient au corps des vérificateurs de chaudières. En 1919, leur nombre était passé à 102.

Au début de 1919, on comptait 121 inspecteurs techniques dont seulement 30 anciens inspecteurs de fabriques (sur les 280 avant la révolution). Sur ces 121 inspecteurs, 89 (73,5 pour cent) avaient une instruction technique supérieure, 23 (19 pour cent) une instruction technique secondaire et 9 (7,5 pour cent) une instruction technique élémentaire (ces derniers étaient nommés à titre temporaire) ; 108 s'occupaient exclusivement de leur mission d'inspecteurs, 13 la cumulaient avec d'autres fonctions.

Au deuxième semestre de 1920, il existait 129 inspecteurs techniques, dont 37 anciens inspecteurs des fabriques. Mais le nombre des inspecteurs s'était accru grâce à l'augmentation du nombre des cumuls.

Au 1ᵉʳ mai 1923, les inspecteurs techniques et les inspecteurs sanitaires étaient au nombre de 443, soit 250 inspecteurs techniques et 193 inspecteurs sanitaires. La durée du stage accompli par les inspecteurs sanitaires, en tant que médecins, et la durée de leur stage dans l'inspection sanitaire du travail sont indiquées par le tableau suivant :

Stage médical		Stage dans l'inspection sanitaire	
Durée du stage	Pour 100 inspecteurs	Durée du stage	Pour 100 inspecteurs
De 1 à 5 ans......	21	Moins de 1 an......	4,7
De 5 à 10 ans......	34	De 1 à 2 ans........	37,7
De 10 à 15 ans......	22	De 2 à 3 ans........	24,7
Plus de 15 ans......	23	Plus de 3 ans.......	32,9

Il ressort de ces tableaux que la moitié des inspecteurs sanitaires ont accompli un stage de cinq à quinze ans comme médecins, et que 60 pour cent s'occupent depuis au moins deux ans d'inspection sanitaire.

Parmi les 250 inspecteurs techniques, 70 pour cent ont fait des études techniques supérieures. Quant à leur formation pratique, on peut en juger par le nombre d'années qui s'est écoulé depuis qu'ils ont terminé leurs études ; 83 pour cent des inspecteurs techniques ont terminé leurs études il y a cinq ans au moins, et 48 pour cent les ont terminées il y a plus de dix ans. La durée de leur stage d'inspecteurs techniques a été d'au moins deux ans pour 65 pour cent d'entre eux, d'un an pour 25 pour cent et de moins d'un an pour 10 pour cent.

III. — ACTIVITÉ DE L'INSPECTION DU TRAVAIL.

Visites d'entreprises.

Dates	Nombre moyen des visites mensuelles par inspecteur
1919 2ᵉ semestre	10,6
1920 1ᵉʳ —	8,7
— 2ᵉ —	8,5
1921 avril	6,9
— juillet	5,9
— octobre	4,1
— décembre	6,1
1922 1ᵉʳ trimestre	9,4
— 2ᵉ —	10,0
— 3ᵉ —	12,7
— 4ᵉ —	15,0

Parmi les entreprises inspectées en 1922, 80 pour cent étàient des petites entreprises, n'employant pas plus de 50 ouvriers, 16 pour cent employaient de 50 à 500 ouvriers, et 4 pour cent seulement appartenaient à la grande industrie (plus de 500 ouvriers). Sur 100 établissements visités, 47,3 appartenaient à l'industrie privée, 46,6 étaient propriété d'Etat, et 6,1 propriété d'unions coopératives.

Le nombre des cas où l'inspecteur du travail a dû poursuivre les administrateurs d'entreprises devant les tribunaux pour infractions aux lois du travail ne cesse de s'accroître, comme il ressort de la statistique suivante :

1922	Nombre de poursuites intentées sur 100 visites effectuées
1er trimestre	8,1
2e —	10,1
3e —	12,6
4e —	15,8

Près de la moitié des poursuites ont été intentées pour infractions aux dispositions législatives concernant la durée de la journée de travail et le repos hebdomadaire. Dans 90 pour cent des cas les tribunaux ont conclu à la culpabilité, 78 pour cent des peines prononcées consistaient en amendes, 15 pour cent en emprisonnement et en travaux obligatoires. Le tableau suivant montre comment se répartissent les poursuites judiciaires d'après les causes qui les ont provoquées :

Causes des poursuites judiciaires	Pourcentage des diverses causes de poursuites [1]
Infraction aux lois sur la journée de travail et le repos hebdomadaire	47,1
Violation de la durée légale de la journée de travail..	34,0
Embauchage d'ouvriers en dehors des bourses du travail	29,4
Infraction aux lois sur les salaires	25,9
Violation des lois sur le travail des adolescents	15,8
Défectuosité sanitaire de l'entreprise	7,8
Refus de satisfaire aux obligations concernant l'assurance sociale	7,0
Infraction aux règles de sécurité.	5,2
Infraction aux dispositions sur le travail des femmes.	3,3
Absence de notification ou notification tardive des accidents du travail	1,3
Autres causes	15,9

[1] Un certain nombre de poursuites ont été provoquées par deux ou plusieurs des causes indiquées.

D'après le code du travail c'est aux inspecteurs qu'il appartient d'autoriser ou d'interdire les heures de travail supplémentaires. Le tableau suivant montre comment a varié le nombre des demandes de dérogation adressées aux inspecteurs en 1922 et dans quelle mesure ces demandes ont reçu satisfaction.

Autorisations d'heures supplémentaires.

PÉRIODES	Nombre d'ouvriers et d'employés pour lesquels les entreprises avaient demandé l'autorisation d'instituer des heures supplémentaires	Nombre d'ouvriers et d'employés pour lesquels le travail supplémentaire a été autorisé.	
		Nombre absolu	Pourcentage
		(Moyenne par inspecteur et par mois)	
1922.			
Janvier-mars..................	40,4	27,6	68,3
Avril-juin....................	27,2	18,3	67,3
Juillet-septembre.............	116,2	102,0	87,7
Octobre-décembre.............	142,9	127,2	89,2
Pendant toute l'année..........	80,0	67,7	84,5

Les demandes de travail supplémentaire ont beaucoup augmenté pendant l'année 1922 ; elles ont surtout été fréquentes dans l'industrie textile, spécialement dans les départements de Moscou, d'Ivanovo-Voznessensk et de Vladimir.

Le nombre moyen d'accidents enregistrés par inspecteur, et le pourcentage des accidents au sujet desquels des enquêtes ont été entreprises et menées à bonne fin sont indiquées dans le tableau suivant :

PÉRIODES	Accidents enregistrés	Accidents dont les causes et les circonstances ont été l'objet d'une enquête	
		Nombre absolu	Pourcentage
		(Moyenne par inspecteur et par mois)	
1922.			
Janvier-mars..................	3,2	1,5	46,9
Avril-juin....................	3,5	1,7	48,5
Juillet-septembre.............	4,0	1,4	35,0
Octobre-décembre.............	6,3	1,5	23,8
Pendant toute l'année..........	4,4	1,5	34,2

IV. — ACTIVITÉ DE L'INSPECTION DU TRAVAIL PENDANT LE PREMIER TRIMESTRE DE 1923[1].

Les données ci-dessous, concernant l'activité de l'inspection du travail pendant le premier trimestre de 1923, se rapportent à 39 départements et sont extraits de 106 rapports d'inspecteurs.

---

[1] *Statistique du travail*, n° 6, 1923.

Nombre des visites faites par les inspecteurs.

RÉGIONS ET PÉRIODES	Nombre des comptes rendus contenant des données sur les visites faites	Nombre de visites mentionnées	Nombre moyen des visites par mois et par inspecteur
Dans toute la Russie :			
1923 Janvier.................	366	4.932	13,9
— Février.................	348	5.111	14,7
— Mars...................	330	5.576	16,9
1er trimestre 1923.............	1.044	15.619	14,9
Dans la Russie centrale :			
1er trimestre 1923.............	914	13.500	14,8
(4e trimestre 1922).............	(672)	(10.242)	(15,3)

Répartition des entreprises, institutions et exploitations visitées,
d'après le nombre des travailleurs occupés dans chacune.

Nombre de travailleurs dans chaque entreprise	1er trimestre 1923		4e trimestre 1922
	Nombre absolu	Pourcentage par rapport au nombre total	Pourcentage par rapport au nombre total
Moins de 10....................	7.502	53,2	56,0
De 10 à 49.................	4.064	28,8	27,3
De 50 à 99.................	1.017	7,2	6,5
De 100 à 499.................	1.116	7,9	6,7
De 500 à 999.................	216	1,5	1,5
1.000 et plus.................	191	1,4	2,0
TOTAL.............	14.106	100	100

Comme on le voit, ce sont les petites entreprises qui sont le plus surveillées par l'inspection du travail. En effet, c'est surtout sur les entreprises privées que porte le contrôle. Il ne faut pas en conclure que les conditions du travail dans les entreprises de l'Etat soient meilleures que dans les entreprises privées ; très souvent c'est le contraire. Mais les organismes d'Etat sont moins favorables aux inspections de leurs entreprises et, d'autre part, les conditions du travail dans ces entreprises sont souvent réglées d'avance par des conférences organisées entre les organes de l'inspection du travail et les administrations centrales des industries de l'Etat.

Répartition des visites d'après les différentes catégories
d'entreprises.

CATÉGORIES D'ENTREPRISES	1er trimestre 1923		4e trimestre 1922
	Nombre absolu	Pourcentage par rapport au total	Pourcentage par rapport au total
Entreprises d'Etat............	6.640	45,6	43,5
— privées............	7.104	48,8	51,2
— coopératives.......	813	5,6	5,3
TOTAL..................	14.557	100	100

Nombre de poursuites judiciaires intentées contre les entrepreneurs.

MOIS	Nombre absolu	Nombre moyen par inspecteur	sur 100 visites enregistrées
1923 Janvier................	819	2,20	15,8
— Février................	658	1,91	13,0
— Mars..................	978	2,79	16,5
TOTAL pour toute la Russie...	2.455	2,28	15,3
TOTAL p^r la Russie centrale :			
1er trimestre 1923..............	2.107	2,24	15,1
4e trimestre 1922..............	1.489	2,42	15,8

Nombre de travailleurs pour lesquels ont été autorisées
des dérogations aux lois sur le travail.

Pour la Russie centrale.

OBJETS DES DÉROGATIONS	Dérogations demandées		Dérogations accordées		
	Nombre absolu	Nombre moyen par inspecteur	Nombre absolu	Nombre moyen par inspecteur	Pourcentage des autorisations par rapport au total des travailleurs intéressés
Heures supplémentaires :					
1er trimestre 1923....	93.749	144.1	76.424	117,3	81,5
4e trimestre 1922.....	74.137	142.9	65.996	127,0	89,0
Travail des enfants (entre 14 et 16 ans) :					
1er trimestre 1923....	2.528	3.9	1.622	2,5	64,2
4e trimestre 1922....	2.504	4.8	1.935	3,7	77,2

Nombre d'accidents enregistrés et ayant fait l'objet d'une enquête.

MOIS	Enregistrés		Ayant fait l'objet d'une enquête		Pourcentage des enquêtes par rapport au nombre d'accidents enregistrés
	Nombre absolu	Nombre moyen par inspecteur	Nombre absolu	Nombre moyen par inspecteur	
1923 Janvier.......	1.819	5,0	429	1,2	23,6
— Février.......	2.160	6,0	471	1,3	21,8
— Mars.........	2.414	6,9	674	1,9	27,9
TOTAL pour toute la Russie............	6.393	5,9	1.574	1,5	24,6
TOTAL pour la Russie centrale :					
1er trimestre 1923...	6.250	6,6	1.534	1,6	27,7
4e trimestre 1922...	4.124	6,7	963	1,6	23,4

ANNEXE VIII

Mouvement syndical.

I. — Effectif des syndiqués.

Les statistiques du mouvement syndical sont dressées par la section de la statistique du travail commune à l'administration centrale de statistique, au Commissariat du travail et au Conseil central panrusse des syndicats. Nous les donnons ci-dessous car leur comparaison permet d'étudier les variations du développement des syndicats d'après les événements politiques et économiques, bien que, tout au moins jusqu'en 1922, la valeur en soit extrêmement douteuse. Jusqu'en 1922, la statistique syndicale consistait simplement en une sorte de recensement des travailleurs qui, pratiquement, étaient tous obligés de s'affilier au syndicat de leur entreprise.

En examinant le tableau de la page suivante, on ne peut manquer de remarquer : 1° l'augmentation du nombre des syndiqués jusqu'en 1921 : pratiquement, à cette époque, tout travailleur est inscrit à un syndicat ; 2° la diminution du nombre des syndiqués depuis 1921 jusqu'à la fin de 1922 : depuis l'introduction de la nouvelle politique économique, beaucoup d'ouvriers inscrits fictivement ont disparu des registres des usines et, partant, des listes syndicales. En outre, il a été procédé à divers pointages. Dans ce dernier cas, on a éliminé des syndicats tous les travailleurs à domicile et, en général, tous les éléments non prolétariens.

Dans certains cas, les pointages ont considérablement diminué le nombre des syndiqués. D'après le compte rendu du Conseil central panrusse des syndicats professionnels pour 1921-1922 (p. 45), voici les résultats d'un pointage très caractéristique effectué à Odessa en 1921.

1. Résultats du pointage des syndicats à Odessa en 1921.

SYNDICATS	Nombre avant le pointage	Nombre des syndiqués pointés	Modifications apportées par le pointage			Nombre des syndiqués restants
			Exclusion directe	Radiations	Cas douteux	
Métallurgie.........	6.411	6.411	3.476	182	—	2.753
Alimentation........	9.670	6.055	1.384	583	156	3.927
Typographie........	1.140	1.140	56	127	—	957
Transports.........	7.906	3.808	—	213	1.989	1.606
Cuirs..............	4.339	1.090	294	13	25	718
Services municipaux	4.633	1.512	—	129	72	1.320
Bâtiment...........	—	1.005	82	—	—	848
Textile.............	1.183	535	61	—	35	453
Travail du bois.....	819	425	—	33	5	296
Habillement........	737	595	—	11	19	579
Mines..............	911	401	—	15	62	367
Administration soviétique.	6.460	560	—	—	—	498
Santé publique.....	7.500	5.144	—	220	73	4.851
Chemins de fer.....	15.730	8.323	—	798	—	7.527

Effectif des différents syndicats de 1917 à 1923.

BRANCHES D'INDUSTRIE	2e semestre 1917	2e semestre 1918	2e semestre 1920	Juillet 1921	Octobre 1921	Janvier 1922	Avril 1922	Octobre 1922	Janvier 1923	Avril 1923
Métallurgie	259.302	408.231	561.644	587.850	524.997	488.947	518.050	421.602	442.000	466.000
Textile	204.616	565.913	373.751	428.100	368.794	364.149	358.903	399.776	436.000	454.000
Habillement	29.455	50.027	159.469	176.381	135.306	90.438	63 307	49 338	49.000	50.000
Cuirs	35.701	60.299	235.025	278.806	181.986	115.817	96.169	77.177	82.000	84.000
Postes et télégraphes	4.725	39.528	189.854	197.074	197.654	140.303	124.603	105.911	104.000	107.000
Papeterie	1.666	16.327	27.158	26.853	27.006	23.130	20.027	20.569	21.000	24.000
Typographes	29.961	46.140	81.644	93.671	86.404	70 619	60.904	61.464	64.000	72.000
Employés soviétiques :										
Employés de bureau et de l'industrie	49.989	257.576	882.489	1.067.557	1.027.700	849.008	725.276	472.925	501.000	526.000
Institutions de crédit	2.975	15.660								
Banque d'État	386	2.587								
Alimentation	53.284	62.138	281.874	352.997	268.334	239.780	201.461	182.651	202.000	217.000
Tabacs	5.418	20.522	37.183	38 478	30.396					
Sucreries			69.345	50.838	50.957	43.920	32.751	31.059	33.000	44.000
Industries chimiques :										
Produits chimiques	17.140	33.571	158.973	182.933	158.904	154.262	156.494	123.650	136.000	153.000
Verre et céramique	10.863	10.528	35.924							
Santé publique :										
Infirmiers	31.775	74.639	482.396	587.934	561.740	488.585	410.195	297.438	280.000	303 000
Pharmaciens	2.401	12.021								
Chemins de fer			1.032.037	1.127.479	1.070.461	940.272	833.820	714.522	612.000	637.000
Mariniers			245.070	286.835	299.444	222.764	189.760	424 653	417.000	129.000
Transports locaux	29.686	77.450	127.521	203.138	201.185	147.518	122.795	101.903	113.000	125.000
Beaux-arts	1.221	8.672	106.405	137.770	122.041					
Instruction publique	570	9.196	433.646	654.257	756.271	812.053	657.893	443.807	446.000	495.000
Bois	35.576	32.857	183.411	246.955	236.044	209.887	149.100	81.818	92.000	101.000
Construction	19.234	73.315	299.524	355.629	347.052	251.106	171.295	102.128	105.000	131.000
Ciment		276								
Agriculture	730	5.498	260.018	658.954	657.654	566.766	462.259	282.771	254.000	246.000
Forêts	2.324	3.598								
Employés municipaux	16.871	97.192	179.393	233.877	206.704	158.100	135.908	125.064	136.000	142.000
Pompiers	46	645								
Perruquiers	2.546	6.776								
Restaurateurs	21.819	36.354	109.718	135.298	115.578	53.620	46.103	38.261	42.000	51.000
Domestiques	18.150	82.529								
Mines	35.252	67.252	303.418	321.698	284.006	308.914	284.462	227.608	232.000	271.000
TOTAUX	923.094[1]	2.477.317[1]	6.856.890[2]	8.428.362[2]	7.913.618[3]	6.739.958[3]	5.824.595[3]	4.483.095[4]	4.499.000[5]	4.828.000[5]

[1] *Compte rendu du Conseil central panrusse des syndicats professionnels pour 1919.* (Tableau annexe). — [2] *Messager du Travail,* juin 1921. — [3] *Statistique du travail,* n° 2, janv. 1923. — [4] *Ibid.,* n° 3, février 1923. — [5] *Messager du travail,* n°° 6-7, 1923.

Les chiffres que nous donnons dans le tableau général des statistiques syndicales pour 1922 montrent encore une diminution progressive du nombre des syndiqués. Les pointages effectués en 1922 ont
conduit, en effet, à des résultats analogues à ceux de 1921.

D'après le compte rendu du Conseil central panrusse des syndicats
professionnels pour mai-août 1922 (pp. 11 et suivantes), voici le
pourcentage des syndiqués restant après le pointage effectué en juin
dans neuf départements :

Tver	92,8
Mourmansk	76,6
Pskov	67,6
Novgorod	73,8
Tchérépovetz	50,1
Olonetz	55,6
Carélie	70,3
Voronèje	91,7
Petrograd	53,7

En 1923, le nombre des syndiqués augmente surtout dans les
branches d'industrie qui se sont le plus facilement adaptées
aux conditions créées par la nouvelle politique économique :
bâtiment, sucreries, hôtels et restaurants, papeterie, mines. Un seul
syndicat continue à enregistrer une diminution d'effectif : celui des
ouvriers agricoles. Il se produit probablement un exode des ouvriers
des fermes soviétiques vers les villes. Certaines de ces fermes ont
d'ailleurs cessé d'être exploitées ou ont réduit considérablement leur
personnel, de même que les administrations de l'Etat.

Dans le tableau qui donne les effectifs syndicaux à diverses époques
on remarquera que le nombre des syndicats lui-même a fortement
varié, avec une tendance générale à la concentration.

Répartition territoriale des syndiqués.

Le tableau suivant donne le pourcentage des syndiqués par région,
le 1er janvier 1922 et le 1er janvier 1923[1] .

Régions	Proportion des syndiqués	
	1er janvier 1922	1er janvier 1923
Centre industriel	17,9	22,7
Centre agricole	11,9	9,4
Nord	9,9	11,1
Ouest	4,7	4,3
Volga	12,0	9,9
Oural	9,2	3,3
Kirghizie	1,8	1,3
Sibérie	5,8	3,7
Turkestan	2,2	1,7
Caucase	2,5	3,6
Sud-Est	4,5	4,0
Ukraine	17,2	18,3
Crimée	0,9	1,1
Sibérie orientale	—	1,5

[1] *Messager du travail*, nos 6-7, 1923.

Liste des syndicats panrusses au début de 1923.

INDUSTRIES	REMARQUES
Métallurgie	Comprend une section d'ingénieurs.
Textile	—
Postes, télégraphes et téléphones.	—
Habillement	—
Chemins de fer	Ces syndicats ont fusionné en 1920 sous le nom de *Tsektran* (Comité central des ouvriers de transport) et se sont séparés à nouveau en 1922.
Transports par eau	
Transport local	—
Bâtiment	Ce syndicat a fusionné en 1921 avec celui des cimentiers.
Cuirs	—
Typographie	—
Santé publique	A ce syndicat se sont affiliés les travailleurs de la médecine et ceux de la pharmacie. Il comprend maintenant une section de médecins.
Industrie chimique	Ce syndicat a fusionné avec celui de la verrerie-céramique en 1921.
Alimentation	Ce syndicat a fusionné en 1921 avec le syndicat des ouvriers des manufactures de tabacs.
Sucreries	—
Administration soviétique	—
Services municipaux	—
Hôtels	—
Enseignement	Ce syndicat a fusionné en 1921 avec le syndicat des beaux-arts.
Agriculture et forêts	Le syndicat des agriculteurs et celui des forestiers ont fusionné en 1921.
Mines	—
Papeterie	—
Travail du bois	—

Proportion des syndiqués parmi les travailleurs.

La liberté en matière d'affiliation syndicale a été formellement rétablie au début de 1922. Actuellement, la grande majorité des travailleurs sont organisés, ce qui s'explique facilement par les avantages dont jouissent les syndiqués, par exemple en ce qui concerne l'embauchage, question capitale lorsque sévit, comme à l'heure actuelle, une crise de chômage.

Proportion de travailleurs non syndiqués [1].

SYNDICATS	Pourcentage des non syndiqués	SYNDICATS	Pourcentage des non syndiqués
Agriculture..........	4,2	Habillement.........	1,6
Papeterie............	4,7	Mariniers...........	0,3
Mines...............	4,8	Cheminots..........	3,2
Travail du bois......	24,6	Transports locaux....	1,3
Cuirs...............	4,7	Postes et télégraphes.	1.1
Métallurgie..........	9,8	Beaux-arts..........	3,3
Imprimerie..........	0,6	Santé publique.......	1,7
Alimentation........	3,1	Enseignement........	9,2
Sucreries............	24,9	Administration soviétique.	14,3
Construction........	6,9	Services municipaux...	4,4
Textile..............	1,5	Hôtels et restaurants.	2,4
Industrie chimique...	5,6		
		MOYENNE.........	2,6

Proportion des femmes et des enfants parmi les syndiqués.

Depuis un an, la proportion des femmes dans les divers syndicats ne varie pas sensiblement. Actuellement, elle peut être fixée de la façon suivante :

Proportion des femmes dans les syndicats [2].

SYNDICATS	Pourcentage	SYNDICATS	Pourcentage	SYNDICATS	Pourcentage
Agriculture....	16,9	Cuirs..........	16,0	Cheminots.....	11,0
Habillement...	65,0	Travail du bois.	15,0	Transport local.	9,0
Textile........	54,0	Métallurgie....	15,0	Mariniers......	8,0
Industrie chimique...	30,0	Mines........	13,0	Santé publique.	60,0
Papeterie......	29,0	Sucreries......	9,0	Enseignement..	59,0
Imprimerie....	26,0	Construction...	8,0	Beaux-arts.....	34,0
Alimentation...	22,0	Postes et télégraphes..	30,0	Employés soviétiques..	24,0
Hôtels et restaurants..	54,0	Employés municipaux.	22,0		
				MOYENNE.....	28,1

[1] *Messager du travail,* n°⁰ˢ 6-7, 1923.
[2] *Ibid.*

Le pourcentage des adolescents au-dessous de 18 ans, par rapport au nombre total des syndiqués, a varié de la façon suivante de 1922 à 1923 :

1922 1er trimestre	....	5,5
— 2e —	....	4,8
— 3e —	....	5,2
— 4e —	....	5,8
1923 1er —	....	6,1

II. — FONCTIONNAIRES ET ORGANISMES SYNDICAUX.

Depuis la fin de 1921, par raison d'économie, on a supprimé un grand nombre de fonctionnaires syndicaux ou intersyndicaux, et on a réduit le nombre des organismes eux-mêmes.

Organismes syndicaux.

Le nombre des organismes syndicaux était le suivant au début de 1921 :

Organismes syndicaux	1er trimestre	2e trimestre
Sections.............................	1.336	1.386
Sous-sections.........................	5.081	5.384
Organismes locaux.....................	1.762	1.857
TOTAL...........................	8.179	8.657

En 1922 les chiffres correspondant étaient les suivants :

Organismes syndicaux	Avril	Octobre
Sections.............................	1.547	1.547
Sous-sections.........................	4.204	3.290
Organismes locaux.....................	2.044	1.879
TOTAL...........................	7.795	6.716

Fonctionnaires syndicaux.

En 1921 on comptait (non compris le syndicat des transports par eau et par rail) 27.100 fonctionnaires syndicaux élus et 20.492 appointés, soit 11,3 fonctionnaires pour 1.000 syndiqués.

D'après des enquêtes partielles, effectuées pendant le premier trimestre 1922, la moyenne du nombre des fonctionnaires était de 6,2 par 1.000 syndiqués. C'est principalement dans les sections départementales que s'est opérée la réduction.

Pour les comités centraux des syndicats professionnels le mouvement des fonctionnaires syndicaux est donné par le tableau suivant :

**Personnel des comités centraux de vingt et un syndicats professionnels
en 1922 et 1923 [1].**

MOIS		Fonctionnaires élus rétribués	Fonctionnaires appointés	Nombre total de fonctionnaires
1922	Janvier..................	191	1.486	1.677
—	Février..................	175	1.375	1.550
—	Mars....................	192	1.242	1.434
—	Avril...................	186	1.186	1.372
—	Mai.....................	159	1.076	1.226
—	Juin....................	160	996	1.156
—	Juillet.................	179	991	1.170
—	Août....................	179	1.023	1.202
—	Septembre...............	171	1.035	1.206
—	Octobre.................	175	1.049	1.224
—	Décembre................	171	1.022	1.193
1923	Mai.....................	160	917	1.077

[1] *Statistique du travail*, nᵒˢ 2, 3 et 5, 1923.

Organismes intersyndicaux.

Au premier semestre de 1921 il existait 84 conseils départementaux,
504 bureaux de districts, 723 secrétariats locaux.

Au 13 avril 1922 il ne reste, en plus des conseils départementaux, que
39 secrétariats locaux (surtout en Crimée et en Kirghizie) et
494 bureaux de district.

Par la suite, dans 16 départements qui ont fait l'objet d'une enquête,
le nombre des bureaux intersyndicaux de district, qui était de 117, a
été ramené à 19, auxquels viennent s'adjoindre 50 délégués des conseils
départementaux et 8 organismes syndicaux importants remplissant les
fonctions de bureaux intersyndicaux.

Le nombre des fonctionnaires a été considérablement réduit. Dans
15 départements où il existait par exemple 1.230 fonctionnaires intersyndicaux en 1921, on n'en compte que 459 en 1922.

Nous ne possédons pas de chiffres généraux relatifs à l'ensemble de
la Russie ; ceux que nous donnons ne concernent que 32 départements.

Nombre des fonctionnaires syndicaux rétribués en 1922 et 1923 [1].

MOIS		Dans trente-deux départements	Dans les capitales	TOTAL
1922	Janvier..................	2828	1246	4074
—	Avril...................	1494	545	2039
—	Juillet.................	1122	390	1512
—	Octobre.................	960	346	1306
1923	Janvier.................	930	344	1274

[1] *Statistique du travail*, nᵒ 5, 1923.

III. — Situation financière des syndicats

Provenance des ressources syndicales.

Jusqu'en 1922 les syndicats professionnels russes tiraient les ressources nécessaires à leur activité presque uniquement de subsides gouvernementaux. C'est ainsi que dans le budget du Conseil central des syndicats les recettes, en 1918, se répartissaient comme suit :

Roubles soviétiques

Parts prélevées sur les cotisations syndicales	200.000
Subsides du parti communiste	890.000
Subsides du Conseil central exécutif des Soviets	500.000
Subsides du Commissariat du travail	291.500

De même, de janvier 1920 à mai 1921, les cotisations syndicales ont fourni au Conseil central 16.725.000 roubles soviétiques et les subsides gouvernementaux, 205 millions.

Depuis février 1922 le principe a été posé que les caisses syndicales devaient être alimentées uniquement par les cotisations des membres. Sur ce point les résolutions du V⁰ Congrès panrusse de septembre 1922 sont parfaitement claires.

« Les organisations syndicales doivent tirer leurs ressources des cotisations de leurs membres. Elles ne peuvent avoir recours à des mesures de caractère commercial qui nuisent à l'autorité des organisations. [1] »

Cependant, dans le statut revisé du Conseil central panrusse des syndicats, il est encore mentionné que la caisse du Conseil est alimentée : 1° par une partie des cotisations provenant des comités centraux des divers syndicats ; 2° par diverses recettes.

Perception des cotisations.

Le V⁰ Congrès, en septembre 1922, indique que « le meilleur moyen de liaison avec les syndiqués c'est la perception individuelle des cotisations par le comité d'entreprise ou un délégué syndical ».

Mais, comme on le verra plus loin, l'habitude s'est encore conservée dans les entreprises, les administrations, les trusts, etc., de retenir sur la paie de chaque syndiqué le montant des cotisations syndicales. Théoriquement les sommes ainsi retenues doivent être transmises immédiatement à la section syndicale.

Montant des cotisations.

D'après la décision du Congrès de septembre 1922, la proportion normale de la cotisation de chaque membre reste fixée uniformément pour tous les syndiqués à 2 pour cent du salaire (en comprenant toutes les primes de salaire, en nature, en espèces, etc.). La cotisation d'entrée reste fixée à une somme égale au salaire d'une demi-journée de travail. Le prélèvement de cotisations supplémentaires ne peut être autorisé que pour l'ensemble d'un syndicat panrusse, sur décision du Congrès panrusse du syndicat en question, et moyennant approbation du Conseil central panrusse des syndicats professionnels.

---

[1] Certains organismes syndicaux, pour augmenter leurs ressources, organisaient des entreprises, par exemple des restaurants.

Répartition des cotisations.

En principe, les cotisations (périodiques et d'entrée) sont centralisées à la section syndicale (départementale ou régionale, suivant le
cas), qui retient les sommes nécessaires à ses besoins et à ceux des
organismes syndicaux secondaires (sous-sections syndicales de district).
En général, les sections départementales doivent envoyer 10 pour cent
des cotisations au Conseil départemental intersyndical et de 5 à 25 pour
cent au comité central de leur syndicat panrusse. Le comité central
de chaque syndicat envoie 10 pour cent de ses recettes au Conseil
central panrusse des syndicats professionnels. Ces versements doivent
se faire au moins une fois par mois.

Il faut remarquer en premier lieu que parmi les organisations syndicales qui doivent vivre sur les cotisations de leurs membres ne figure
pas l'organisme syndical primaire : le comité d'entreprise.

Conformément au code du travail de 1922, les fonds nécessaires au
fonctionnement du comité d'ouvriers et d'employés sont attribués par
l'administration de l'entreprise, de l'établissement ou de l'exploitation,
d'après un budget approuvé par le syndicat professionnel compétent ;
le montant de ces fonds ne peut dépasser 2 pour cent du salaire global
des ouvriers et employés.

L'administration d'une entreprise, d'un établissement ou d'une
exploitation est tenue de fournir gratuitement au comité un local avec
des moyens d'éclairage et de chauffage, ainsi que toute l'installation
nécessaire au comité, aux assemblées générales et aux assemblées de
délégués.

En somme on peut établir que sur les salaires des syndiqués, 1,4 pour
cent reste aux organes syndicaux locaux (section, généralement départementale, et sous-section, généralement de district), et environ
0,36 pour cent au comité central du syndicat. 0,2 pour cent va aux
conseils départementaux intersyndicaux et 0,04 pour cent au Comité
central panrusse des syndicats professionnels.

Il faut ajouter à ces chiffres une somme égale en moyenne à 2 pour
cent des salaires, payée par l'employeur, privé ou non, pour les comités
d'entreprises.

Au total, l'entretien des organismes syndicaux peut être évalué
comme suit (sans tenir compte des subsides au Comité central panrusse), si l'on admet que le nombre des syndiqués est de cinq millions
et que le salaire annuel de chacun d'eux est d'environ 100 roubles-or :

	Millions de roubles-or
Comités d'entreprises	10
Sections et sous-sections syndicales	7
Comités centraux de syndicats	1,8
Conseils départementaux intersyndicaux	1
Conseil central des syndicats	0,2
TOTAL	20

En outre, il est constitué dans les syndicats des fonds spéciaux pour
les grèves, les besoins culturels, les secours mutuels et le chômage ;
ces fonds sont pratiquement alimentés par des cotisations supplémentaires (en général 1 pour cent du salaire pour les besoins culturels
seulement) et par des subventions spéciales de l'Etat.

Comment sont appliqués ces divers principes et quelle est la situation
réelle des syndicats russes au point de vue financier ? Il est évident

qu'une réforme aussi complète, supprimant les subsides de l'Etat à toutes les organisations syndicales, a dû se heurter, étant donné les conditions qui prévalent actuellement en Russie, à de grandes difficultés.

Il a fallu d'abord lutter contre les habitudes introduites par la politique communiste en matière syndicale. En ce qui concerne les cotisations, tous les travailleurs, jusqu'en 1922, étaient simplement inscrits au syndicat, ce qui, pratiquement, n'entraînait pour eux aucune obligation financière, la caisse de l'entreprise payant seule les cotisations. Il a fallu remettre en vigueur le système du paiement des cotisations personnelles. Quant aux dépenses d'ordre administratif, les organismes syndicaux avaient fini, en 1921, par être encombrés de fonctionnaires, dont les postes avaient été créés à l'époque où les syndicats étaient chargés du fonctionnement des assurances sociales, de l'enseignement professionnel, du ravitaillement des ouvriers, etc. On a dû, par suite, procéder à des compressions de personnel.

Pour juger des résultats acquis, nous possédons notamment les résultats de deux enquêtes. L'une porte sur la période juin-septembre 1922 et englobe 14 syndicats (sur 23), 194 sections départementales (sur 960) et 763.030 syndiqués (sur 3.380.520 compris dans les 14 syndicats) ; les résultats, très détaillés, ont été publiés dans le *Bulletin du Conseil central des syndicats*, n° 1 de 1923. La seconde enquête porte sur la période octobre-décembre et englobe 19 syndicats et 333.568 membres (sur 917.616) ; ses résultats figurent dans le *Troud* du 14 avril 1923. Ces données ont d'ailleurs été analysées dans les rapports présentés au Conseil central des syndicats, en avril 1923.

Rentrée des cotisations.

D'après la première enquête faite par le Conseil central panrusse des syndicats professionnels par l'intermédiaire des comités centraux, les recettes provenant des cotisations ont été les suivantes en 1922, en millions de roubles soviétiques :

Juin	273.027
Juillet	417.660
Août	515.730
Septembre	657.563

Si nous transformons ces sommes en roubles réels, nous obtenons les résultats suivants :

Juin	57.510	roubles
Juillet	83.612	—
Août	93.688	—
Septembre	100.120	—

ou, par syndiqué :

Juin	7	kopecks
Juillet	11	—
Août	12	—
Septembre	13	—

Sur la base de 2 pour cent des salaires, on aurait dû percevoir 20 kopecks en septembre ; pour ce seul mois, le déficit était donc de 35 pour cent.

D'après la seconde enquête, les versements par syndiqué sont les suivants :

Octobre .... 17 kopecks
Novembre .... 16 —
Décembre .... 22 —

Au taux de 2 pour cent, les versements réguliers auraient dû être respectivement :

Octobre .... 22 kopecks (déficit 23 %)
Novembre .... 20 — (déficit 20 %)
Décembre .... 23 — (déficit 5 %)

Il semble donc que, dans les derniers mois de 1922, les versements soient devenus à peu près réguliers et complets. Cependant, comme l'indique le *Troud* du 13 avril 1923, le relèvement de la moyenne en décembre est attribuable en partie au paiement des arriérés par les entreprises ou les organismes économiques.

En 1923, malgré une certaine amélioration il n'est jamais perçu plus de 80 à 90 pour cent des sommes dues. Dans la plupart des cas, la proportion est bien plus faible. En Sibérie, elle était de 60 pour cent au printemps de 1923. En Russie Blanche, elle est actuellement de 60 à 70 pour cent. Dans le syndicat des travailleurs de la santé publique, elle varie de 70 à 75 pour cent.

Toutes ces irrégularités sont dues aux retards dans les paiements que doivent effectuer les organismes économiques. En effet, le mode de versement n'est pas encore déterminé avec précision. L'habitude a longtemps prévalu d'opérer plutôt par retenue sur les salaires que par versement direct de l'intéressé au délégué syndical. Mais le système de la retenue s'avère de plus en plus mauvais ; d'une part, le syndiqué obligé de faire son versement ne considère cette cotisation que comme une forme d'impôt et risque de se désintéresser du syndicat. D'autre part, la caisse de l'entreprise qui perçoit les cotisations ne les transmet pas à la section syndicale départementale. Aussi observe-t-on actuellement une tendance vers l'adoption du système de la cotisation individuelle, versée directement par l'intéressé. Là où il y a versement individuel, les rentrées se font plus régulièrement. En Sibérie, les syndicats réussissent à obtenir de 78 à 95 pour cent des cotisations parmi ceux de leurs adhérents qui effectuent les paiements individuellement. Dans la région du Sud-Est, depuis que se développe le mode de paiement individuel, les rentrées se font sensiblement mieux. Au 1ᵉʳ mars, dans cette région, il n'y avait que 11 pour cent des syndiqués à payer leur cotisation individuellement ; au 1ᵉʳ mai, il y en avait 69 pour cent. Or, les pourcentages de rentrées de cotisations pour l'ensemble des syndicats de cette région ont varié de la façon suivante : en janvier, il a été perçu 59 pour cent des cotisations, en février 72 pour cent, en mars 78 pour cent, en avril 91 pour cent et en mai 95 pour cent. Bien entendu, cette constatation n'est pas absolument générale ; à Vladicaucase, 45 pour cent des cotisations individuelles ne sont pas versées et à Bakou, après l'adoption du paiement individuel, les recettes syndicales ont diminué de 20 et même de 40 pour cent. C'est ce qui explique d'ailleurs que certains organes syndicaux hésitent à appliquer ce système. Ils craignent, non sans raison, que leurs adhérents, laissés libres de payer ou de ne pas payer, délaissent le syndicat. Certains organes syndicaux estiment encore que le système de la cotisation globale, exactement appliqué, occasionne moins de retards et moins de pertes de temps que celui de la cotisation individuelle.

Quoiqu'il en soit, le mode de perception individuelle était encore exceptionnel au mois de juillet 1923. D'après le *Troud* du 20 juillet 1923, sur 138 sections départementales inspectées, 36 seulement avaient adopté le système des versements individuels. Les chiffres suivants montrent l'influence que la méthode en vigueur exerce sur les recettes syndicales. A la fin de 1922, les entreprises de Petrograd avaient encore à payer 25 pour cent des cotisations syndicales. En Sibérie, au 15 avril, les organismes économiques qui ont à verser les cotisations de 126.000 syndiqués, étaient en retard de 142.540 roubles réels. Le « Yougostal » (trust des mines et usines du Sud) était en retard, en juin, de 16.000 roubles réels et, en juillet,. il n'a effectué aucun versement. Il s'ensuit partout de forts déficits dans les recettes syndicales.

Répartition des fonds.

D'après les enquêtes, les versements faits par les sections syndicales départementales en 1922 ont été les suivants :

MOIS	Aux comités centraux	Aux conseils départementaux
	%	%
Juin	19,8	5,8
Juillet	17,9	7,8
Août	18.8	7.1
Septembre	27,0	8.0
Octobre \ Novembre } moyenne	19,4	7,6
Décembre /		

Tous ces chiffres sont un peu excessifs, car il y a eu en fin d'année des paiements d'arriérés. En effet, certains syndicats ont versé jusqu'à 30 pour cent aux comités centraux et 12 pour cent aux conseils départementaux, au lieu de 25 et de 10 pour cent.

En 1923, d'après le *Troud* du 8 juin 1923, dans la région du Nord-Ouest, les conseils départementaux reçoivent sur les parts qui leur sont dues :

Petrograd	72	%
Novgorod	73,3	—
Pskov	80	—
Tcherepovets	67	—
Carélie	92,8	—

Les versements des comités centraux au Conseil central des syndicats ne sont pas complets. En avril, deux ou trois comités centraux (sur 23) n'ont pas payé.

Dépenses.

Sections syndicales.

Dans les sections syndicales, d'après les deux enquêtes déjà mentionnées, la situation serait en général presque normale. Les dépenses restent à peu près dans les limites assignées par les recettes, mais il existe généralement un déficit. Les dépenses intérieures des sections elles-mêmes se montent en avril-septembre pour Moscou et Petrograd à 44,2 pour cent et pour les autres villes à 65,7 pour cent. Mais les dépenses provenant des versements obligatoires aux organismes supérieurs placent beaucoup de sections syndicales, surtout en province. dans une situation déficitaire.

Cette situation semble d'ailleurs s'aggraver vers la fin de l'année. Les dépenses vont en croissant et plus rapidement que les recettes, comme l'indiquent les chiffres suivants (en roubles réels) :

MOIS	Recettes par tête (kopecks)	Dépenses par tête (kopecks)
1922 Juin	7	4
— Juillet	11	5
— Août	12	7
— Septembre	13	8
— Octobre	17	12
— Novembre	16	17
— Décembre	22	16

Aussi, d'après le rapport présenté à la réunion plénière du Conseil central des syndicats, en avril 1923, il devient impossible aux sections syndicales de département de boucler leur budget au moyen des cotisations seules.

Comités centraux des syndicats panrusses.

D'après le même rapport, plus de la moitié des comités centraux ne peuvent couvrir leurs dépenses avec les rentrées des cotisations. Par exemple, le Comité central des travailleurs des postes et télégraphes, qui a d'ailleurs reçu la totalité de ses parts de cotisations, a dépensé en cinq mois 7,4 fois plus qu'il n'a reçu. Le Comité central des travailleurs de l'agriculture a dépensé 5,4 fois plus et le Comité central des ouvriers du cuir 4,2 fois plus.

Conseils départementaux intersyndicaux.

Ce sont ces organismes qui accusent la situation la plus mauvaise. Les conseils départementaux ne peuvent couvrir en moyenne plus de 31 pour cent de leurs dépenses au moyen des parts de cotisations qui leur reviennent.

Pour la région du Nord-Ouest, le *Troud* du 8 juin 1923 donne les chiffres suivants relatifs à la période janvier-avril :

Régions	Recettes provenant des cotisations	Dépenses
Petrograd	774.525,81	904.524,78
Novgorod	51.637,96	154.459,75
Tcherepovets	12.003,15	171.009,20
Carélie	19.854,73	30.100,97

En général, il y a donc déficit[1]. Comment le couvre-t-on ?

Une première méthode consiste à demander des subsides aux autorités gouvernementales. Le Conseil central des syndicats professionnels a reçu du gouvernement en trois mois (janvier-mars 1923) 3,5 trillions de roubles (soit 100.000 roubles-or au cours), qu'il a presque entièrement répartis entre les organes locaux.

Une autre méthode consiste à faire des emprunts à des organes économiques : trusts, syndicats commerciaux, etc. Certains organismes syndicaux détournent de leur véritable destination des fonds réservés aux besoins culturels, aux secours de chômage, etc., ou retiennent l'argent payé par les directions d'entreprises pour l'entretien des comités d'entreprise (2 pour cent du total des salaires). C'est le cas à Vladicaucase, à Homel, où l'on retient de 40 à 100 pour cent sur le budget des comités d'entreprise.

Certains syndicats enfin essayent de faire introduire dans les contrats collectifs une clause qui oblige l'entreprise à verser une certaine somme au syndicat, jusqu'à 10 pour cent du total des salaires (Vitebsk, Tiflis).

Répartition des dépenses.

Les dépenses se groupent sous quatre rubriques générales :

a) rétribution des fonctionnaires syndicaux ;
b) dépenses d'administration ;
c) dépenses d'organisation (meetings, congrès, tournées...) ;
d) dépenses culturelles.

Voici quelle a été la répartition de ces dépenses en 1922 (pourcentage) :

MOIS	a	b	c	d
Juin	71,8	17,7	8,4	2,1
Juillet	74,7	15,8	6,1	3,4
Août	67,1	22,8	7,0	3,1
Septembre	72,2	15,1	10,4	1,6
Octobre	70,0	17,2	11,4	1,4
Novembre	68,5	18,7	12,0	0,8
Décembre	67,0	19,3	11,6	2,1

Presque toutes les dépenses sont imputables aux frais d'administration syndicale, principalement aux traitements.

---

[1] D'après les déclarations du président du Conseil central des syndicats russes au Conseil de l'Internationale syndicale rouge, tenue en juin, sur vingt-trois comités centraux, un doit recevoir des subsides du Conseil panrusse. « La situation est plus mauvaise pour les organismes intersyndicaux. Ils ne peuvent couvrir par leurs propres moyens que 50 pour cent de leurs dépenses. Le Conseil panrusse lui-même ne couvre directement que 15 pour cent de ses dépenses. Pour le reste, il est subventionné par l'État. Nous espérons que dans un an nous pourrons vivre par nos propres moyens. » (*Troud*, 30 juin 1923).

Les chiffres suivants sont donnés par le *Troud* du 8 juin 1923 :

Pourcentage des frais de rétribution par rapport aux parts de cotisation dans la région Nord-Ouest.

Conseil intersyndical	Janvier	Février	Mars	Avril	Moyenne
Petrograd..........	37,9	67,9	42,0	37,4	45,4
Novgorod..........	125,5	169,7	81,6	57,5	84,3
Tcherepovets........	69,2	328,8	558,6	413,1	391,3
Carélie............	317,3	98,4	124,5	84,2	116,5

A tous les degrés du mouvement syndical les frais d'administration occasionnés par le nombre exagéré des fonctionnaires syndicaux rétribués sont excessivement élevés. En 1921 il existait près de 50.000 fonctionnaires syndicaux, soit, en moyenne, un fonctionnaire pour 100 syndiqués. En 1922, après les premières compressions, on ne comptait plus que 6 fonctionnaires pour 1.000 syndiqués. Mais, depuis cette époque, il n'a pas été fait de progrès dans cette voie. Partout l'on se plaint de cette pléthore de fonctionnaires. Les organismes intersyndicaux possédaient, au 1er juillet 1923, 4.064 fonctionnaires ; leur budget mensuel se monte ainsi à 120.000 roubles réels. En avril 1923, la session plénière du Conseil central des syndicats a décidé de ne laisser subsister en moyenne qu'un fonctionnaire syndical pour 500 syndiqués ; il a prescrit, en outre, que les traitements de ces fonctionnaires ne devraient pas absorber plus de 50 pour cent des recettes. Ce résultat est très loin d'être atteint. Si, à Petrograd, les traitements des fonctionnaires n'absorbent que 24,5 pour cent des recettes, en Sibérie, les organismes syndicaux n'arrivent à payer avec leurs recettes que 54 pour cent du traitement de leurs fonctionnaires. En général, les traitements et les frais d'administration figurent pour 80 à 90 pour cent dans le budget des dépenses.

Il résulte de cet exposé que la situation financière du mouvement syndical russe est très irrégulière et même, dans certains cas, tout à fait mauvaise si l'on s'en tient aux principes posés depuis la nouvelle politique économique.

A tous les échelons de l'organisation syndicale et principalement dans les organes intersyndicaux, les budgets ne peuvent être couverts que par des moyens détournés. Les cotisations des membres sont loin de suffire aux besoins. Il apparaît indispensable, quelle qu'ait été la solennité des engagements pris, d'en revenir au système des subsides gouvernementaux.

Malgré cette aide le faisceau syndical, constitué depuis 1918, se réduit constamment. Le plan théorique d'une organisation syndicale et intersyndicale qui eût couvert la Russie d'un réseau serré, comme une administration centrale ordinaire, a dû être abandonné, faute de fonds. Dans les organismes qui subsistent encore on est obligé de procéder à des compressions de personnel. Néanmoins, presque tous les fonds disponibles passent en frais d'administration; les frais de tournées et de propagande sont minimes. Fait plus grave encore, les syndicats se voient forcés de supprimer les crédits, si faibles déjà, qu'ils

consacraient aux besoins culturels de leurs membres. En effet, les
fonds spéciaux correspondants sont de plus en plus réduits. Récemment, à la conférence des directeurs des bureaux industriels régionaux.
il a été décidé, par raison d'économie, qu'il ne pourrait être affecté
à ce chapitre de dépenses plus de 1 pour cent du montant des salaires.
Il a donc fallu abandonner une série d'institutions culturelles : d'abord
les écoles primaires, puis une partie des écoles techniques et même les
cours d'illettrés. Impossible d'échapper à cette nécessité. Les ressources sont faibles, il faut réduire. Le fonds des besoins culturels
disparaît et les institutions créées sont remises aux services de l'Instruction publique [1].

[1] *Troud*, 26 juillet 1923.

ANNEXE IX

Nombres-indices des prix.

NOMBRES-INDICES DES PRIX, MONTANT ET NOMBRES-INDICES DU BUDGET MINIMUM
ET COURS DU ROUBLE EN 1922 ET 1923.

(Les prix de 1913 = 1)

DATES (au 1ᵉʳ de chaque mois)	Nombres-indices des prix de détail pour toute la Russie	Nombres-indices des prix de gros pour toute la Russie	Montant du budget minimum pour toute la Russie (en roubles soviétiques)	Nombres-indices du montant du budget minimum pour toute la Russie	Cours du rouble-or (en roubles soviétiques)
1922					
Janvier.....	183.000	—	2.122.000	288.000	90.000
Février.....	448.000	—	4.015.000	545.000	130.000
Mars.......	894 000	—	8.403.000	1.153.000	235.000
Avril.......	1 949.000	—	18.578.000	2.524.000	350.000
Mai........	3.656.000	—	30.633.000	4.162.000	700.000
Juin	4.173.000	—	37.440.000	5.087.000	1.250.000
Juillet......	4.619.000	—	42.644.000	5.795.000	1.200.000
Août	5.026.000	4.730.000	44.137.000	5.589.000	1.200.000
Septembre ..	5.430.000	4.850.000	44.046.000	5.995.000	1.200.000
Octobre	6.365.000	6.180.000	54.040.000	7.342.000	4.000.000
Novembre ..	10.434.000	9.670.000	85.064.000	11.561.000	8.500.000
Décembre...	14.884.000	12.270.000	120.923.000	16.440.000	11.900.000
1923					
Janvier.....	19.582.000	15.790.000	156.340.000	21.240.000	17.400.000
Février.....	24.600.000	20.420.000	200.220.000	27.700.000	20.200.000
Mars.......	30.935.000	26.170.000	228.760.000	31.100.000	23.500.000
Avril	38.655.000	31.790.000	288.970.000	39.260.000	28.500.000
Mai........	52.968.000	44.640.000	402.780.000	54.740.000	44.000.000
Juin	79.470.000	62.900.000	588.300.000	77.549.000	56.000.000
Juillet......	117.933.000	97.960.000	865.050.000	117.570.000	77.000.000
Août.	206.567.000	152.240.000	1.433.550.000	194.834.000	115.000.000
Septembre ..	335.118.000	275.290.000	2.429.870.000	335.360.000	205.000.000
Octobre	666.150 000	549.010.000	4.756 128.000	659.840.000	410.000.000
Novembre ..	1.185.250.000	873.000.000	8.110.720.000	1.101.680.000	710.000.000
Décembre...	2.359.100.000	1.731.000.000	17.016.820.000	2.312.200.000	1.370.000.000

SOURCES

Nous donnons ci-dessous une liste des principales publications périodiques et non périodiques russes que nous avons utilisées pour l'élaboration de cette étude.

Généralités.

.ANIKST (A.). — *Obzor diéiatelnosti narkomtrouda za 1921* (Aperçu de l'activité du Commissariat du travail en 1921). Moscou, 1921.

.*Economitcheskaïa Jizn* (La vie économique). Moscou, 1922-1923. Quotidien,
organe du Conseil du travail et de la défense.

Economitcheskoïé Obozrénié (La revue économique). Moscou, 1922-1923.
Mensuel, organe du Conseil du travail et de la défense, publié par
la rédaction de l' « Economitcheskaïa Jizn ».

.*Economitchesky bulletin conjoncturnogo Instituta* (Bulletin de l'Institut
de recherches économiques près l'Académie d'agriculture de Moscou).
Moscou, 1922-1923. Mensuel.

L. KRITZMANN. — *Dva goda novoi economitcheskoï politiki proletariata
R. S. F. S. R.* (Deux ans de politique économique pratiquée par le
prolétariat de la R. S. F. S. R.). Moscou, 1923.

Na novykh poutiakh. Itogi novoï economitcheskoï politiki, 1921-1922. T. III.
Promychlennost (Sur la nouvelle voie. Résultats de la nouvelle poli-
tique économique en 1921-1922. Tome III : Industrie). Moscou, 1923.
Conseil du travail et de la défense.

.*Narodnoïé khoziaïstvo Rossii v 1921 godou* (L'économie nationale de la
Russie en 1921). Berlin, 1923. Publié par la rédaction de l' « Economitcheskaïa Jizn ».

.*Narodnoïé khoziaïstvo Rossii v 1921-1922 godou* (L'économie nationale de
la Russie en 1921-1922). Moscou, 1923. Publié par la rédaction de
l' « Economitcheskaïa Jizn ».

.*Rousskaïa promychlennost v 1922 godou* (L'industrie russe en 1922). Petrograd, 1923. Publié par le Conseil suprême de l'économie nationale.

.*Torgovo-Promychlennaïa gazeta* (Journal de l'industrie et du commerce).
Moscou, 1923. Organe quotidien du Conseil suprême de l'économie
nationale.

Troud (Le travail). Moscou, 1921-1923. Organe quotidien du Conseil central
panrusse des syndicats professionnels.

Troudy Gosplana (Les travaux du Gosplan = Commission des projets
d'Etats). 1ʳᵉ partie : Travail. Moscou, 1923. Organe du Conseil du
travail et de la défense.

Viestnik promychlennosti, torgovli i transporta (Le messager du commerce,
de l'industrie et des transports). Moscou, 1923. Organe mensuel du
Conseil des congrès de l'industrie, du commerce et des transports.

Viestnik trouda (Le messager du travail). Moscou, 1921-1923. Organe mensuel du Conseil central panrusse des syndicats professionnels.

Voprosy trouda (Les questions du travail). Moscou, 1922-1923. Organe mensuel du Commissariat du travail.

Législation.

Bulletin troudovogo fronta (Bulletin du front du travail). Moscou, 1921
(supprimé et remplacé par *Izvestia N. K. T.*). Organe du Commissariat du travail et du Comité central du travail obligatoire.

Codex zakonov o troudié (Le code des lois sur le travail de 1922.) Moscou, 1922. Publié par le Commissariat du travail.

Izvestia (Les nouvelles). Moscou, 1921-1923. Organe officiel quotidien du Comité central exécutif des Soviets.

Izvestia narodnogo commissariata trouda (Les nouvelles du Commissariat du travail). Moscou, 1922-1923.

KOLOTOUKHINE (E.-A.) et KILINSKY (A.-M.). — *Diéistvouiouschéié zakonodatelstvo o troudié* (La législation ouvrière en vigueur). Moscou, 1923. Publié par le Conseil central panrusse des syndicats professionnels.

Postanovlénia i rasporiajénia po vzimaniou vznosov na socialnoïé strakhovanié, izdannyé po 1 sentiabria 1923 (Arrêtés et circulaires concernant la perception des cotisations d'assurance sociale ; publiés jusqu'au 1er septembre 1923). Moscou, 1923. Publié par le Commissariat du travail.

Régoulirovanié trouda v promychlennosti. Prikazy i tsircoulary V.S.N.H. za période sentiabr 1922-maï 1923 (La réglementation du travail dans l'industrie. Ordres et circulaires du Conseil suprême de l'économie nationale de septembre 1922 à mai 1923). Moscou, 1923.

Sbornik decretov, postanovlénii i tsircularov po okhranié trouda (Recueil de décrets, arrêtés et circulaires sur la protection ouvrière). Moscou, 1921. Publié par le Conseil central panrusse des syndicats professionnels.

Sbornik decretov, postanovlénii, rasporajénii i prikazov po narodnomou khoziaïstvou (Recueil de décrets, arrêtés, circulaires et ordonnances concernant l'économie nationale ; décembre 1922-décembre 1923). Moscou, 1923. Publié par la rédaction de l' « Economitcheskaïa Jizn ».

Sobranié ouzakoniénii i rasporiajénii rabotchago i krestianskago pravitelstva (Recueil des lois et décrets du gouvernement ouvrier et paysan). Moscou, 1921-1923. Publié par le Commissariat du peuple à la justice.

Systématitchesky sbornik postanovlénii i rasporiajénii po socialnomou strakhovaniiou (Recueil systématique des arrêtés et dispositions législatives sur l'assurance sociale). Moscou, 1923. Publié par le Commissariat de la prévoyance sociale.

Zakonodatelstvo po socialnomou strakhovaniiou (Législation des assurances sociales). Moscou, 1922. Publié par le Commissariat de la prévoyance sociale.

Statistique du travail.

Bulletin centralnago statistitcheskago oupravleniya (Bulletin de l'administration centrale de la statistique). Moscou, 1922-1923.

Bulletin statistiki trouda moskovskoï goubernii (Bulletin de la statistique du travail du département de Moscou). Moscou, 1923. Publié par le Conseil intersyndical du département de Moscou.

MARKOUZON (F.-D.). — *Polojénié trouda v Moskovskoï goubernii, 1918-1922* (La situation du travail dans le département de Moscou, 1918-1922). Atlas de diagrammes. Moscou, 1922. Publié par le Conseil intersyndical du département de Moscou.

— *Polojénié trouda v Moskvié, v piervoï polovinié 1922 g.* (La situation du travail à Moscou pendant le 1er semestre de 1922). Moscou, 1922.

Matérialy po statistikié trouda (Documents de la statistique du travail). Moscou, 1921-1923. Publiés par le Bureau central de la statistique du travail.

MINZ (L.-E.). — *Rynok trouda v Rossii za 1922 i piervouiou polovinou 1923* (Le marché du travail en Russie en 1922 et pendant le premier semestre de 1923). Moscou, 1923.

Statistika trouda (La statistique du travail). Moscou, 1922-1923. Mensuel. Publié par le Bureau central de la statistique du travail.

STROUMILINE (S.-G.). — *Budget vréméni rousskogo rabotchégo* (L'emploi du temps de l'ouvrier russe). Moscou, 1923.

Salaires.

HOLZMANN (A.). — *Collectivnoïé snabjénié* (Le ravitaillement collectif). Moscou, 1921.

KHALATOV (Art.). — *K voprosou o politikié zarabotnoï platy* (Notes sur la politique des salaires). Moscou, 1923.

RACHINE (A.). — *Dvijénié zarabotnoï platy v. 1922 g.* (Le mouvement des salaires en 1922). Moscou, 1923.

REVZINE (F.). — *Evolutsia form zarabotnoï platy v soviètskoï Rossii* (L'évolution des formes de salaires en Russie des Soviets). Moscou, 1923. Publié par le Conseil central des syndicats professionnels.

STROUMILINE (S.-G.). — *Zarabotnaïa plata i proïzvoditelnost trouda v rousskoï promychlennosti za 1913-1923* (Les salaires et le rendement dans l'industrie russe de 1913 à 1923). Moscou, 1923.

Voprosy zarabotnoï platy. Troudy commissii économitcheskikh izçlédovanii, V. 1 (Le problème des salaires. Travaux de la Commission de recherches économiques, 1er fascicule). Moscoù, 1923. Publié par le Conseil suprême de l'économie nationale.

Protection ouvrière.

Classificatsia trouda po stépéni opasnosti i vrédnosti dlia troudiaschikhsia (Classification des industries d'après le degré d'insécurité et d'insalubrité). Moscou, 1923. Publié par le Commissariat de la prévoyance sociale.

KAPLOUNE (S.). — *Okhrana trouda i iéio organy* (La protection du travail et ses organes). Moscou, 1922.

— *Troud i zdorovié* (Le travail et la santé). Moscou, 1923. Publié par le Conseil central panrusse des syndicats professionnels.

Sbornik rabot sanitarnoï inspectii na Oukraïnié. Matérialy po izoutchéniiou sanitarno-hygiènitcheskikh ouslovii trouda (Recueil des travaux de l'inspection sanitaire en Ukraine. Documents pour l'étude des conditions sanitaires et hygiéniques des travailleurs). Kharkov, 1923.

Assurances sociales.

Bulletin narodnago Commissariata socialnago obiézpétchénia (Bulletin du Commissariat de la prévoyance sociale). Moscou, 1921.

BYKHOVSKY (N.-I.). — *Tchto takoïé strakhovyé cassy* (Qu'est-ce que les caisses d'assurance ?). Moscou, 1923.

— *Tchto daiot rabotchémou socialnoïé strakhovanié* (Ce que donne l'assurance sociale aux ouvriers). Moscou, 1922. Publié par le Commissariat de la prévoyance sociale.

GANDINA (Olga). — *Diéiatelnost strakhovykh médicinskikh outchréjdénii Petrograda* (L'activité des organismes médicaux de l'assurance sociale à Petrograd). Moscou, 1923. Publié par le Commissariat de la prévoyance sociale.

Izvestia narodnogo Commissariata socialnogo obiézpétchénia (Les nouvelles du Commissariat de la prévoyance sociale). Moscou, 1922.

Kratkiy obzor razvitia socialnogo strakhovania za 1922 (Bref aperçu du développement de l'assurance sociale en 1922). Moscou, 1922. Publié par le Commissariat de la prévoyance sociale.

MARKOUZON (F.-D.). — *Matérialy po statistikié socialnogo strakhovania* (Documents sur la statistique des assurances sociales). Moscou, 1922. Publié par la direction départementale de Moscou de l'assurance sociale.

MILIOUTINE (N.-A.). — *Itogi i perspectivy socialnogo strakhovania. Doklad 5-IX-1922* (Les résultats et l'avenir de l'assurance sociale. Rapport du 5-IX-1922). Moscou, 1922. Publié par le Commissariat de la prévoyance sociale.

Matérialy narodnogo Commissariata socialnogo obiézpétchénia (Documents du Commissariat de la prévoyance sociale). Moscou, 1922, n°s 1-4.

NIEMTCHENKO (L.-P.). — *Finançovyié voprosy socialnogo strakhovania v 1923 g.* (Les questions financières en matière d'assurance sociale en 1922). Moscou, 1923. Publié par le Commissariat de la prévoyance sociale.

Postanovlénia i rasporiajénia po vzymaniou vznosov na socialnoié strakhovanié, izdannyié po 1 sentiabria 1923 (Arrêtés et circulaires concernant la perception des cotisations d'assurance sociale, publiés jusqu'au 1er septembre 1923). Moscou, 1923. Publié par le Commissariat du travail.

Systématitchesky sbornik postanovlénii i rasporiajénii po socialnomou strakhovaniou (Recueil systématique des arrêtés et dispositions législatives concernant l'assurance sociale). Moscou, 1923. Publié par le Commissariat de la prévoyance sociale.

TETTENBORN (Z.). — *Strakhovanié rabotchikh kak résultat classovoï borby* (L'assurance sociale en tant que résultat de la lutte de classes). Moscou, 1922. Publié par le Commissariat de la prévoyance sociale.

VIGDORTCHIK (N.-A.). — *Vratchébnaïa expertiza pri niérabotosposobnosti* (L'expertise médicale des inaptes au travail). Moscou, 1923. Publié par le Commissariat de la prévoyance sociale.

Voprosy socialnogo obiézpétchénia (Questions de prévoyance sociale). Moscou, 1921. Organe mensuel du Commissariat de la prévoyance sociale.

Voprosy strakhovania (Questions d'assurance). Moscou, 1922, n° 23. Organe hebdomadaire de la direction centrale et de la direction départementale de Moscou des assurances sociales.

Zakonodatelstvo po socialnomou strakhovaniou (La législation des assurances sociales). Moscou, 1922. Publié par le Commissariat de la prévoyance sociale.

Syndicats professionnels

ANTIPOV (N.). — *Finansovaïa politika profsoïouzov* (La politique financière des syndicats professionnels). Moscou, 1923. Publié par le Conseil central panrusse des syndicats professionnels.

ANTOCHKINE (D.). — *Professionalnoie dvijenié v Rossii* (Le mouvement syndical en Russie). Moscou, 1923.

Bulletin 2-go plénouma V. C. S. P. S. 16/19-II-1922 (Bulletin de la seconde réunion plénière du Conseil central panrusse des syndicats professionnels, du 16 au 19 février 1922). Moscou, 1922. Publié par le Conseil central panrusse des syndicats professionnels.

LOKCHINE. — *Finansy professionalnykh soïouzov* (Les finances syndicales). Moscou, 1923.

Ottchet V. C. S. P. S. s maïa 1921 po apriel 1922 (Compte rendu du Conseil central panrusse des syndicats professionnels pour la période mai 1921-avril 1922). Petrograd, 1922.

Ottchet V. C. S. P. S. s maïa 1922 po avgoust 1922 (Compte rendu du Conseil central panrusse des syndicats professionnels pour la période mai 1922-août 1922). Petrograd, 1922.

Résolutsii 2-go plénouma V. C. S. P. S., 16/19 févralia 1922 (Résolutions de la seconde réunion plénière du Conseil central panrusse des syndicats professionnels, du 16 au 19 février 1922). Moscou, 1922.

SENIOUCHKINE. — *Fabritchno-zavodskié comitéty v Rossii i ikh rabota v sovrémiennykh ousloviakh* (Les comités d'entreprise en Russie et leur activité dans les circonstances actuelles). Moscou, 1923.

TOMSKY (M.). — *Principy organisationnogo stroïtelstva professionalnykh soïouzov.* (Les principes de l'organisation syndicale). Moscou, 1923. Publié par le C. S. P. S. P.

— *Profsoïouzy na novykh poutiakh* (Les syndicats professionnels sur les voies nouvelles). Moscou, 1923. Publié par le C. S. P. S. P.

— *Sovremennoie polojenie rossiiskikh professionalnykh soïouzov* (La situation actuelle des syndicats professionnels russes). Moscou, 1923.

Vsiérossiisky sièzd professionalnykh soyouzov. Sténographitcheskii ottchet (Congrès panrusse des syndicats professionnels. Compte rendu sténographique). 3e congrès, Moscou, 1921 ; 4e congrès, Moscou, 1922 ; 5e congrès, Moscou, 1922. — Publié par le Conseil central panrusse des syndicats professionnels.

TABLE DES MATIERES

ANNEXES

Noirclerc & Fénétrier, maîtres imprimeurs
Rue Stella, 3, Lyon